# 教子请别太任性

杨冰 编著

父母送给孩子
10份
最珍贵的礼物

资深家庭教育研究专家
畅销书作家杨冰老师
又一力作

石油工業出版社

**图书在版编目（CIP）数据**

教子请别太任性：父母送给孩子10份最珍贵的礼物 / 杨冰编著. —北京：石油工业出版社，2017. 9

ISBN 978-7-5183-1991-6

Ⅰ.① 教… Ⅱ.①杨 … Ⅲ.①家庭教育 Ⅳ. ①G78

中国版本图书馆CIP数据核字（2017）第161910号

**教子请别太任性**

父母送给孩子10份最珍贵的礼物

出版发行：石油工业出版社
（北京安定门外安华里2区1号楼 100011）
网址：www.petropub.com
编辑部：（010）64523610 营销中心：（010）64523633

经 销：全国新华书店

印 刷：北京晨旭印刷厂

2017年9月第1版 2017年9月第1次印刷

710×1000毫米 开本：1/16 印张：14.25

字数：230千字

定价：35.00元

（如发现印装质量问题，我社图书营销中心负责调换）

# 写在前面

曾经有一位做了母亲的女人，她看见有三位老人坐在她家的前院里，就对他们说："我想我不认识你们，但你们一定是饿了吧？那就请进屋吃点东西吧！"

"我们不会一起进屋的。"这三位老人异口同声地回答。

"为什么？"这个女人感到奇怪。

其中一个解释道："他叫'财富'，这个是'成功'，而我则是'爱'。现在你回屋去，和你的家人商量一下，选择我们三位中的其中一位进去。"

这个女人进屋跟丈夫商议，丈夫说："就让'财富'进门。"女人说："还是让'成功'进门。"而女儿却说："不，要让'爱'先进门，因为那样屋里就会充满爱。"在女儿言辞恳切的说服下，最后全家人一致选择让"爱"进门。

女儿走出来，礼貌地请其中的"爱"进屋做客，这时候另外两个人也站起来跟着往里走。女儿说："我只邀请了'爱'，你们怎么也来了呢？"

三位老人再次同声地回答："如果你邀请'财富'或'成功'，我们中的另外两个就会待在外面，但是既然你邀请了'爱'，无论他走到哪里，我们都会跟着他。因为哪里有'爱'，哪里就会有'财富'和'成功'！"

这不是一个自欺欺人的故事，而是一个深刻的生命寓言。小姑娘身上高贵的人格光芒让父母惭愧，也让我们为之动容。

我们的生活需要爱。

爱是人类的天性，每一个人都希望得到别人的爱，同时也向别人付出自己的爱。

父母要给孩子爱。但这种爱，不是任性的爱，而是理智的爱。我们每一个做父母的，没有一个不爱孩子的。关键的问题是，该怎样去爱？高尔基说：只知道爱孩子，连老母鸡都会。由此可见，仅有爱是绝对不够的，还需要我们掌握爱的技巧，把爱作为送给孩子成长最珍贵的礼物。因此，才有了这本您即将打开的书。

也许有的父母会问我，是啊，除了爱，还要给孩子什么礼物啊？

如果列举，父母要给孩子的确实很多，但我认为，我们必须首先给孩子一个和谐的家庭环境，让孩子感受家庭的温暖。其次，还要给孩子的礼物有：优秀的习惯，自主的性格，心灵的沟通，赏识的心态，学习的能力，高贵的人格，有效的规则，轻松的幽默，健康的身心，等等。这10份珍贵的礼物，我将在本书中一一阐述，并给父母朋友们一些有效的提示与策略。但任何事物都可能会以偏概全，我想，我们必须抓住事物的主要矛盾，把最应该给孩子的，郑重地给孩子，引导好孩子，教育好孩子，培养孩子健康成长。

家庭是孩子成长最重要的学校，父母是孩子最重要的老师。家庭教育不仅是一门科学，更是一门技术，是孩子教育中的重中之重，可以改变孩子的一生。父母在教育孩子时，绝对不能太“任性”。希望这10份珍贵的礼物能帮助父母建立全新的家教理念，在教育和培养孩子的过程中找到好的方法，让孩子健康快乐成长，同时让父母享受教子的乐趣，共同成长。

最后，感谢我的学术助理金惠、江颖及以下各位朋友对本书编写的大力支持：肖贵宁、陈治、张沪生、吴志丹、张春阳、刘鹏远、国宇、薛彬、刘香丽、胡亚妹、杨宏伟、张凤云、王永利、刘尚、王鹏、王雪、董红、高鹏、朱丽娟、王永杰、王宝杰、乔木、牟洋、王庆杰。

编著者：杨冰

二〇一七年二月七日

# 目录
contents

# 教育孩子常见问题

# 第1份礼物：一个和谐的家庭

## ——家庭教育中最高的境界

和谐，是家庭教育的最高境界，在家庭教育中处于最重要的位置。和谐的家庭教育，是孩子走向成功之路的关键。

其实，孩子生来是一张白纸，前途是否亮丽，就看我们做父母的如何去涂抹它！怎样让孩子快乐地学习、健康地成长，给孩子一个和谐的家庭成长环境，让孩子在充满阳光和爱的环境中成长，是一切教育的前提，也是家庭教育中最高的境界。从一定意义上来说，父母不仅是行为指导的明灯，更是和谐情境的营造者。

## 一、家庭，决定人生的第一环境

我们每一个人来到世上，命运早就注定了你归属于一个特定的家庭，父母无法选择孩子，孩子也无法选择父母。

当孩子逐渐长大，他们走向幼儿园、学校和更广阔的社会以后，家庭仍然是最贴近、最密切，甚至是影响最深、最重要的环境。家庭应当是培育孩子美好情感与理想的温室，孩子在家中与父母相处的时光，应该是他们一生中最美好的回忆。

孩子的心灵是洁白无瑕的。生活在什么环境中，就会被造就成什么样的人。

大约在700年前，莫卧儿帝国的统治者阿克巴尔想要知道，什么是人的先天语言。因此，他让一些婴儿同他们的父母分开，并且这样抚育他们：只给孩子们食物和照料，但是不允许同孩子说话或者给孩子爱。结果是令人震惊的，当孩子被放出来时，他们不支配任何语言，他们什么语言也不能掌握，完全成为不可教育的，甚至让他们在军队中服役的想法也失败了。

从这个故事中我们可以看到，人的行为，不管是好的，还是坏的，都是通过学习得来的。不管父母有没有意识到，日常生活中父母的言语、举止、爱好、习惯无不在潜移默化中影响着孩子。孩子的年龄越小，受这种影响就越大，程度也就越深。

家庭是孩子成长的第一环境。父母应该为孩子营造一个和谐的家庭氛围，让孩子健康成长。假如孩子在适当的赞扬中生活，他就能学会自尊；生活中充满关怀，孩子心中自然会有爱。假如在平等中生活，他也就学会公道；不断得到鼓励，必然会建立自信。假如生活中缺乏爱，他也会冷漠；经常受到羞辱，他自然也就卑微；若总是得到过度的夸奖，必将陷入忘乎所以的自负；耳旁听到的总是埋怨，他也就学会了责怪；常遭到训斥殴打的孩子，也会对人粗暴；常受辱骂的孩子，难有文明的语言……

作家罗兰的一段话，精辟地说明了家庭环境对一个人的影响，她说：生命不是个可以孤立成长的个体。它一面成长，一面收集沿途繁花茂叶。它又似架灵敏的摄像机，沿途摄入所闻所见。每一分每一寸的日常小事，都是织造人格的纤维。环境中每一个人的言行品格，都是融入成长过程中的建材，使这个人的思想感情与行为受到感染，左右着这个人的生活态度。环境给一个人的影响，除有形的模仿以外，更重要的是无形的塑造。她还说：形成一个孩子的人格与观念的，绝不仅是书本上的知识或教师的言论，更是环境中的每一房舍，每一草木，每一方寸的风沙，每一个同伴，每一点滴的生活琐事和每一项课内或课外的活动。这些不但是他们日后回忆的资料，更是织就他们生命的色彩与素材。自然平易的环境形成开朗的人格，偏狭竞争的环境形成斤斤计较的性格。其重要性绝不是几册书、几行笔记、一个名次或榜上虚荣可比拟的。

家庭环境和氛围会对家中每一个成员产生一种无形的影响，使之产生某种心理评价，形成某种心理状态。生活在和谐氛围家庭中的孩子，会产生轻松愉快的心情，从而使其生理和心理得以健康发展，促进智力开发。相反，如果一个家庭长期处于不良的氛围之中，父母不是相敬如宾，而是“相见如冰”，对孩子也是动辄打骂，那么，孩子就会产生压抑紧张的情绪，不利于孩子的身心健康成长。

为了孩子，也为了全家人的幸福，家庭成员应当共同努力，创造一个和谐与温馨的家庭氛围。氛围是看不见、摸不着的，却是可以实实在在感知与感受的环境，它对孩子品德、性格、情感的形成，某种意义上说具有决定性的作用。积极、热情、善良、宽容等品格，不是单靠说教所能达到的，也不是逼迫孩子读几本书就能奏效的。

美国著名作家海明威从小生活在艺术和科学氛围十分浓厚的家庭。父亲是个医生，有丰富的业余爱好和足够的闲暇时间，他尽量把海明威的心吸引到自己的事业和追求上来。他教海明威钓鱼、狩猎、游泳、爬山，培养他面对困难坚韧不拔的精神。母亲平时教他音乐，对他温和宽松。在这样的教育氛围中成长起来的海明威终于成为一代文学巨匠，他写的《老人与海》，还使他获得了诺贝尔文学奖。

家庭教育，左右孩子一生的命运。

人们常说，一个人的行为长此以往成为习惯，习惯决定性格，性格决定命运。而人的习惯大都是从小养成。愈是幼小时养成的习惯，愈难于改变。最初形成的人格品德，是非观与价值观，往往会伴随人的一生，而这些正是人生命运的基础。可见家庭影响对一个人的命运占据着多么重要的位置，父母对孩子的前途担负着多么重要的责任。因此，家庭教育，是左右孩子一生命运的教育。

家庭教育来不得半点浮躁，也不能求速成，家庭教育有着自身独特的方式，它通过家庭环境、氛围及父母的言论、行为对孩子产生潜移默化的影响，在无形中塑造着孩子的人格品德与基本素质。父母传达亲情的方式，待人处事的态度，对待是非的准则，人生的价值观，都是家庭教育最生动的内容，是孩子天天阅读的“教科书”。因而，父母的素质决定着家庭教育的水平。家庭教育的成败，主要是父母的为人，即道德与价值观决定，当然也有方法问题。有些望子成龙而事与愿违者，只承认自己的文化低，或埋怨自己收入低，所以不能给孩子提供更好的条件，忽略了家长素质对孩子的影响。其实，高低都是相对而言的，为了孩子的将来，做父母的应当努力提高自己的素质。

你给孩子什么样的环境？请看下面的格言：

指责中长大的孩子，将来容易怨天尤人。
敌意中长大的孩子，将来容易好斗逞强。
恐惧中长大的孩子，将来容易畏首畏尾。
怜悯中长大的孩子，将来容易自怨自艾。
嘲讽中长大的孩子，将来容易消极退缩。
嫉妒中长大的孩子，将来容易钩心斗角。
羞辱中长大的孩子，将来容易心怀内疚。
容忍中长大的孩子，将来必能极富耐性。
鼓励中长大的孩子，将来必能充满自信。
赞美中长大的孩子，将来必能心存感恩。
嘉许中长大的孩子，将来必能爱人爱己。
接纳中长大的孩子，将来必能心怀广大。
认同中长大的孩子，将来必能掌握目标。
分享中长大的孩子，将来必能慷慨大方。
诚实中长大的孩子，将来必能维护正义真理。
安定中长大的孩子，将来必能信任自己，信任他人。
友善中长大的孩子，将来必能对世界多一份关怀。
祥和中长大的孩子，将来必能有平和的心境。

父母可以对照一下，你的孩子是在何种环境下长大的呢？

创造良好的家庭氛围，父母要在心中装着孩子，时刻不忘教育。教育孩子不能凭一时的兴趣。有些父母心情好的时候，对孩子可以做到尽心、耐心；心情不好的时候，则像换了一个人，一扫往日的慈爱形象，令孩子无所适从。

现在有许多父母都有玩麻将的爱好，他们一玩起麻将就把孩子扔在了一边，他们玩得兴高采烈，家庭环境却一片乌烟瘴气，这不能不说是家庭教育的一个败笔。

温暖安全的家，是孩子学习成长的最佳场所，父母应积极培养孩子基本生活技能，教以待人接物、饮食起居等优良习惯，并经常安排全家人共同休闲活动，如一起打扫、运动、郊游等，让孩子做一个懂得自尊的现代公民。

创造良好的家庭氛围，要与孩子一起愉快学习。游戏是孩子生活的重心，聪明的父母别说孩子只会玩，应该肯定游戏的价值，并且高高兴兴地陪孩子玩出智慧、玩出创意，随时给孩子成功的感觉，使孩子更有勇气尝试新事物。

父母要做孩子的亲密伙伴，了解孩子所能。现在家长经常说的一句话是“别让孩子输在起跑点上”，事实上，起跑抢了先机，并不代表他有能耐跑完全程。明智的父母，应该把“起跑点”放到“终点上”，确实体会“急于求现在，必将失去将来”的道理。用爱心体谅孩子的“能”与“不能”，不要强迫孩子提早承担超量的学习，让孩子无忧无虑地储备好应有的基本能力，以便轻松愉快地迎接一切成长的挑战。

另外，父母要提高自身素质，与孩子共同成长。现在科学技术日新月异，做父母的也不能驻足不前，要不断学习，掌握新知识，了解新观念，与孩子一同成长。研究发现，家庭是否温暖，对孩子的学习有着很大的影响，对父母没有什么不满的学生的学习成绩，比对父母有着极大不满、心里隐藏着很大痛苦的学生好得多。作为父母，绝对不能说一套，做一套，而要以身作则，言行一致。要随时想到，孩子就在身边，自己的言行会影响孩子。孩子初期的学习往往出于模仿，父母怎么做，他就怎么学，所以父母的影响比任何影响都大。

## 二、父亲母亲，是孩子最重要的老师

父母是孩子最重要的老师，这是一句老生常谈。可是千千万万个做父母的，真正了解其深刻意义的又有多少呢？

孩子是父母生命的延续，也是希望之所在。每一个父母都希望自己的孩子生活得幸福，希望孩子在各方面超过自己，望子成龙几乎是每一个父母的愿望。

母亲的乳汁是孩子最好的营养品，父母的关爱是孩子健全人格成长的甘露。所以，正如一旦乳汁有毒素，就会给孩子带来致命的危害一样，如果为人父母者的操行品性、待人处事、思维方式、行为方式，若有不妥、不对、不慎、不足，都将给孩子造成负面的影响。所以，我们做父母的只要制造了那个幼小的生命，肩上便有了那份沉甸甸的责任。

孩子生来就像一张白纸，一开始是没有多少是非、对错的价值道德观念的。有一次，在一个家庭里发生了这样一件事情：父亲的一部手机找不到了，于是大家在家里四处翻箱倒柜地寻找，结果在抽水马桶里找到了，原来是他刚会走路的儿子扔进去的。一个成人是绝不会把手机扔在马桶里的，因为他知道这是一个贵重物品，但刚会走路的孩子还没有形成价值观念，在他眼里，一部手机跟一张废纸是一样的，他会像扔一张废纸一样把手机扔掉。

在这个世界上，没有什么样的爱能比过父母对孩子的爱，为了孩子，父母可以贡献出自己所有的一切，甚至生命，这是很多不为人父母的人无法亲身体会到的。但是，教育孩子，仅仅有爱的初心，也不能让孩子全面成长，还要懂得用耐心和好的方法来等候孩子成长，跟孩子一起成长。

在教育子女的问题上，父母们认为自己最有发言权，因为从出生到学前这段人生的启蒙教育大多是由父母来完成的。有一句民间俗语非常富有哲理：如果你想知道孩子为什么会是这样，你只要去看看他的父母。

有一位母亲，特别希望自己的孩子能够成才。她觉得自己当初没有好好学习，这辈子算是完了。于是，她自己省吃俭用，给孩子吃最好的，穿最好的，把一切希望寄托在孩子身上。自己上班时得过且过，下班时浑浑噩噩。她常说："我自己是没有什么出息了。我儿子比我能干，只要他将来考上大学，我这辈子就别无他求了。"遗憾的是，孩子就是不争气，不爱学习，不爱劳动，对同学不关心，对集体不热爱，上初中时已经成了班里的学习困难生。应该说，孩子之所以学习困难，其母亲是该负一定责任的。她对孩子养而不教，自己工作得过且过，这种混日子的生活方式，恰恰为孩子树立了一个不好的榜样。所以，尽管她磨破了嘴皮子，孩子还是不努力学习。

还有一位母亲，经常喜怒无常，心情好的时候，对儿子的要求样样满足，心情不好时，就从头上拔出发夹，把孩子的手扎得一个个血洞。在母亲的影响下，孩子也养成了喜怒无常的性格，跟同学好的时候，什么东西都会送给同学，如若不好的时候，就会拿出小刀，把同学的手划出一道道血痕。

一位母亲一开始不明白，她小学六年级的孩子为何如此精于讨价还价。

她儿子无论在哪里买东西，都要讨价还价，能还到低的价钱，就像打了一个大胜仗，兴奋不已。她家弄堂外有一家小烟纸店，与在地摊上买东西可以讨价还价不同，上海的烟纸店是不还价的。可她儿子每次去这家店也与店主讨价还价，两分钱、一分钱地还价，店主很不理解这孩子为何如此计较、如此精怪。经咨询后，这位母亲才恍然大悟：儿子这种行为正是自己平时的言行影响的。原来这位母亲在付钱消费时有与人斤斤计较的习惯。这位母亲反省自己行为时回忆起，她在带孩子到外面游玩买东西时，常常与卖主讨价还价。有一次，在地摊买一件运动衫，摊主开价 15 元，母亲说：它怎么值 15 元呢？最多 7 元。于是双方经过多次讨价还价，最后以 8 元成交。儿子在旁边耳濡目染，在买每一件东西时都养成了讨价还价的习惯。

一个意志坚强，做事从不虎头蛇尾的父母，他的孩子做大事小事一般都能善始善终；一个在家庭成员间都满口谎言的父母，又如何去要求孩子做到诚实?

沧海之大，由滴水汇集而成。许多在父母眼中已经无药可救的孩子，他们的不良个性正是父母不良言行长期熏染的结果。

溯本求源，问题出在孩子身上，根子却是在父母身上。孩子身上表现出来的毛病，有父母教育思想、教育方法上的问题，也由父母自身不良影响所致。因此，要想孩子改掉身上的毛病，父母必须先端正教育思想，严于律己。

在当今中国的大多数父母看来，最主要的就是为孩子提供尽量优裕的生活条件，甚至怀着攀比心理，让自己的孩子享受物质上优越，就是不惜掏出高额赞助费，也要为他找一个“最好”的学校。再就是只要孩子高兴，尽可能地去满足孩子的一切要求。

真正的好父母，绝不仅是需要脑子里学了多少文化知识，或者多么有成就、有地位。因为很多时候，父母的言传身教和一举一动，都在影响和改变着孩子的一生，真正的好父母，一定是懂得聆听，给予关怀，拥有耐心和温柔，同时能给孩子在关键时刻指出生活的方向，并通过潜移默化的日积月累，帮助孩子塑造性格和人格的基础。

1993 年诺贝尔文学奖获得者是来自美国的著名黑人女作家托妮·莫里森，她出生在一个贫困、毫无地位和金钱的黑人之家，从 12 岁开始，每天放学以后，她都要到一个富人家里打几个小时的零工，学习和劳动使这个仅仅 12 岁的女孩子累得筋疲力尽，她认为自己的生活很艰难。她跟自己的父亲抱怨这些苦难和辛劳。

她的父亲只是一个普通的黑人工人，不会讲什么高深的大道理，但他懂得安慰女儿，鼓励女儿，甚至用简单的道理去鞭策她。当莫里森抱怨的时候，这位黑人父亲告诉她一句话，这句话改变了莫里森的一生。他说："你记着，你在那里仅仅是工作，并不在那儿生活。你生活在这儿，在家里和你的亲人在一起。只管去干活就行了，然后拿着钱回家来。"言外之意是，在工作的地方，别指望得到更多的亲情，但是你要好好工作，在家里，你拥有你的爱和支持。

成功之后莫里森说，从父亲的这番话中，她领悟到了人生的四条经验：

1. 无论什么样的工作都要做好，不是为了你的老板，而是为了你自己；
2. 把握你自己的工作，而不是让工作把握你；
3. 你真正的生活是与你的家人在一起；
4. 你与你所做的工作是两回事，你该是谁就是谁。

在美国，父母的主要责任是，要帮助孩子接受一整套他们赖以立身处世的牢固的社会准则，要教育他们尊重别人的权利和意见，要尊敬师长，遵守法纪。要让孩子懂得自身的价值，因为自重是成就一切事业的基础。美国作家安·兰得斯说："父母有义务，对孩子进行不中辍的引导与管束。"他还说，让十几岁的孩子觉得自己可以随心所欲是危险的，就和坐在没有刹车的汽车里一样，对孩子放任自流是不负责任的。管束孩子，对孩子的请求或行为说"不行"时，会引起孩子生气，不高兴，但这是真正的爱，是负责任的爱。

明智而有远见的父母，要清楚自己最主要的责任，应当是造就孩子具有健康的人格，建立崇高的理想，掌握一定的技能，具备必要的社会生存能力和抵制邪恶的能力。你若能把这些交给你的孩子，这是最宝贵的遗产，是孩子今后走向成功的保证。也就是给了他一把打开独立与幸福人生的金钥匙。

## 美国成功父母教子四大经验

**充足的爱。**父母能够给予孩子最有价值的礼物就是"爱"——慷慨和无条件的爱。我们应尽可能多地让孩子感受到我们爱他。无论孩子犯了怎样严重的错误，妈妈都要对孩子有一颗宽容的心。有一些不好的词语，在批评孩子时最好不要用，例如："你滚开，我再也不愿见到你！""再不听话，我就不要你了！""如果你不能做到，就别来见我！"这只能将孩子与父母间的情感联系隔断，使我们失去教育引导孩子的机会。

**尽可能多地和孩子在一起。**每个孩子都需要从父母那里得到足够的重视。在每天工作之余，我们要腾出一些时间参加孩子的游戏，例如扮演一名教师、售票员或足球教练、汽车司机。两种最好的亲子活动是：一起读书和一起游戏。所以，最好把看电视的时间节约下来，用来与孩子一起读书和游戏。还有一点，要为孩子提供各种各样的机会，尽可能让孩子接触到各种东西。这样，可以扩展孩子的视野，丰富孩子的知识，使孩子在今后的人生旅程中，更有可能选择最适合的发展空间。要是能全家人一起来做一些事情，那就更好了。这不仅给孩子提供了向父母学习的机会，还会促进家庭成员的交流，增进家庭的和睦。

**倾听孩子的心声。**有经验的父母提出，通过听孩子说话来了解他们的感受，是非常有价值的一种方式。不论孩子提出的问题是大还是小，都要尽可能找时间及时去倾听他所说的话，而不要让孩子等你有了空闲时间再说。与孩子谈话，为我们提供了一次了解和教导孩子的机会。及时倾听孩子所说的话，有助于赢得孩子的信任，这样孩子才愿意与我们多多沟通。而对我们来说，了解孩子头脑里想的是什么，也是一件很重要的事情。

**培养孩子的独立性。**随着孩子的成长，给他越来越多的自由和控制自己生活的权利是很重要的。我们可以首先在一些无足轻重的小事上给孩子作决定的自由，然后再将他们可以作决定的事情范围不断扩大。随着孩子年龄和能力的增加，我们可以让他完成更难的任务，从而使孩子有了完成任务的骄傲感，更加自信和自律。给孩子一定的自由，表明我们信任和尊重孩子，孩子也会因此更加尊敬我们、爱我们。事事都包办代替的妈妈，显然不是好妈妈，这样只能害了孩子。孩子虽小，但他有自己的头脑、思想和情感，他是他自己。我们只是在他很小的时候，在一部分事情上帮帮他而已。试想，一个十几岁的大孩子如果鞋带开了自己还不会系好的话，他会感谢妈妈以前十多年来辛辛苦苦为他系鞋带吗？他只能抱怨妈妈为什么没有教会他来做这样简单的事情。

## 做好父母的十个要点

1. 经常喜欢跟孩子在一起。
2. 尊重孩子，对他有信心，肯定他的长处。
3. 尽量接受孩子的各种情感，但不完全接受他的所有行为表现。
4. 尽量向孩子讲清楚对他的希望和要求，同时也讲清楚不适当行为的结果。
5. 让孩子自己选择做各种事情的时间（如：作业、游戏、看电视等）。

6. 不惩罚孩子，但总是让他体验和看到各种行为的结果。

7. 通常用描述的方法表扬孩子（如：我看到了干净整齐的房间）。

8. 肯向孩子认错并表示歉意。

9. 不管在任何情况下，永远爱孩子。

10. 重视并检点自己的言行。

一个幼小柔弱的生命健康成长，需要富有营养的食品，柔软暖和的衣服；还需要炽热而理智的爱，需要饱满而健康的感情；需要知识的养分，需要优秀的品德与教养。只要你成为父母，便有了如此伟大与艰巨的使命。

在孩子成长的道路上，父母是第一个最重要的老师，他们是孩子一生中最早的引路人，往往会因为一件事，一句话而改变孩子的一生。所以，父母的爱，父母最质朴而原始的教育，就是孩子感受人生最重要的一个标准。

做父母的必须清楚地牢记一点，自己是孩子的“镜子”和榜样，也是孩子的领路人，孩子犯了错误，父母一定有着不可推卸的责任。

虽然有的人拥有很好的教育背景、显赫的权势和地位，但对于教育孩子未必在行，有的父母过于溺爱和一味地迁就孩子，而忽略了精神教育。有的孩子仗着父母的宠爱、地位和不凡的人际关系，做了很多对社会不利的事情，这不仅毁了自己的前途，而且还给社会上的其他孩子造成了很坏的印象，而他们的父母也因此背负了一生的歉疚。

我们要关心孩子的衣食冷暖，努力使他们的身体健康成长，这是连动物都会的。父母除了要关心孩子的身体健康外，更要使孩子在心智上得到发展。当今在教育孩子方面，一些父母最大的误区之一，是只重视孩子的身体健康和物质欲求的满足，而对孩子心灵的成长却关心不够，或虽然关心却无能为力。因此，从精神上关心孩子，帮助孩子在心灵上茁壮成长，真正当好孩子的第一任老师，已成为天下父母的第一责任。

我们许多父母，虽然深爱着自己的孩子，但到底了解孩子多少呢？对于孩子的喜好、烦恼、已有的知识水平、日常生活的经验、习惯，你能否一一道来，如数家珍呢？要是你连孩子爱吃什么，爱玩什么，最讨厌什么都搞不清楚，你又怎样去教育孩子呢？要想很好地了解孩子，那么你首先必须花较多的时间与孩子相处，跟他在一起。无论工作多忙，你一定要安排较多的时间与孩子在一起，只有这样，你才有可能更多地了解孩子。

孩子一出生，就成为独立的个体，无论年龄大小，他首先是一个人，父母需要培养他的独立性，设法帮助他成功。一个两岁的孩子推着童车走路，父母不要阻止他，要微笑地看着他给予鼓励，让他走得更快、更远、更稳。认可孩子想独立行动的意识并给予鼓励，这就是对孩子的尊重。

父母千万不要对孩子说“你真没用”之类的话。即使孩子遭受了失败，走了弯路，也要理解、信任孩子。父母切记不要在孩子面前叹气，而是要拍拍孩子的肩膀，给他信心和力量。

父母要多给孩子锻炼的机会，不迁就，不姑息，不过分保护。当 3 岁的孩子摔倒时，你可以不去扶他，要他自己站起来。10 岁的孩子要和伙伴一起行动时，只要在年龄和智力允许的范围内，你不必阻止，但要耐心教他保证自己安全的方法和应急措施。

相信孩子，解放孩子，首先就要学会夸奖孩子。没有夸奖就没有教育。日本有一儿童教育学家的一项研究表明，经常受到父母夸奖的孩子与很少受到父母夸奖的孩子相比，其成才率前者比后者高五倍。其实，中国伟大的教育学家陶行知先生早在半个世纪前就深刻指出：教育孩子的全部秘密在于相信孩子和解放孩子。而相信孩子，解放孩子，首先就要学会夸奖孩子，没有夸奖就没有教育。

孩子如果犯错就要受到适当的惩罚。在惩罚之前，先对孩子警告，警告就会让孩子警惕：他必须改正自己的行为，否则就会受惩罚。惩罚的开始与结束要明确，不要让家中一整天都充满了紧张气氛。惩罚完毕，一切便算过去。同时还要注意，犯错后应立刻惩罚。

### 您是什么类型的父母

以下各题选 A 得 1 分，选 B 得 2 分，选 C 得 3 分，选 D 得 4 分，最后分数相加与答案对照。

1. 您和孩子来到一个陌生的地方，您会怎么做？

A. 紧拉孩子的手，自己决定该往哪里走。

B. 紧拉孩子的手，与他探讨去什么方向。

C. 放开孩子的手，寻找目标，让孩子跟着。

D. 让孩子牵着自己的手，想看看他会将您带向何方。

2. 您带孩子一起背包去旅行，会如何做？

A. 背着所有的包，手牵孩子，直奔目的地。

B. 和孩子都背包，一同直奔目的地。

C. 让孩子背些东西，让他告诉您目的地在何方。

D. 让孩子领着您，共同背着东西，在去往目的地路上，共同谈论目的地。

3. 您的孩子和别的孩子有争执，您会如何做？

A. 非常气愤，拉着孩子就去找那个孩子算账。

B. 会问问孩子是怎么回事，然后找那个孩子的家长去理论。

C. 安抚自己的孩子，或者转移他的注意力，认为小孩子争执太正常不过。

D. 根据自己孩子的解释，建议他如何处理此事。

4. 您和朋友聚会时，谈到孩子的话题，您通常会说什么？

A. 展示自己孩子的各种优点。

B. 多提自己孩子与众不同的方面。

C. 说自己孩子的缺点。

D. 对孩子的各种行为说自己的看法。

5. 看着自己的孩子与其他小朋友在一起时，您会想什么？

A. 自己家孩子干啥都比别人强，即便是一个简单的动作，也比其他孩子强。

B. 考虑怎么才能让孩子克服一些性格上的缺点。

C. 考虑如何才能让孩子更加发挥性格优势。

D. 看着孩子们在一起特别幸福，希望他们长大后都有幸福的生活。

6. 如果您的孩子把地球涂成了黑色，您会如何想？

A. 孩子做得不对，应该把地球涂成蓝色和绿色相间的。

B. 哇，我的孩子太有创意了！

C. 孩子真有想法，他是如何想的呢？

D. 为什么我没有这种想法，应该向孩子多学习。

7. 就孩子上学，您最担心或者想得最多的是什么？

A. 学校照顾孩子没有家里周到，怕孩子吃不好。

B. 担心孩子的学习成绩。

C. 怕孩子没有得到更好的教育。

D. 在应试教育体系下，希望孩子能够成为有用之才。

8. 孩子得的压岁钱，您一般如何处理？

A. 为孩子存起来。

B. 给孩子买学习用品。

C. 自己花掉。

D. 捐一部分钱给贫困的孩子。

9. 通常您会如何为孩子过生日？

A. 请一天或者半天假，为孩子准备吃的，提前就买好了生日礼物。

B. 会以考试成绩为条件，决定是否给孩子生日礼物。

C. 家里长辈（爷爷奶奶）不过生日，因此也不会为孩子过生日。

D. 与爱人商量，在孩子生日当天给孩子一个小礼物。

10. 如果您与孩子在饭店里和长辈一起吃自助餐，您最在意什么？

A. 担心人多，孩子没吃好，先为孩子抢一堆吃的。

B. 担心孩子没礼貌。

C. 希望孩子先为长辈挑食物，恭敬地给长辈。

D. 结束时让孩子拿钱包与自己去结账。

11. 孩子不小心要摔倒，您会如何反应？

A. 自己紧张地叫起来，疯狂抱住孩子。

B. 马上扶住他，并且提示他摔倒很危险。

C. 不紧张，能扶住就扶住，扶不住也不担心他会摔坏。

D. 看着孩子摔倒，让他感受摔倒给自己带来的危险。

## 答　案　（仅供参考）

◆ **过度保护型（1～11分）**

这类父母对孩子十分不放心，把孩子放在手里怕摔了，含在嘴里怕化了，为孩子考虑得尽善尽美，恨不得帮孩子做完所有的事情。在健康方面，孩子有个小病小灾的都会没命似的紧张孩子有问题。在学习方面，特别紧张孩子的成绩，最喜欢给孩子报课外补习班。这类父母总是喜欢用自己的判别标准去引导孩子，虽然一切都为孩子着想，但孩子却不见得领情，因为他们会感到压抑、受拘束，没有自由呼吸的空间。这类父母在教育孩子时需要注意将看管孩子的尺度放宽一些，让孩子有自由发挥的空间，也许孩子会把事情搞得一团糟，但也请记住，这是顺利的起点，如果不让孩子自己动手，孩子就永远没有自立的一天。

◆ **支配型（12～22分）**

这类父母奉行“养不教父之过，教不严师之惰”的准则，认为孩子必须遵守父母制定的规矩，不能有丝毫的反抗。在健康方面，您虽然很担心，但非常有信心他们能够健康茁壮成长。您最在意的是孩子的学习成绩，希望他们永远都考第一名。希望孩子参加各种课外补习班。除了学习外，其他方面也希望孩子按照父母的想法去做。这种高压教育方法使孩子感受不到父母的关怀，从心底里厌恶。他们特别希望能与父母进行沟通。父母应该适当考虑孩子的要求，并放手让孩子自己去做，一定要相信孩子的能力，并且不要吝啬对孩子的赞美。

◆ **开明型（23～33分）**

这类父母属于开明的家长，做事情的时候总是与孩子平等沟通，与孩子讨论问题的解决方式，从中知道孩子的兴趣和爱好，以便在他们擅长的领域里培养孩子的生存能力。在健康方面，您有的时候会让孩子自己照顾自己，只是必要的时候协助他们。在学习方面，您并不十分在意孩子的考试成绩，在不是特别差的情况下，尽量给予他们自我成长的空间，从不过分干涉。但是由于您与孩子接触时间较少，不能全面了解孩子的想法、情绪等，容易让孩子感到父母对自己疏于照料，放松了要求。因此，父母在宽容孩子的同时，需要给予他们适当的指导及约束。

◆ **理想型（34～44分）**

您已经是个对教育非常在行的家长，您让孩子做的事情，都是您经过长期的生活经验总结下来的。您善于培养孩子适应社会的生存能力，让孩子从小就知道该如何看问题，解决问题。在健康方面，您很在意，但是并不希望他们养成依赖的习惯，所以，生病都成了您教育孩子的合适机会。学习方面，您希望您的孩子对知识不要死记硬背，能够活学活用，凭自己本事取得优异成绩。这种类型的父母能够理解孩子的想法，认可孩子的情绪与行为，并能经常性地与孩子进行沟通。这样的亲子关系十分协调，孩子也能独立自主地生活，而且与小朋友们交往时，往往表现出有主见、有组织能力等优点。

## 三、父母素质，是家庭教育成功的关键

有的父母对孩子要求很严，而自己不重视言传身教。提高父母自身的素质，是家庭教育成功的关键。

当代家庭教育的成功与否取决于父母的素质，而父母素质的提高又取决于父母的自我教育。这个结论，不仅是许多研究家庭教育的专家、学者的共识，也逐渐被更多的父母接受。因为越来越多的事实证明：凡是认识到这一点，并付诸实施的，家庭教育的效果就会显著地得到提高。

有一个 18 岁的优秀高中学生曾回忆到：我之所以能出自内心地关心别人、热爱集体，主要是从小受到母亲的影响。我母亲是远近闻名的“热心肠”，哪家有什么困难，邻里间有什么需要合作的事，她总是热情地去张罗。我从小就跟着她做些力所能及的事情，体验着人与人之间那种最宝贵的感情。

一个学习刻苦，成绩优异的三好学生说：我亲眼看到，我那已经 40 多岁的父母，每天从中关村骑车到文化宫学计算机，连续两个多月，风雨无阻……我自己怎么可能不努力学习呢？

而一个小学三年级的孩子竟然说：我真想退休！你看我爸爸，提前退休，整天打麻将，也不用写作业……

父母的素质之所以成为家庭教育成功的关键，这是由家庭教育的本质特点决定的。

家庭教育和其他教育不同，它有以下四个特点，更为突出地显示出父母自身素质和家庭教育的成败密切相关：终身性——从小到大，甚至到老，具有天然的连续性，父母对子女的影响作用，表现为特别“长”；亲情性——骨肉亲情，情理交融，具有强烈的感染性，父母对子女的影响作用，表现为特别“深”；全面性——事无巨细，德智体美，具有及时和针对性，父母对子女的影响作用，表现为特别“细”；实践性——耳听教导，眼观行动，具有特殊的权威性，父母对子女的影响作用，表现为特别“真”。

由于家庭教育具有这四个重要的特点，父母本身的素质高低，就在相当程度上成为家庭教育成败的决定性因素了。

同样，父母的表率、榜样作用，之所以在家庭教育中占据极为重要的地位，也是因为父母自身的一言一行，最直观、最深刻地体现了这四个特点。

托尔斯泰说：“在一个家庭里，只有父亲能自己教育自己时，在那里才能产生孩子的自我教育。没有父亲的先锋榜样，一切有关孩子进行自我教育的谈话都将变成空谈。”你孝敬老人，孩子才可能孝敬你；你下岗择业时充满自信，孩子才可能面对挫折不断追求。榜样的作用是无穷的，父母的人格力量是最重要的教育因素。

我们来看一下日常生活中的诸多现象：

一位年轻的母亲从幼儿园接回孩子，发现孩子脸上有轻微的伤痕：“是不是幼儿园小朋友抓的？”孩子点点头。妈妈发火了：“你为什么不抓他？这个星期天妈妈不给你剪指甲，星期一你狠狠地抓他！”

无独有偶，一个小学生因做错了事，遭到同学的嘲笑。这个学生的父亲听说后，气冲冲地赶到学校：“打他，打坏了我出医药费！”说完，掏出几张人民币重重地摔在课桌上。

真是可悲而又可怜。在这种近乎病态的教育环境中长大的孩子，能养成良好的品德吗？今后能适应社会的要求吗？对这样的父母必须猛击一掌：你们在伤害孩子的心灵，干扰孩子的健康成长！

一位家长在介绍家教经验时写道：“父母是孩子的第一任教师，要想使孩子有好的品质，就必须从小好好培养。当孩子还在幼儿园时，我就注意到这一点。譬如，要求他把大的水果拿给小朋友，自己吃最小的；把自己最喜欢的玩具拿出来与小朋友一起玩等。上小学后，我又教育他要关心、帮助他人，不要事事处处总考虑自己的利益等。久而久之，我发现孩子的私心慢慢地少了。”

父母大多是普普通通的，不会有什么惊天动地的壮举感染或教育孩子。这位家长的教育方法虽然不能算是最科学的，但他注重从小培养孩子，正确引导、鼓励孩子做人、做事，这正是家庭教育最需要的。

在新环境中长大的孩子，其观念、情感和行为层面的发展与上一代孩子有着很大的差异，这使父母在教育孩子方面产生了种种困惑，而首先的困惑是不了解当代孩子心理的变化。于是，在孩子们的心目中，父母的威信越来越低。在这样的困惑教育下，孩子的心理问题越来越多，离家出走、违法犯罪、自杀现象屡见不鲜。

要解决以上的困惑、问题，首要的是父母应该提高自身素养，更新家教观念。一句话，教育者要先受教育，父母要和孩子一起成长。

父母的素质如此重要，提高父母自身的素质，自然就成为涉及家庭教育的大事了。当代父母不但要学习文化科学知识，而且在思想道德情操上，在审美意识和能力上，都要继续学习，不断自我教育。父母如果能努力地进行这种自我教育，这个行动的本身，就是孩子最好的榜样。

父母教育子女是一种“包罗万象、最复杂”的工作。这种工作并不是所有父母轻易就可以胜任的。父母必须学习必要的知识，才能担当此任。具备一定的文化素养是父母一般素质的构成部分，也是教育子女的基础。

## 为人父母，任重而道远

要想成为优秀的父母，要着力提高以下几个方面的素质：

**品德素质**。包括思想素质、政治素质、法律素质和道德素质，这是四种相互紧密联系的素质。父母应该有在科学的人生观和世界观基础上形成的良好的价值观。自己有正确的人生追求，愿意把自己的一切潜力，贡献给人民和人类的进步事业，以此来实现人生价值；树立牢固的坚持党的基本路线不动摇的坚定信念，具有热爱祖国，热爱集体，热爱社会主义制度的认识、情感和相应能力；具有民主和法制观念，了解法律规范，并有相应的运用能力；具备以五爱为基本要求的道德品质和行为规范。

**智能素质**。比较扎实丰富的科学文化知识；完善的认知能力及相应的技能技巧。

**审美素质**。具有不断提高的审美意识、审美能力以及按照美的规律创造美的物质和精神产品的能力。“以美启真”“以美储善”“以美促健”，通过审美的和谐、平衡、愉悦的功能塑造自己完美的人格。

**自主性素质**。发展独立性、主动性和创造性的主体性人格，对客观世界具有自立的意识和能力，对主观世界具有自我教育的意识和能力。

以上是做好父母需要具备的基本素质，是家庭教育的一个重要基础。但是，现实生活常常告诉我们，有些父母虽然自身基本素质高，但是并没有把孩子教育好。原因是家庭教育是一门教育科学和艺术，仅仅有良好的基本素质还不够，还必须在基本素质之上，努力地构建在家庭中所必需的教育子女的良好素质。父母除了应具备基本的素质之外，同时还应有特殊需要的素质，正像马克思说的：父母的职业是教育子女。所以父母还应具备家庭教育——这个职业特有的素质。主要有以下几个方面：

**要有强烈的责任心**。能理解教育子女既是涉及家庭幸福的大事，更是为国家、为社会培养人才的一种社会责任。教育子女意识强的父母，心中有高度的责任感，工作再忙，也不会忽略对孩子的培养。而责任心差的父母，把家庭教育看作是个人的私事，工作一忙，就把孩子的教育完全放弃。

**要有强烈的教育意识。**懂得在家庭教育中无小事，事事都含有教育性，因此除了处处注意自己的一言一行起到榜样作用外，还重视教育投资，细致安排教育规划，热情营造教育氛围，把培养孩子放在应该培养做什么样的人上来，依据正确的教育思想和教育方法来进行。同时还要具备心理学和教育学的基本知识。

**要有教育子女的能力。**要了解孩子，善于和孩子相处，能及时了解孩子的变化，理解孩子。要善于弱化教育痕迹，起到深刻的教育效果；善于利用细微小事，触及根本的大问题；善于运用喜闻乐见的方式，解决严肃棘手的难题……

**要灵活地处理问题。**家庭生活中会遇到多种涉及孩子教育的问题，问题发生的时间，也不是可以预先规定的，这就要求父母要有一定的教育机制。也就是在面对出现的各种教育契机，要有应变能力，能创造性地采取恰当的教育孩子的措施。

**要根据实际情况形成自己的家庭教育特色。**不生硬地照搬理论，不盲目地模仿别人的经验，不固执地坚持自己原有的做法，而是积极学习理论和经验，结合自家的具体情况，大胆地创造出适合自己家庭的有特色的教育子女的一套科学做法。

## 四、和谐的家庭氛围，让孩子心里充满阳光

家庭是孩子成长的摇篮，是孩子心理素质形成的最重要场所。家庭是人生的奠基石，和谐的家庭氛围对孩子心理素质的形成和发展的影响是长远而深刻的。因此，让孩子生活在和谐的家庭氛围中，可以促进孩子身心健康发展，形成良好的心理素质。

和谐的家庭氛围，首先要夫妻关系融洽。

夫妻关系是和谐家庭教育的关键。只有夫妻关系融洽，才能有和谐的家庭氛围。

和谐的夫妻关系，需要互相理解，互相关心，互相支持，互相体贴，互相尊重。夫妻关系和谐，会潜移默化地影响孩子的成长。

其次是快乐的家庭生活。

随着孩子的成长，孩子对空间的意识日渐提高，对于了解扩大知识范围

也会兴趣强烈。这些意识和兴趣使他们对周围环境有强烈的了解欲。自然界的一草一木都可以随时成为教育的素材，自然界新诞生的一切都可以成为孩子认识与注意的目标。世界上再没有比大自然更好的教师了，它能给人无穷无尽的知识。现实世界能教给孩子的，也远比书本上得来的更多、更丰富、更生动。

短途外出，对孩子有莫大的裨益。往郊外去，可让生活枯燥乏味的孩子接触到大自然的气息，野炊、郊游，甚至大伙儿在野外露营都是很好的方法。在城市中，可去参观太空博物馆、动物园、科技中心。许多感性知识不是教科书上的几张图片、课堂上老师的几段讲解和孩子丰富的想象可以弥补的。所以，多让孩子外出，不但可以开阔他们的视野，还可与社会保持紧密的联系，对身心的发展均有好处。可是，我们有许多做父母的总是没有勇气放孩子出去，他们总在担心：“孩子的玩心收不回来怎么办？”“万一孩子在外面出事怎么办？我就只有这么一个孩子呀！”其实这些想法是自私的，没有为孩子的前途着想。正是父母们的这些顾虑，造成了孩子的缺乏勇气，视野狭窄。

对孩子来说，生活中的点点滴滴都是学习的内容。走出狭隘的空间，孩子的视野会宽阔得多，学到的知识也才是生动、有趣、鲜活的。

当然，十岁以下的孩子最好在父母的带领下出游，可以去孩子感兴趣的各种主题乐园、动物园，或到空气清新的野外。

对五六年级以上的孩子，父母可鼓励孩子与同学结伴短途出游，带着零食、水，以及适量的钱，到科技馆等去玩上一整天，这一天的一切活动可由他们自己安排，一切事情自己处理。父母只需告诉孩子注意安全、遵守公共秩序及晚上几点前回家即可。第一次单独出门的孩子可能会有些害怕，父母可多加叮咛。比如在外多问路，还要打几次电话回家报平安。多出几次门，孩子就会有勇气面对外界的一般事物，处理问题的能力也会得到提高。孩子结伴出游，心情完全放松，自由自在，对所有感兴趣的事物都会无顾虑地去接触一下、探索一下，全无父母在时“这不许动，那不能摸”的限制，从而启发了他们对未知世界的兴趣，扩大了他们的视野。这种完全放松的出游，还会使孩子应付学习的紧张神经完全松弛下来。

《卡尔·维特的教育》一书中，老卡尔的教育方法，值得父母借鉴。

卡尔在对儿子的施教上，也始终相信“百闻不如一见”的道理。在小卡尔两岁以后，不论走亲访友，还是买东西、看歌剧、听音乐会，老卡尔都带着他，让他从小就与身份各异的阶层人士交往谈话，训练其不怯生。

除了见人还要见物。每逢节日，卡尔都要带着小卡尔到田野里去，摘下一朵花，拔下一棵草，砸碎一块岩石进行观察，窥视小鸟的窝，观察小虫的生活状况，等等。利用这些实物向小卡尔讲述各种有趣的故事，涉及动物学、植物学、矿物学、物理学、化学、地质学、天文学等几乎所有的科学领域。小卡尔非常喜欢植物，采集的标本堆积如山，他还用显微镜观察各种东西，写出有关各种事物的文章。每年夏天卡尔都会带小卡尔到山中森林附近住一阵子。森林对孩子来说是最好的教科书。

美国的查维斯夫妇有五个子女，全部考上哈佛大学。他们的教育理念是：要给孩子们一流的教育。在孩子学步时，查维斯夫妇就开始念书给他们听，直到他们自己能看书。在孩子上学以前，父母就教他们学习数学、地理和音乐。由于给了孩子一个良好的开始，他们上学以后就成为班上的优等生，并一直保持领先。查维斯的孩子们是在没人知道或很少人知道什么是电脑游戏、线上聊天的世界里长大的。查维斯说："在我们的孩子长大后，世界已经变了。因此，教育的内容和形式就要提前一步。"

在查维斯家，大人允许孩子看电视，但受到限制，因为孩子缺少自控力。一般只让孩子看新闻和科幻系列片，前者让孩子了解外面的事情，后者可以开发孩子的想象力。

查维斯太太给孩子买过一本百科知识方面的书。每个孩子都在这本书上花了大量时间。六岁的儿子汤姆，看过这本书后学到了很多知识，还在一次科学成果博览会上还展示了自己的作品。

查维斯太太特地买回一台钢琴，让孩子随时接触乐器，培养对音乐的兴趣。后来五个孩子至少都会演奏一种乐器。美丽动听的旋律陶冶了孩子们的情操，同时满足了孩子爱玩的天性。

查维斯太太甚至找过一份深夜上班的工作，目的只为白天能和孩子们待在家里，以便教育、训练、指导和鼓励他们。在几个孩子上学以前，她已教他们学会阅读。

马帝回忆说："父母还坚持要了解孩子们的行踪。我们想知道他们和什么人交朋友，而且如果他们想参加某个活动时，一定要证实这个活动对他们的教育是有益的。"

在查维斯家里的墙上，挂着哈佛大学校长签名的特殊匾额，上面写着：哈佛大学对于你们送来五位杰出的子女表示敬意、钦佩和感谢。

第三是良好的家庭气氛。

良好的家庭气氛，其实就是一种教养，是孩子一生的人格模型。

经常洋溢着笑声的家庭总会给孩子带来无尽的勇气，好的家庭气氛会为孩子提供一个良好的环境，为孩子的成长成才打下基础。

据专家调查，一般有四种类型的家庭：民主和睦型、专制矛盾型、放任自流型、兼备型。其中，产生品学兼优学生比率最高的是民主和睦型的家庭。这是因为民主和睦的家庭爱心浓郁，人际关系和谐，人人都是主人，孩子不仅有幸福感、安全感，而且还有归属感、自豪感，孩子做事、求知都有一种良好的情绪，忧虑少、紧张少、烦躁少，自然有利于培养良好品质与习惯，有利于踏踏实实地搞好学习。

如果把人生比作长河，家庭则是在长河中航行的一条小船，小船之外的情况，家庭无法把握，但小船自身的情况，则完全依靠自己。在这条小船上，父母两人如能齐心协力，小船即使在风浪中也能保持平稳，让孩子感到安全。如果父母离心离德，船划得不平稳，那就有可能船翻人亡。家庭这只小船可能成为孩子健康成长的摇篮，也可能成为孩子的毁灭之舟。

良好的家庭气氛包括以下因素：

1. 对孩子一视同仁，公平公正；

2. 对孩子不撒谎，讲诚信；

3. 父母之间要谦让，不要互相责备；

4. 孩子的朋友来做客时，要真心欢迎，给孩子尊重；

5. 对孩子不要忽冷忽热，不要乱发脾气；

6. 要尊老爱幼，父母为孩子做出榜样；

7. 全家的大事决定前，要征求孩子的意见；

8. 家里要搞一些文体活动，每星期最好共同玩半天；

9. 父母如果有缺点，要允许孩子批评；

10. 父母如果做错了，要真诚向孩子道歉。

温馨和谐的家庭，必然是民主平等的家庭。这种气氛的形成主要依靠家长。父母以身作则，有利于营造良好的家庭教育环境。

人与人之间互有爱心、互相尊重是关系和谐、融洽的前提和基础。光有爱心，没有尊重是不行的。因为缺乏尊重的爱心有可能走向偏执，反而损害人际关系。不论在夫妻之间，还是在两代人、三代人之间莫不如此。一位著名教育家说过：我们应尽可能多地要求一个人，更应尽可能多地尊重一个人。

家庭的温馨和睦并存于家庭成员的丰富多彩的共同活动中。比如，一起做饭、做菜，一起打扫、布置房间，一起庆祝节日、生日，一起走亲、访友，一起郊游、参观，一起交谈、辩论……在共同活动中，互相了解，互相磨合，互相影响，互相学习，良好的氛围自然就会形成。有的家庭，生活过于死板，除了工作挣钱、吃饭睡觉之外，没有更多的内容。家庭成员都感到生活特别累，生活没什么情趣。这样的家庭应该尽快行动起来，提高精神生活的质量。

人与人能够同甘共苦是一种优秀品质，在家庭中反映尤其强烈。人们都知道，“同甘”容易“共苦”难。在人们普遍重视物质利益的今天，“同甘”也变得不那么容易了。有的家庭钱多了，条件好了，于是有的成员“节外生枝”，把共同创业的艰难忘得一干二净，重又把“甘”变成“苦”——精神上的苦。说到底是素质不高，眼光短浅所致。家境寒苦，最能考验人。许多家庭经济不富裕，甚至相当清苦，但是成员之间患难与共，照样营造出温馨和睦的家庭氛围。

家庭是每个人安全的避风港。在这个港湾里，人不仅能“避风”，而且能得到前进的动力。许多人面对困境的时候，是家庭给了他战胜困境的动力和勇气。营造优良的家庭氛围是必须的，也是不容易的，需要家庭成员的共同努力。

# 第 2 份礼物：一种优秀的习惯

## ——家庭教育中最重要的内容

播种行为，收获习惯；播种习惯，收获性格；播种性格，收获命运。

英国查·艾霍尔曾说：有什么样的思想，就有什么样的行为；有什么样的行为，就有什么样的习惯；有什么样的习惯，就有什么样的性格；有什么样的性格，就有什么样的命运。

## 一、培养好习惯从第一次开始

有一位享有盛名的获得诺贝尔奖的科学家在被问到“您在哪所大学、哪间实验室学到了对您的成功最重要的东西”时，这位年过半百的科学家出人意料地回答：“幼儿园。”那位记者以为他是在开玩笑，就问他：“您在幼儿园学到了什么？”他这样回答：“把自己的东西分一半给小伙伴们，不是自己的东西不要拿，东西要摆放整齐，饭前要洗手，做错事情要表示歉意，要仔细观察周围的大自然。”可见，从小养成良好的行为品德与将来的成功有着重要的联系。

习惯是日积月累慢慢养成的，所有的习惯都是从第一次开始的。父母要特别注意孩子的第一次，第一次做好，第二次就容易做好；第一次做错，第二次就容易做错。

一个孩子，第一次写作业拿笔的位置不对，父母没有看到或看到了没有纠正，那么下一次孩子又会是那样拿笔，等这种拿笔的姿势重复多次后，要矫正就有一定的难度了，要改正孩子这种拿笔的姿势，他便开始不习惯了。

习惯的养成是从第一次开始的，父母作为孩子的第一任老师，应重视并抓住每一个“第一次”的教育时机，这是养成良好习惯的开端。习惯的养成，从第一次开始就要做好。

以下是一位母亲讲述的育儿经验：

女儿小小现在 7 岁了，从小到大不知摔了多少跤，但每次摔跤，我基本都不主动扶她起来，而是鼓励她：“自己起来，你真棒！”

有了第一次，不管摔得多厉害，小小都能自己爬起来，还会拍拍小手和衣服上的灰尘。她以后遇到比摔跤更需要自己应付的事情时，我希望她永远记住：“我能！我会！我很棒！”小小一天天长大，自己的事情自己做的意识日益强烈，吃饭、穿袜子、戴帽子……什么事情她都要自己试一试。尽管几乎每次我们都要“返工”，花的时间比直接代办多得多，但如果第一次不给她自己试的机会，无异于剥夺了孩子学习、实践的权利。常听到有些父母抱怨自己的孩子懒或笨，其实，原因全在于当初的“第一次”啊！

有一次，我带她去修鞋。鞋匠给顾客准备了一个小凳子，小小坐在凳子边儿，拍拍空出的一大半地儿：“妈妈坐这儿！”我感动得一时说不出话来，修鞋的老师傅夸道："嗬，这么小就知道心疼人了，真不错！"小小一听，又得意又害羞，小脸都红了。这是小小第一次会心疼妈妈，也是第一次听到"心疼人，不错！"这个评价，以后再要她为别人做什么，一提"心疼人"她就很乐意。

小小个子高，所以每次出去玩儿，我们都鼓励她不要让大人抱，自己走。一次去动物园前，事先已和小小讲好条件要自己走，可一下车，小小就习惯性地说："爸爸……爸爸要……"小小的父亲蹲下来，故意问她："你要干什么啊？"小小涨红了脸，仿佛经过了"激烈的思想斗争"，十分不情愿地说："爸爸……牵着！"面对孩子的童稚，小小的父亲立刻意识到她第一次表现出控制意志的能力，是个了不起的进步，给予了充分的肯定和赞美，于是小小走得更来劲儿了。

小小刚上小学时，第一次放学回来，我就不失时机地告诉她，放学后，第一件事就应该是写作业，学习任务完成后才能玩。所以小小从上学到现在，无论是星期天还是节假日，"学习任务完成后再玩"已经成为孩子一种良好的行为模式。

学习完后，将桌椅、书包整理好，睡觉前看几页课外书等习惯，也已经成为小小生活乐章中不可缺少的音符。这一切都源于做父母的"第一次"指导，所以，只有不轻易放弃第一次，才会有第二次、第三次……

从这位母亲的叙述中可以看出，几个第一次对女儿的影响是非常大的，孩子以后是否会依赖这个行为模式一直走下去，关键就在于第一次得到的外界回应如何。因此，我们建议父母们，在培养孩子习惯的时候，要特别注重第一次。

习惯是日积月累养成的，一旦形成很难改变。通常我们说一个人素质不高，往往就是因为这个人有许多坏习惯。有这样一个故事：在黑海的海滩上，有一种点金石，它是一块能将任何一种普通金属变成纯金的小石子，和成千上万与它看起来一模一样的小石子混在一起。但是真正的点金石摸上去很温暖，而普通的石子摸上去是冰冷的。有一个穷人变卖了财产，在海边扎起帐篷，开始检验那些石子。当他摸到冰凉石子的时候就将它扔进大海，就这样他干了一个月，一年，两年，三年……每天都重复同样的动作，捡起一块石子，是凉的，就将它扔进大海，又去捡起另一颗，还是凉的，再把它扔进海里……直到有一天，他捡起了一块温暖的石子，随手扔进了大海。他已经形成了一种习惯，把他捡到的石子都扔进海里，如此习惯做扔石子的动作，以至于当他捡到真正的点金石的时候，他也是将其扔进了海里！

美国著名教育家曼恩说："习惯仿佛像一根缆绳，我们每天给它缠上一股新索。要不了多久，它就会变得牢不可破。"试想，如果绳索在一开始的时候就没有缠好，即使你再缠上100道绳索，也只能越缠越歪。因此，要先打好基础，注重第一次或前几次良好行为出现后的鼓励和强化，以及不良行为出现的教育与矫正。这样，在每天缠上新的"绳索"的时候，习惯就会变得牢不可破。

教育家陈鹤琴对此曾有过精彩论述，他认为："无论什么事，第一次做得好，第二次就容易做得好；第一次做错，第二次就容易做错。儿童种种坏的习惯，都是由于开始学的时候，他们的教师或父母没有留意去指导他们的缘故，以致后来一误再误，成为第二天性；所以要把小孩子教得好，就要在第一次的时候教好。所以，对于第一次的动作，做父母和教师的要格外留意指导，以免错误。"

重视生活中的小细节。习惯始于细节，细节决定命运。习惯的养成很多时候是在一些小细节上，父母的稍不留意，孩子就会养成一些习惯，等到意识到时，发现为时已晚。孩子在做一个举动时，自己并不会留意，在无意识的反复几次之后，要是身边大人没有发现并纠正，这种举动就会被孩子当成正确的方式，周而复始，形成习惯。对于孩子的言行举止，父母应该做到更多的关心与细心，多留意孩子的一举一动，多观察孩子的行为举止。孩子的成长是一个不容忽视的过程，在这个过程中，父母丝毫不能松懈。这期间，小孩没有独立的思辨能力，好坏无法判断，父母就需要担当更多。生活中往往就是有很多小细节，看似不起眼，却决定甚至改变着我们整个人生乃至命运。

当好孩子的"教材"。父母是孩子成长过程中第一位老师，孩子在一个家庭环境中最早感受着父母的教育。孩子在成长的过程中，更多的时候会受到家庭、父母的影响。父母的一举一动都直接影响孩子的行为。孩子的模仿能力极强，大人们的某个举动，小孩都会看在眼里，无意间就会去模仿。父母在这个过程中，就要做好自己，以规范自己的行为来给孩子言传身教。比如看见一个饮料瓶被扔在大街上，父母走过去，将其丢进垃圾桶，孩子下次遇见，也就能学父母将饮料瓶扔进垃圾桶了。在家庭环境中，父母的人生经验、身心修养、平时的为人处世，都在无形之中影响着孩子，同时也决定着教育水准。一个良好的家庭环境与家庭教育，会让孩子在成长过程中少走很多弯路。

亚里士多德说："幼年时形成的良好习惯可以改变一生。"好的习惯是促进成功的基石，坏的习惯是成功的绊脚石，许多的成功机会就是因为坏习惯而瞬间失去。在习惯的养成中，好的习惯总是能够让人终身受益。良好的家庭教育，是孩子良好行为习惯养成的保证。

父母培养孩子养成好习惯要一步一个脚印，要根据孩子的年龄特征和心理承受能力，由浅入深。若把目标定得太高，就会不知从何做起。尤其是不能急于求成，不然就会感到失望。稳中求进，父母和孩子都将受益无穷。

培养孩子养成良好的习惯，父母要学会以“导”为主。“导”就是通过引导、疏导，使孩子增强明辨是非与自我教育的能力，促进其主动发展，自我完善。建议父母亲要做到“四多四少”：多民主，少强制；多激励，少批评；多示范，少说教；多用情，少用气。

小测试

## 您的孩子有良好的学习习惯吗

此测试适用于学龄后的孩子。以下 1 ～ 10 题选“是”得 0 分，选“偶尔”得 1 分，选“否”得 2 分；11 ～ 20 题选“是”得 2 分，选“偶尔”得 1 分，选“否”得 0 分。最后分数相加与答案对照。

1. 孩子上课不认真听讲，容易走神。

A. 是　　B. 偶尔　　C. 否

2. 孩子上课发言不踊跃。

A. 是　　B. 偶尔　　C. 否

3. 孩子不能按时完成老师布置的学习任务。

A. 是　　B. 偶尔　　C. 否

4. 孩子书写潦草，文面脏乱。

A. 是　　B. 偶尔　　C. 否

5. 孩子遇上难题懒得思考。

A. 是　　B. 偶尔　　C. 否

6. 孩子课前不预习。

A. 是　　B. 偶尔　　C. 否

7. 孩子课后不复习。

A. 是　　B. 偶尔　　C. 否

8. 孩子偏科严重。

A. 是　　B. 偶尔　　C. 否

9. 孩子做题经常马虎，丢三落四。

A. 是　　B. 偶尔　　C. 否

10. 孩子写作业或考试时没有检查的习惯。

A. 是　　B. 偶尔　　C. 否

11. 对于做错的题，孩子能及时总结。

A. 是　　B. 偶尔　　C. 否

12. 对于一时想不出答案的题目，孩子能够自己反复思考。

A. 是　　B. 偶尔　　C. 否

13. 孩子解题时习惯用多种方法。

A. 是　　B. 偶尔　　C. 否

14. 孩子能够自己安排出合理的时间看电视。

A. 是　　B. 偶尔　　C. 否

15. 孩子学习很努力。

A. 是　　B. 偶尔　　C. 否

16. 孩子能够定时定量、科学合理地安排学习。

A. 是　　B. 偶尔　　C. 否

17. 孩子上课时认真记笔记。

A. 是　　B. 偶尔　　C. 否

18. 孩子有大胆质疑的习惯。

A. 是　　B. 偶尔　　C. 否

19. 孩子在生活中遇到不懂的问题能够先自己查资料认真研究。

A. 是　　B. 偶尔　　C. 否

20. 在学校遇到不懂的问题，孩子敢于积极地向老师提问。

A. 是　　B. 偶尔　　C. 否

## 答　案　（仅供参考）

◆ 31 ～ 40 分

您的孩子有着非常好的学习习惯，可以看出孩子在学习能力和自我管理方面很棒，您的教育方法是非常科学、合理的，是与成长相适应的。

◆ 21～30分

您的孩子具有很好的学习习惯，但其中的一些薄弱环节仍需加强。这样，就会取得更加理想的学习成绩。

◆ 11～20分

您的孩子已经养成了比较好的学习习惯，可是在执行时，还有很多不到位的地方有待完善。为了拥有更好的学习习惯和优秀的学习成绩，还需继续努力。

◆ 0～10分

您的孩子在学习习惯方面，表现还不尽如人意，需要下大力气改掉不良的学习习惯，并坚决把好习惯保持下去。

## 二、养成诚实守信的习惯

诚实守信是一个人最基本，也是最重要的优良品格，我们要把它作为孩子人格教育的起点。教育孩子养成诚实守信的好习惯，对孩子的成长有很大的影响。

斯蒂文·W·范诺伊对于诚信是这么说的：诚信是在没有人看，没有人知道你在做什么时的行为。诚信还意味着总是说真话，澄清错误观念，辨别局部真理。不做故意伤害任何人或任何东西的事。诚信也就是信守自己的承诺。

人们都喜欢诚实的人，讨厌有两面派行为的人。现在，有一些孩子表现出两面行为，说的是一个样，做的是另一个样；当面一个样，背后另一个样。父母对孩子的两面行为，既生气又着急，于是加大训斥、管教力度，结果有些孩子的两面行为不但没有改变，反而更“巧妙”，更“高级”了。有时候孩子做了错事，许多父母认为严厉的惩罚可以遏制孩子说谎，其实恰恰相反，严厉的惩罚增强了孩子的恐惧感，只会迫使孩子产生防卫心理而进一步编造谎言。所以当您发现您的孩子说谎时，千万不要着急、气恼，更不要不分青红皂白地训斥孩子。尤其当孩子主动承认错误之后，父母要予以鼓励，肯定他说实话是好的表现，然后指出错误的危害性，让孩子在鼓励声中知错改错。

苏联伟大的教育家马卡连柯非常注意对孩子的信任，他认为，信任可以培养孩子的诚信。有一次，马卡连柯派一个曾经是小偷的学生去几十里外取一笔数额不小的钱。这位学生由于曾经是小偷，在同学的眼中被视为另类，几乎没人与他来往，他非常渴望得到信任。接到马卡连柯的任务后，这位学生简直不敢相信这是真的，他问马卡连柯："校长，如果我取了钱不回来了，你会怎么办呀？"马卡连柯平静地回答："这怎么可能？我相信你是一个诚实的孩子。快去吧！"当这位学生把钱交给马卡连柯的时候，他要求马卡连柯再数一遍。谁知，马卡连柯却说："你数过了就行。"于是，随手把钱扔进了抽屉。事后，这位学生是这样描述自己的心情的："当我带着钱在路上时，一路上我在想，要是有人来袭击我，哪怕有十个人，或者更多，我都会像狗一样扑上去，用牙咬他们，撕他们，除非他们把我杀死！"可见，马卡连柯就是运用信任的方法培养了这位学生诚信的行为。因为，只有信任才能换来诚信。

如果父母发现孩子有说谎的毛病，不要仅就说谎而批评他："这么小的孩子就说谎，长大了那还了得？"这样的训斥对孩子没有丝毫的帮助。更多需要做的是对孩子的行为进行观察，必要时对孩子的言行做些调查核实，这样可以堵塞孩子说谎的漏洞，或者使孩子的谎言不攻自破，千万别让孩子尝到说谎的"甜头"。

列宁的母亲玛丽亚·亚历山大罗夫娜曾成功地帮助 8 岁的孩子沃洛佳纠正了说谎的恶习。有一次，沃洛佳打碎了姑妈阿尼亚家的花瓶，但他却说不是他，因为他怕在不太熟悉的姑妈面前说出真相，丢了脸。列宁的母亲分析沃洛佳是个好强的孩子，粗暴的训斥会挫伤他的自尊心，空洞的说教也无济于事，唯有提供充分的时间让他进行自我道德评价，在内心深处萌生出羞愧感，让他自己纠正自己的谎言。于是，她假装听信了他的话，并以足够的韧性和耐心等待了三个月。果然，在一天临睡前，沃洛佳一下子哭了起来，说："我骗了姑妈。我说不是我打碎了花瓶，其实就是我打碎的。"

列宁的母亲纠正孩子说谎是采取"冷处理"的办法，即让孩子经过长期的思考与自我道德评价后，自己承认错误。这种办法能使孩子从内心深处认识到撒谎不是好孩子，诚实才是美德。

养成诚信的习惯，要让孩子明白，一个人要诚实，不说谎，信守诺言，才能够建立起自己良好的信誉。如果经常说谎，会令人觉得你的话不可靠，到你说真话的时候，别人也可能仍然不相信，到那时就后悔莫及了。

其实，孩子的不诚信行为并不是天生的，而是由于后天某种需求所引起的。对于孩子经常出现言行不一、不履行诺言的行为，父母应该多从孩子的认识与自身行为上来找原因。不要把孩子的这种行为看成是道德败坏而打骂孩子。如果父母从小就注意对孩子进行诚信的教育，孩子是可以养成诚信的习惯的。那么，应该怎样来培养孩子诚信的习惯呢？

孩子的诚信在很大程度上取决于父母的教育。孩子在成长过程中，父母是孩子最为直接的老师，父母的行为直接影响孩子的发展。孩子的行为首先是从模仿父母的行为开始的。教育孩子要诚信，父母自己首先要诚信。以诚信培养诚信，其道理是不言自明的。做父母的如果答应了孩子的事情就一定要做到，努力为孩子树立诚实守信的榜样。一旦父母没有遵守诺言，就意味着为孩子种下了一粒不守约的“种子”。如果父母真的无法遵守诺言，一定要以道歉的方法予以解决，并且一定要告诉孩子：“遵守诺言是一种好习惯。”“人无信不立”，要想让孩子做到诚信，父母首先就得言行如一，不要说话不算话。孩子的模仿能力很强，很容易受到某种行为的暗示。如果父母言行不一，不履行承诺，孩子就会受到暗示，跟着模仿。

诚信是人的立身之本，父母应该加强对孩子进行诚信品质的教育，从小就教育孩子守信用、负责任。告诉孩子，一个言而无信的人，是没有人愿意和他合作的。诚信品质的教育必须从小时候培养，坚持不懈。父母可以与孩子共读一些强调诚信重要性的书籍，给孩子讲一些名人诚信正直的故事。针对社会上那些坑蒙拐骗的行为，父母要态度鲜明地进行批判，要让孩子坚信，弄虚作假的行为是必将受到惩罚的。这样，孩子长大以后才能成为一个光明磊落的人。

孩子不诚信的行为大部分是出于某种需要，如果孩子合理的精神需要、物质需要没有得到满足，他必然会寻求满足需要的办法，如果父母对这种合理需要过分抑制，孩子就会换种方式，以某种不诚信的行为来满足自己的需要。例如，孩子为了得到一个漂亮的书包而对妈妈说：“妈妈，你给我买个漂亮的书包吧，我们班上的同学每个人都有漂亮的书包，就只有我没有了！”而事实上，并不是每一个同学都有漂亮的书包，孩子只是为了满足自己的虚荣心而这样说的。因此，父母应该认真分析孩子的需要，尽量满足其合理的要求。如果孩子的书包确实比较破旧，就可以给孩子买一个合适的。当然，对于孩子的价值观来说，漂亮并不等于贵，父母一定要明确这个观念。如果孩子出现了言行不一致的行为，父母一定要及时指出来，严肃地向孩子讲明道理，并督促孩子认真履行自己的承诺。同时，父母还可以讲讲信义在人际交往中的作用，让孩子懂得履行自己的诺言是多么重要。千万不要觉得孩子还小，或者觉得事情无关紧要就放纵其缺点，这样，孩子会不断强化不良的行为，从而形成不良的品格，进而影响他的人生。

我们经常会看到这样的父母：他们要求孩子吃完饭在房间里学习半小时，结果却每隔五分钟进去看一下孩子是否在偷懒；他们要求孩子去买件东西，却总担心孩子把多余的钱买零食吃。父母的这些行为，往往导致孩子用撒谎来对抗，而父母却认为自己的怀疑是有根据的，这就更加滋长了孩子的不诚信。

英国政治家福克斯素以言而有信著称。他所以能这样，是他父亲教育的结果。福克斯的父亲是英国的富绅。福克斯很小的时候，花园里有座旧亭子，他父亲想将其拆除，并重新建一座新的亭子。小福克斯从寄宿学校回家度假，正巧赶上工人拆迁亭子，他很想亲眼看一看亭子是怎样被拆除的，所以请求父亲允许他推迟一些日子返校。但是，父亲却要他准时到校上课，争论了很久，父亲终于答应将亭子的拆迁日推迟到第二年假期，这样，小福克斯就可以在假期赶上亭子的修建了。小福克斯回学校后，父亲就让人把亭子拆了重建。谁知，小福克斯一直把这事放在心上，一放假回家，就向亭子走去。当看到新亭子已经建好时，他失望地对父亲说："你说话不算数！"父亲听了大为震惊，严肃地说："孩子，我错了！言而有信比财富更重要。"父亲居然又叫人把新亭子拆掉了，在原地重新再盖一座亭子，帮儿子实现观看这一过程的愿望。可见，在现实生活中，许多父母都有可能不自觉地对孩子讲一些不诚实的话，或者讲过的话没有兑现。这时候，父母一定要放下架子，以平等的身份向孩子承认错误，这样才能赢得孩子的信任。

## 三、让孩子学会管理时间

一寸光阴一寸金，时间在飞逝流转中，一眨眼就过去了。但是对于大部分孩子来说，时间是什么，他们很难理解。良好的时间观念，决定着孩子办事的效率。能管理好时间，并充分利用时间的人，往往能够收获更多的成功。

哲人伏尔泰问："世界上，什么东西是最长而又最短的，最快而又最慢的，最能分割又是最广大的，最不受重视又是最受惋惜的，没有它，什么事情都做不成？它使一切渺小的东西归于消灭，使一切伟大的东西生命不绝？"

智者查帝格回答："世界上最长的东西莫过于时间，因为它永无穷尽。最短的东西也莫过于时间，因为人们所有的计划都来不及完成。在等待着的人看来，时间是最慢的。在作乐的人看来，时间是最快的。时间可以扩展到无穷大，也可以分割到无穷小。当时谁都不重视，过后谁都表示惋惜。没有时间，什么事都做不成；不值得后世纪念的，时间会把它冲走，而凡属伟大的，时间则把它们凝固起来，永垂不朽。”

得到时间，就是得到一切。在人的所有财富中，时间是最宝贵的。因为任何财富都是时间与行动结合之后的成果，所以无谓的浪费时间就无异于毁灭财富。人可以创造财富，但任何财富的创造都需要时间。创造是对时间的付出，也是对时间的爱惜。时间是组成生命的材料，我们的生命是无数必然时间的连续，在这必然连续的时间里，热情以创造激发，财富以创造惠人。与此同时，生命则以创造而不朽，时间又以创造而无限。

一位科学家说：“时间最不偏私，给任何人都是一天24小时。时间也最偏私，给任何人都不是24小时。”究竟怎样利用这24小时呢？不同的人会有不同的选择。但凡有成就的科学家和伟人，都不虚度自己的年华，他们珍惜生命的每一秒钟。

1845年10月31日，是德国著名有机化学家、诺贝尔奖获得者阿道夫·冯·拜尔的10岁生日。前一天晚上，拜尔就高兴地盘算着：明天爸爸妈妈一定会带自己上街采购各种生日礼物，然后在家里热热闹闹地庆祝一番，或者带自己去痛痛快快地玩一玩。因为德国人对生日特别看重，邻居家的小朋友们过生日总是这个样子的。谁知天一亮，父亲照例早餐后就戴起老花眼镜伏案攻读，母亲则领着他到外婆家去消磨了一整天，直到黄昏才返回。

对父母亲这样的安排拜尔感到很奇怪，也有点不高兴。细心的母亲看出了这一点。在回家的路上，母亲边走边开导拜尔：“我生你时，你爸爸已41岁，还是一个大老粗。现在他跟你一样，正在努力读书，明天还要参加考试。我不愿意因为你的生日，耽误他的学习时间。妈妈现在只能尽心尽力，使我们的家庭生活丰富多彩一些，你长大了，可要使我们这个世界更加多姿多彩啊！”

拜尔的母亲出身名门，是德国一位著名律师、历史学家的女儿，她见多识广，通情达理，既是贤妻又是良母。她在拜尔10岁生日时给拜尔的这番教诲，成了拜尔受用终身的座右铭。拜尔在1905年70岁时获取诺贝尔化学奖之后写的一部自传中回忆说：“这是母亲送给我10岁生日最丰厚的礼品。”

拜尔的父亲约翰·佐柯白原先是普鲁士总参谋部一位陆军中将，军衔虽高，科学文化水平却不高。在军队服役时曾有一位牧师劝告过他，叫他退役后一定要学习，掌握一门科学技术，以便更好地立足于世界。他父亲认为牧师的话很有道理，自己又很爱好自然科学，所以50岁退役后便不顾别人笑话，拜师学习地质科学，小拜尔10岁时，他父亲已51岁，正是其苦心攻读地质科学，积极准备应考的第二个年头。父亲的好学上进、勤奋刻苦，形成一种无形的力量，给拜尔的学习以有力的推动和深刻的影响。

父亲对拜尔既严格管教，又时时给予鼓励。1858年，年仅23岁的拜尔以出色的论文获得了柏林大学博士学位，父亲特意赶去参加了他的学位授予盛典，向他表示祝贺。因为拜尔是取得博士学位的人中年纪最小的一个，盛典结束时校长特别关心地问起他今后的去向。拜尔向在座的化学家们扫了一眼，耳边又响起了父亲那深沉的声音，于是从人群中请出了年轻有为的奥占斯特·贾古拉教授，对校长说："我要追随他！"父亲看到儿子接受了自己昔日的批评教育，脸上露出了满意的笑容。

拜尔年少得志却不自满。他牢记父母的教诲，学习父亲那好学不倦、珍惜时间的精神，几十年如一日地不断向科学高峰登攀，在研究有机染料和氢化芳香化合物方面做出了卓越的贡献，终于在1905年获得了诺贝尔化学奖。

孩子的生日父母怎么办？是送一件精美的生日礼物，还是摆上酒席庆贺一番？拜尔的母亲未这样做，而是以父亲50岁退役后还拜师学习地质科学的事例教诲儿子要珍惜时间，努力学习。母亲的教诲成了拜尔受用终生的座右铭。父亲勤奋好学的精神从此激励着他去拼搏、奋斗。这种精神的馈赠胜过任何高档的物质礼品。这就是成功家教的高明之处。

伟人、名人视时间为生命，对时间无比珍惜，他们的成功是因为他们做出了超出常人的努力。时间对每个人都是平等的，谁有紧迫感，谁珍惜时间，谁勤奋，谁就可以得到时间老人的奖赏。这个道理并不深奥。珍惜时间，父母要以身作则。如果父母本身就是一个勤快的人，生活节奏快而不乱，自然会影响孩子。反之，如果父母整日饱食终日，无所事事，孩子只有意识到这种危害性以后，才能珍惜时间，那就要走一段弯路。

时间是悄无声息流失的。在每一段时间里，孩子所做的事情并不都是有意义的。有些甚至是在浪费时间和生命。美国的斯特娜夫人是个享有盛名的早期教育家。她在教育自己女儿的过程中，有这样一个故事：

有一天，孩子问斯特娜夫人："我想到朋友家里去玩，可以吗？"母亲说："可以，但必须要在12点半以前回来。"可那天孩子超过了10分钟才到家。母亲见孩子回来了，什么也没有说，只是指了一下墙上的钟。孩子知道回来迟了，马上抱歉地说："是我不对。"吃完饭，孩子赶快换了衣服，这是因为她们每到星期二就要去看戏或电影。这时，斯特娜夫人再让孩子看看钟，并说："今天时间来不及了，戏和电影是看不成了。"孩子难过地流下了眼泪。这位母亲并不就此止步，而是紧逼一步，十分惋惜地说："这真遗憾！"通过此事，孩子知道，母亲的正确要求是必须照办的，失误了，是要付出代价的。

许多孩子不懂得珍惜时间，这与父母对孩子的娇惯有很大关系。有的孩子爱睡懒觉，每天早上父母一遍又一遍地叫，直耗到不起床上学就迟到的时候，才匆忙起来，父母还得给孩子穿衣服，收拾书包，叠被子……这样做不但不利于培养孩子的时间观念，也助长了孩子依赖父母的习惯。在处理这类问题上，我们不妨学学斯特娜夫人的做法，让孩子尝尝自己耽误时间的苦果。

父母要为孩子制订科学的作息时间表，对起床、就寝、吃饭、做功课、自由活动、做家务的时间都要做出具体的规定，并要严格要求，严格训练，使孩子养成按照时间表作息的习惯。

还要训练孩子迅速进入学习状态。许多孩子在学习开始时，总要收拾书桌，整理书包，把书拿出来，放进去，再拿出来，再放进去，浪费了很多的学习时间。因此，父母要让孩子遵循一条原则：立刻开始学习，不要拖拖拉拉。一般来说，如果孩子能习惯于毫不迟疑地投入学习，往往会觉得时间过得快，不但学习效率高，还会产生轻松愉快的感觉。另外，要使孩子的生活条理化，如学习用品放置条理化，日常生活用品摆置固定化等，帮助孩子养成做事有条有理的习惯。这样，浪费的时间会大大减少。

学习经常中断，或拖拖沓沓，既浪费时间，又影响学习效率。因此，在孩子的学习过程中，父母不要轻易打扰，不要随意让正在学习中的孩子去买东西、倒垃圾、看电视等，努力让孩子养成学习时全神贯注的好习惯。

让孩子参与活动时间规则的制订，增强遵守时间的自觉性。日常生活中，父母不要将自己的想法和规则强加在孩子身上，要把孩子看作独立的个体，和他一起商量制订适合的计划表。因为只有这样，孩子才能在平等民主的氛围下有一种参与感，体验到父母对他的尊重。而且，这样的时间计划表是真正意义上孩子自己制订的时间规则，孩子比较乐意接受。

借助计时器，帮孩子改掉做事拖拉的坏习惯。孩子年龄小，常以自我为中心，有时不按大人的意思去做。这时，不要训斥孩子，更不要帮孩子做，否则会剥夺孩子获得成功的机会。不妨保持一种豁达、宽容的心境，和孩子一起到商店挑选一个喜欢的计时器，然后每次做事前，让孩子自己选定合理的时间去完成。这样会大大调动孩子的积极性，提高孩子做事的速度，在不知不觉中改掉做事拖拉的坏习惯。可能一开始孩子对时间的长短没有概念，父母不妨先帮他设定时间。第一次设定时，要给孩子留出较多的空余时间，让他能提前完成，以获得成功感。然后，让孩子自由支配完成后留出的空余时间，这样他就能体会到抓紧时间的好处。久而久之，孩子自然就不会浪费时间。

明确时间概念，不要拖沓。当孩子有事找父母，而父母正忙于自己的事情时，大多父母会经常对孩子说"等一下"，对于孩子来说，这种抽象的时间概念并不能完全被理解。孩子也不能清楚"等一下"究竟要等多久。因此，父母在教育孩子的过程中，一定得要明确时间的概念。

孩子在小的时候，都有动作慢的问题，不太可能跟得上大人的步伐。当孩子在做一件事时，父母总是不能忍受孩子的拖拉，或者训斥，或者代劳，久而久之，孩子就有了依赖性。如果父母能够只是在一旁给予指导、鼓励，教给孩子尽快做事的方法，并经常鼓励和表扬孩子的进步，我想孩子会一次比一次做得好。记住，关键是父母一定要有耐心。

**小测试**

## 您的孩子会管理时间吗

此测试适用于学龄后的孩子。以下各题选 A 得 1 分，选 B 得 3 分，选 C 得 5 分，最后分数相加与答案对照。

1. 通常您的孩子完成一项任务（比如做一项作业）的时间会比预计的时间长吗？

A. 经常比预计的时间长。

B. 经常比预计的时间短较多。

C. 能够基本按预计时间完成。

2. 孩子会在寻找书本或文具等物品上花费很多时间吗？

A. 常常用很长的时间也找不到。

B. 大多数情况都能较快找到。

C. 孩子的东西放得都很有条理，很快就能找到。

3. 孩子有足够的时间来进行课外业余活动吗?

A. 没有，孩子一般连学习任务都来不及完成。

B. 有，但时间较少。

C. 孩子能够安排一定比例时间来平衡学习和娱乐。

4. 孩子在约好的地方等同学，但过了二十分钟仍未等到，孩子会如何做?

A. 一直等到同学出现。

B. 不再等下去，直接离开。

C. 试着联系同学，看是否还需要继续等待。

5. 孩子有多项学习任务时，一般会如何做?

A. 没有计划，想起哪项任务就做哪项，有时会忘记一些任务。

B. 有大致的计划安排，基本能够完成所有任务。

C. 科学合理地列一张清单，轻松愉快地完成所有学习任务。

6. 带孩子出游在火车站等车期间，孩子会利用这段时间干什么?

A. 无所事事，或者发呆。

B. 找些事做，如买本书或杂志看。

C. 孩子有专为零星时间准备的工具，如用 mp3 听英语。

7. 孩子一般会把作业或老师交代的任务记录在什么地方?

A. 用脑子记。

B. 记在随手的纸条上。

C. 记在专门的笔记本上。

8. 孩子如何使用闹钟叫自己起床?

A. 闹铃设定为正点，但会按掉好几次，经常睡过头。

B. 往往会等闹钟响两三遍时才起，但不会睡过头。

C. 闹钟第一次响时孩子就能起床。

## 答　案　（仅供参考）

◆ 35～40 分

孩子的时间管理能力很好，鼓励孩子继续保持。

◆ 25～34 分

孩子的时间管理能力较好，但父母还可帮助孩子从细节处加强训练，孩子还有进步的空间。

◆ 16～24 分

孩子的时间管理能力一般，遇到突发事件时往往感到无法掌控；父母需要帮助孩子从小养成良好习惯，合理利用时间，管理好自己的时间。

◆ 8～15 分

孩子的时间管理能力较差，因此生活总是随心所欲，经常陷于混乱，父母需要用心帮助孩子纠正不良习惯，如果一时找不到合理方法，可以参考一些育儿方面的书籍，尽快帮助孩子加强管理时间的能力。

## 四、让孩子学会承担责任

责任是孩子对自己、家庭和社会负责任的认识、情感和信念，以及相应的履行义务和遵守规范的自觉态度。在孩子成长的过程中，责任能让孩子变得有担当，更能促进孩子能力的提高与发展。

责任是孩子健全人格的基础，是孩子能力发展的催化剂，更是家庭教育中不可缺少的重要内容。父母应该用自己的爱心、耐心和智慧去培养孩子的责任感，让处于成长中的孩子变得有担当，使“责任感”牢固地占据他们的心田。

当孩子主动承担责任时，父母千万不要忘记及时给予鼓励。要知道，孩子在成长的过程中，父母对某一行为的肯定直接影响着孩子的发展，要让孩子对自己的责任心引以为荣。有位 9 岁的小女孩，她负责倒家中的垃圾已经 4 年了。在她 5 岁那年，她突然对倒垃圾产生了兴趣，听到外面收垃圾的铃声就提着垃圾桶去倒。父母对她倒垃圾的事予以表扬，夸她能干，还经常在外人面前称赞她。这样就激发了孩子主动倒垃圾的自豪感，慢慢地形成了习惯，把这种责任看成是一种愉悦的体验。

孩子年少无知，他们的责任心基础不扎实，方向不明，对一些事情往往没有责任感，因为许多时候他们不知道责任是什么，所以为了培养孩子的责任心，父母可以适当地让孩子承担一下办事情不负责任的后果，教孩子如何去面对并接受失败的教训，从中获得成长。对孩子来说，责任心不是大而空的东西，培养责任心要从对自己负责、对他人负责做起。

儿童心理学专家认为，一个人专业知识上的缺陷不一定影响他的一生，“条条道路通罗马”，但人格上的缺陷将贻害一辈子，而责任感是人格中最重要的因素之一。因此，培养孩子的责任心是父母不能忽略的一个问题。

1920 年，有个 11 岁的美国男孩在踢足球时，不小心打碎了邻居家的玻璃。邻居向他索赔 12.5 美元，这在当时可是一笔不小的数目，足足可以买 125 只生蛋的母鸡！闯了大祸的男孩向父亲承认了错误，父亲让他对自己的过失负责。男孩为难地说："我哪有那么多钱赔人家？" 父亲拿出 12.5 美元说："这钱可以借给你，但一年后要还我。" 从此，这个男孩在学习之余开始了艰难的打工生活。经过半年的努力，终于挣够了 12.5 美元这一"天文数字"，还给了父亲。

这个男孩就是日后成为美国总统的罗纳德·里根。他在回忆这件事时说，通过自己的劳动来承担过失，使我懂得了什么叫责任。

责任，是每个人前进的动力。当人获得成功时，如果想到了责任，就不会骄傲自大，会将成功作为新的起点；当遭遇挫折时，想到了责任，就不会气馁，继续奋斗，直至成功。

事实上，当一个人具有了某些能力时，就要对相应的事情负责。不过，很多孩子做事往往更多地重视行为过程本身，而不太重视行为的结果。因此，要培养孩子的责任感，就必须让他们养成对自己的行为结果负责的习惯。当父母教导孩子为自己的行为负责任时，就会给孩子这样一个信息：父母认为我有独立处理事情的能力，他们把我当作一个独立自主、能勇于承担事情后果的人。

著名教育家茨格拉夫人说过："必须教育孩子懂得他们的一举一动能产生的后果，那么随着时间的推移，孩子们一定会学得很有责任感的。" 父母在教育孩子的同时，一定要让孩子明白：每个人都应该为自己的行为负责，不管结果是好是坏，孩子都要自己承担，责无旁贷。让孩子学会对自己负责，包括对自己的错误负责，是孩子责任心的重要体验。

现在很多父母总是抱怨自己的孩子没有责任心，细化起来，也就是孩子不懂得关心别人，不会为别人考虑。犯了错误后总是逃避，不能承担起应负的责任。实际上，这与父母的教育方法有关，父母平时没有培养孩子的责任心，从而造成孩子责任心的缺失。

那究竟该如何培养孩子的责任心呢？父母对孩子责任心的培养，要从大处着眼，小处着手。让孩子在生活实践中充分地感受到责任的分量，逐渐从以自我为中心中走出来，父母首先要让孩子对自己的事情负责，对一些孩子力所能及的事，就让他自己动手来完成，不依赖父母和他人。在此基础上，才能逐渐培养孩子对国家、对社会的情感和责任心。

责任感是一个人人格的重要组成部分，是安身立命的基础。一个人要发挥出他的价值，首先他必须要有责任感，而责任感的培养要从小抓起。一个有着强烈责任感的人会勇敢地承担起自己对父母、对他人、对社会的责任，他们会尽最大努力把应该办的事情办好；而一个没有责任感的人则会逃避自己的责任和义务，容易随波逐流，无所事事。一个没有责任感的人，不管是在工作上，还是家庭中，都不会让人特别重视。从小培养孩子的责任感，让孩子成为一个有担当的人，对于孩子自身以及其未来发展起着关键的作用。

父母对孩子的影响不仅是深刻的，而且是终身的。父母在生活中所表现的责任感的强弱，是孩子最先获得的责任感体验。父母自身对家庭、对社会的责任心如何，对孩子来说是一面镜子，父母的责任心水平可以折射出孩子的责任心。责任心强的父母对于孩子责任心的培养也非常重视，反之，自身责任心比较弱的父母对孩子责任心的培养也相对不足。一个对家庭、社会毫无责任感的父母，很难培养出有责任心的孩子。

作为家庭中的一名成员，孩子既应该享受权利，也应承担一定的家庭责任，例如：饭前准备餐桌、饭后收拾餐桌、洗碗、倒垃圾、洗自己穿的衣服等。通过这些家务劳动，孩子能体会到自己是家庭的小主人，是社会的小主人，应该对家庭、社会尽自己的一份责任。父母生病的时候，让孩子学会照顾父母。让孩子知道父母的生日，鼓励孩子给父母送上一份生日礼物。让孩子积极地参与到家庭生活的方方面面，让孩子感觉到他不是家里的客人而是主人，当孩子体会到了他在整个家庭里并不是可有可无的，他确实是被整个家庭所需要的时候，他对家庭的责任感也会油然而生。

责任心的培养需要相应的能力和情感，而且必须在一定情境中通过亲身的活动来进行。要培养孩子的责任心，就必须让孩子实际承担责任，让孩子在参与中培养责任心。只有多为孩子提供实践的机会，孩子才能逐渐提高自身的责任意识。孩子通过做事会得到对“责任”的一种宝贵的心理体验，这样的心理体验多了，孩子的责任意识自然就会得到强化和提高。

孩子总会有犯错的时候，不要太过于在意，要允许他们犯错并改正，但要学会承担责任。要求孩子勇于对自己的言行负责，不论孩子有什么样的过失，只要他具备承担责任的能力，就要让他去勇敢地面对，不能让他逃避和推卸。

## 五、让孩子学会宽容

古人云：“地至秽者多生物，水至清者常无鱼。故君子当存含垢纳污之量。”人不能太清高了，因为世界本来就很复杂，什么样的人都有，什么样的思想都有。如果事事与人斤斤计较，只会自己堵住自己的路。一个人必须有容纳污秽与耻辱的能力，再加上包容一切善恶贤愚的态度，才能有成功的人际关系。因此，古往今来成大事的人，无不具有宽容的品质。如果我们能爱心永存，真诚待人，宽以待人，就能赢得别人的好感、信赖和尊敬，就能较好地与周围的人和睦相处，就能在人生旅途中顺利前行。

海纳百川，有容乃大。宽容是人类性情的空间，这个空间愈广大，自己的性情就愈有转折的余地，就愈加不会动肝火、闹情绪，愈加不会纠缠于无谓的小事。因此，一个宽容的人，到处可以契机应缘，和谐圆满，微笑着对待人生。

忍让和宽容不是懦弱胆小。忍让和宽容是给予，是奉献，是人生的一种智慧，是建立人与人之间良好关系的法宝。经历一次忍让，也许就会获得一次人生的机会。经历一次宽容，也许就会打开一道爱的大门。

宽容在人际交往中有较强的相容度。相容就是宽厚、容忍，心胸宽广，忍耐性强。人们常说这样一句话：“大海是广阔的，比大海更宽广的是天空，比天空更广阔的是人的胸怀。”有人说：“谁若想在困厄时得到援助，就应在平时待人以宽。”就是说，相容、接纳、团结更多的人，在平常的时候共奋斗，在困难的时候共患难，进而增加成功的力量，创造更多的成功机会。反之，相容度低，则会使人疏远，减少合作力量，人为地增加阻力。

在家庭教育中，父母从小就要注意培养孩子宽容的品格，及时帮助孩子摒弃偏见，学会宽容，让孩子懂得尊重他人，理解他人。

在古代，有一位老禅师，一天晚上在禅院里散步，发现墙角有一张椅子。禅师心想：这一定是有人不顾寺规，越墙出去游玩了。老禅师搬开椅子，蹲在原处观察，没多久，果然有一位小和尚翻墙而入，在黑暗中踩着老禅师的背脊跳进了院子。

当他双脚落地的时候，才发觉刚才踏的不是椅子，而是自己的师傅，小和尚顿时惊慌失措。但出乎意料的是，老和尚并没有厉声责备他，只是以平静的语调说：“夜深天凉，快去多穿件衣服。”小和尚感激涕零，回去后告诉其他的师兄弟。此后，再也没有人夜里越墙出去闲逛了。

宽容忍让的品质可以让一个人的一生受益无穷，可是现在因为种种原因，我们的孩子越来越欠缺这种品质。

要教会孩子如何为人处事，首先就要教会孩子理解和宽容。学会理解他人的难处，学会宽容别人的过失，并把这种理解和宽容转化为内在的认知习惯，是儿童爱心形成的认识基础。一个善于体谅他人、对生活保持宽容态度的孩子，一定是一个充满爱心的孩子。作为父母，你能够做到宽容和善于理解他人吗？如果做不到，你就必须尝试着改变自己。因为这样的改变不仅对你来说很必要，而且对于你子女的成长，意义更加深远。孩子可能因为父母的苛刻而变得不能理解和宽容父母，这是父母们所不愿意看到的。

有这样一个孩子，他不知道回声是怎么回事。有一次，他独自站在山谷里，大声叫道："喂！喂！"附近大山立即反射出他的回声："喂！喂！"他又叫："你是谁？"回声答道："你是谁？"他又尖声大叫："你是个大笨蛋！"立刻又从山上传来"你是个大笨蛋"的"回答声"。孩子十分愤怒，向大山骂起来。然而，大山仍旧毫不客气地回敬他。孩子怒气冲冲地回到家，对母亲说了这件事。母亲对他说："孩子呀，那是你做得不对。如果你恭恭敬敬地对它说话，它就会和和气气地对待你。"孩子说："那我明天再去那里说些好话。""这就对了，"他的母亲说，"在生活里，不论男女老幼，你对人好，人便对你好；如果我们自己粗鲁，是不会得到人家友善相待的。所以，你一定要记得，只有善待别人，别人才会善待你啊！"

这位妈妈非常聪明，她不失时机地教育了孩子怎样待人。孩子一旦学会善待他人，就学会了宽容别人。因为孩子已经有了一颗友善、宽容的心，那么很自然地孩子也就会在日常生活行为中容忍他人了。父母应该让孩子明白，他人是自己的影子，所以说善待他人，也就是善待自己。对他人多一份理解和宽容，其实就是支持和帮助自己，中国有句俗话："赠人玫瑰，手有余香。"宽容是一种美德，是一种品质，也是一门做人的艺术。在今天这个充满竞争的社会里，要创造和谐的环境，实现共赢，离不开宽容。

孩子的宽容之心最主要的来源就是父母。孩子最初是从父母那里学习待人接物的方式的。父母宽容、大度、遇事不斤斤计较，与邻里、同事之间融洽相处，孩子就会学着父母的样子处理同学之间的关系，也会变得宽容、乐于与人相处。如果孩子不小心犯了诸如打破杯子这样的小错误，不要用惩罚或责备的方式来教育孩子。告诉孩子，其实父母有时也会犯这样的无心之错，只要下次小心就可以避免。从原谅孩子的错误开始，用宽容的心去引导他认识自己的错误，让孩子知道，解决问题的办法除了批评、惩罚以外还有宽容。

许多孩子只习惯于从自己的角度思考问题，而不习惯站在别人的角度思考问题。而要改变这种现象的办法就是"心理换位"。心理换位是指当双方产生矛盾时，能够站在对方的角度思考问题，思考对方何以会如此行事、如此说话。如果真的能够做到这一点的话，就会减少很多不必要的矛盾。就像是下棋的人，一开始想着自己怎样走，不管别人，水平逐渐提高的时候，就会想对方怎样走，自己怎样应对。心理换位是让孩子学会宽容的第一步。家庭环境中，不管是孩子还是父母，都需要学会换位思考，充分地站在别人的角度来考虑问题。比如，教会孩子站在妈妈的角度上考虑，就会理解妈妈的良苦用心和唠叨；站在老师的角度上思考，就会理解老师的艰辛；站在同学的角度上思考，就会觉得大多数同学是可爱、可亲、可交的。所以，家庭教育中让孩子学会心理换位是非常必要的。

金无足赤，人无完人，有缺点和不足乃是人性的必然。和同学相交，和朋友相处，完全没有必要求全责备，完全可以求同存异，只要同学和朋友的缺点不是品质方面的，不是反社会的。我们要教会孩子学会理解他人。对于朋友的缺点和不足，对于同学心情不好时所说的话和所做的事，没有必要事事计较，事事都要求个公平合理。多一次原谅，多一次宽容和理解，同时也就为自己多找了一份好心境，也会使自己在个性完善的道路上又向前迈进了一步。

宽容之心是在交往活动中培养起来的。孩子只有与人交往，才会发现每个人都有这样或那样的缺点，都要犯或大或小的错误，只有学会容忍别人的缺点和错误，才能与人正常交往，友好相处。也只有通过交往，孩子才能体会到宽容的意义，体会到宽容带来的快乐。在孩子与同伴交往的过程中，妈妈要特别注意引导孩子容忍比自己强的同伴、比自己“差”的同伴和自己的竞争对手。让孩子不嫉妒比自己强的同伴，不嘲弄比自己“差”的同伴和不故意为难自己的竞争对手。让孩子向好同伴学习，帮助“差”同伴，学会与竞争对手合作。

## 六、让孩子学会理智消费

生活中离不开消费，作为父母不能奢望孩子完全理解金钱的作用，但孩子在认识金钱的时候，父母要注意让孩子树立起“钱是有用的，但钱不是万能的”意识，懂得合理消费，并要学会选择。

孩子从小就受父母的消费观影响着，孩子的消费观念，很大一部分是在模仿父母。家庭环境中，父母也是孩子生活当中教给他们要如何来消费的人。

因此家庭中父母教育孩子学会消费是非常重要的，而如何让孩子学会理性消费则是消费观教育的重点。

只要孩子在社会上独立生存，就必然要与钱打交道，所以当孩子手里有了钱，父母就应该指导孩子如何使用这些钱，教孩子学会用钱，理智消费。

要训练孩子有计划地使用钱，最好是对花钱有个预算。如果父母每个月或者每个星期给孩子一次钱，父母可以指导孩子制订个小计划。比如多少钱用于买学习用品，多少钱用于买自己喜欢的日用品，多少钱用于买零食……这样可以防止孩子乱花钱，还可以培养孩子把钱用在刀刃上的良好习惯。当孩子超出计划的时候，父母最好和孩子商量，将那些可花可不花的项目划掉。当周末或者月末的时候，让孩子把已经花了的钱按照计划的项目对照一下，省下来的钱由孩子自己来支配。

当今很多孩子在消费观念上存在着不容忽视的问题，如：五六元一个的面包咬了一口就扔掉了；上百元一个的玩具玩了一天就摔坏了；还没穿过的新衣服，只要认为“过时”就不再穿了。他们花钱大手大脚，过生日互相攀比，使很多父母感到头疼。

武汉市一初中二年级学生为凑足过生日的钱，竟一次偷学校财务室现金近千元。事发后，他悔恨地说：“别的同学开生日晚会都要花去六百元钱，我没有钱，但还想出风头，争回面子……”当今孩子不良消费的现象向我们敲响了警钟：应该对孩子进行消费观教育。一些父母不重视对孩子进行消费教育，认为现在的孩子都这样，对孩子限制过多没必要；也有的父母采取不让孩子接触钱的办法，这样做未免太消极。对孩子进行理智消费教育，适宜的态度应该是，正视现实，以主动的姿态告诉孩子金钱的重要性和来之不易，让孩子从小懂得金钱的价值，养成勤俭节约的好品质。让孩子树立健全的经济意识，养成正当消费的好习惯，成为有一定经济头脑和管理能力的小主人。正如一些学者指出的：孩子不能在金钱无菌室里培养。父母可以在日常生活中有意识地引导孩子正确消费，让孩子学会在消费中算账的习惯，比如，同样是交通工具，坐普通巴士比空调巴士节省，坐大巴比中巴节省，坐中巴比“打的”节省。让孩子学会少花钱多办事。

美国教育专家针对不同年龄的儿童提出了他们应了解的消费常识：1～3岁能辨别不同硬币和纸币的价值；4岁能懂得不能见什么买什么；5岁知道钱是怎么来的；6岁能区分不同面值的一些钱；7岁能学会看简单的价目表；8岁能知道把钱存到储蓄账户上；9岁能自己安排简单的一周开销计划；10岁懂

得节约的意义；11 岁知道从电视中了解有关的广告；12 岁懂得正确使用银行业务中的常用术语等。专家为美国孩子拟定的“标准”对我们的父母是否也有一定的启迪呢？

美国前总统肯尼迪的成功离不开家庭的教育，其突出的特点便是从小就没收到过多少零用钱。他的父亲约瑟夫，是美国最大的 5 位企业家之一，他先后担任过美国证券交易委员会主席和驻英大使。他的一生为培养子女做出了巨大努力，并取得了惊人的成功。

约瑟夫有 3 个儿子：长子叫乔治，二子叫肯尼迪，小儿子叫罗伯特。约瑟夫是美国最富有的人之一，为了防止孩子出现意外事故，他给每个孩子存了 1000 万美元的委托金。他虽然家里富有，但从不因此而让孩子随意花钱。他从小就注意对孩子进行节俭教育，严格控制他们的零用钱。他决定根据孩子们的年龄大小，每月只给孩子很少的零花钱。肯尼迪做了总统后，报纸上公布他在 10 岁时，向父亲递交的一张申请书，请求父亲将他每月的零花钱由 4 角提到 6 角，但他的父亲约瑟夫没有同意这一请求。

如何为孩子们提供一个良好的家庭环境，这是约瑟夫在教育孩子时所注意的一个问题。他把家中的家具尽可能弄得舒适，适合孩子，但不能华贵豪奢；每天给孩子们吃的食物，要求清淡；房子保持整洁，但从不限制孩子们喜欢的动物跑进跑出，也不限制孩子们从外面玩耍回来带进沙土，也不禁止孩子们乱扔衣服，在他家的桌下、厅堂过道上到处都可以看到孩子们乱放的运动鞋。

在约瑟夫的亲切耐心教育下，他的孩子们最终都成为杰出的人才。肯尼迪当上了美国的总统，大儿子乔治曾被公认为是肯尼迪家族中最有希望成为总统的一个。小儿子罗伯特曾任美国司法部长及纽约州参议员，也表现出卓越的才能。

可见，对孩子的关爱并不等于让孩子随便花钱，因为那会让孩子忘记金钱的得来是需要努力的。肯尼迪可以向父亲提出增加零花钱的请求，从另一侧面告诉我们：不是不可以谈钱，关键在于以一种什么方式，什么用途来谈钱，怎样理智地消费。

所以要想培养孩子良好的消费观念，还是要从父母这里先入手。父母用正确的消费观念来引导孩子，才能够更好地帮助孩子建立一种健康的消费理念。另一方面，父母应该注重平时生活的点滴。生活是个大课堂，很多小事都可以成为父母向孩子传授消费观念的范本，买一件零食、一件衣服、一个玩具，都能引导孩子消费，树立合理消费观。

在实际生活中，作为父母，应该教给孩子有关的消费常识，让孩子学会消费，也懂得如何更加有效地分配自己的金钱。并在孩子成长的过程中，随着孩子年龄的增长教会他们各种用钱方法。

在消费过程中，第一步就是让孩子学会选择。如外出要乘车时，可以和孩子商量选择途中风景较好的一段路下车，徒步前往目的地。在途中一边欣赏风景，认识各种花草树木，一边说说唱唱，或玩成语接龙，说反义词等游戏，让孩子体会徒步前往的乐趣。在事后与孩子算笔账，通过一起步行，少做一段路车，省了多少车钱，它可以转做什么用途。

随着孩子慢慢长大，父母就会灌输他们消费行为，如让他们学会自己买早点、交学费等一系列消费行为；大一点的孩子，父母便会引导他们体验，让他们通过自己的实践了解消费。如在家庭生活中，父母将零用钱按照完成家务的多少来分发，孩子通过自己打工等方式购买自己想买的玩具或零食，让孩子在消费中体验到钱的来之不易，树立正确财富价值观。

钱是很重要的，但绝不是万能的，世界上还有比钱更宝贵的，用钱买不到的东西，比如知识、本事、信念、精神、情操等。因此，在培养孩子正确挣钱花钱的同时，父母还应该让孩子明白，钱毕竟是身外之物。

父母要帮孩子分清楚“需要”和“想要”。这两个词在孩子的消费行为中，意味着孩子有没有做到理性消费，在消费的过程中有没有冲动消费，有没有造成浪费。孩子出于“需要”而购买的东西是理性消费的产物。父母要帮孩子控制住“想要”就买的想法。因为并不是所有“想要”的东西，都是出于理性思考的结果。很多时候买回来之后，才发现都是自己“不需要”的东西。在理性消费中有一点，就是要求把钱花在自己最需要的用品上，不能随意地造成浪费，要学会克制自己的冲动消费欲望，做一个更加理性的消费者。而对于孩子而言，如何来分辨哪些东西是自己的必需品，哪些又不是呢？有一个最简单的评判标准，就是看买与不买对自己的生活是否有太大的影响。

父母要让孩子克服合理消费中的大敌——冲动消费。尤其是年幼的孩子，抵制诱惑的能力比较弱，所以很容易在一些商业宣传中败下阵来。孩子在和别人攀比的过程中出现的消费，也属于一种不合理的消费行为。当孩子的消费习惯还处于没有定型的阶段，更利于父母培养孩子良好的消费习惯，让孩子能够从小就做到理智消费、合理消费。父母要培养孩子良好的消费观念，杜绝孩子的浪费行为，就要注意培养孩子节俭的品质。节俭是浪费的克星，一个养成了节俭习惯的孩子，在平时的消费过程中，也会更好地来评判自己所要买的东西是不是自己最需要的，从而有效抑制冲动消费。

父母要教给孩子一些最基本的消费技巧。比如可以使用优惠券，在买东西的时候货比三家。琳达是纽约市一位心理医生，她曾带着 6 岁的儿子埃里克逛了三家商店，目的是为了给孩子的父亲买一台物美价廉的收音机。作为奖赏，埃里克获得了最高价与最低价之间的差价 10 美元。在寻找物美价廉的商品过程中，母亲带着孩子，通过比较，让他在消费过程中找到“更实惠”的方式。这些技巧看似虽小，但却能够让孩子在办同一件事情时，做到“花小钱办大事”，如此一来，不仅可以为孩子节省开支，还可以教会孩子购物。

父母在引导孩子消费的过程中，要让孩子杜绝自己的虚荣心。孩子在消费的过程中，因为虚荣心，很容易出现与其他小孩进行攀比的情况。一个小孩看见他人手中有了一个新的飞机模型，而自己没有，就吵着向父母索取，这时马上答应孩子去买，很可能会造成更多的不合理消费，因为孩子只是看到了别人拥有飞机，他也想像别人一样，但是却并不清楚他是不是真的需要这架飞机。在消费过程中，当孩子出现不良苗头时，父母应该正确引导孩子，及时制止并指正，告诉他们，每件东西的价值，而不是盲目攀比。

一个家庭的经济承受能力是有限的，要让孩子明白家庭的经济承受能力，在父母能承受的经济范围内，让孩子量力消费，才能够让孩子做到合理消费，从而培养出孩子正确的消费观念。有这样一对父母，从孩子很小的时候便将家中所有的账目对他公开。从小到大，家里每一笔开销与收入，小孩都非常清楚，父母会告诉他每一笔开销背后的消费情况。正是因为家庭环境中有了这样清楚的账目明细表，再加上父母正确的引导，久而久之，小孩对数字也变得非常敏感，并且买东西时从来没有见他像其他小孩一样见着东西就向父母伸手要钱。

在消费观念中，父母应该统一战线，切忌有人心软。孩子是很会察言观色的，一次要赖成功后，他们就会懂得向谁要赖最有效，长此以往，恶性消费就会养成。一位妈妈讲述了以下一次经历。儿子小星今年 6 岁 4 个月，对他的理智消费教育是从他会说会走能向我们提要求时开始的。和我们第一次逛商场时，经过体育用品时，小星看中了足球，开始吵着要买。我们告诉他家里已经有了几种球了，包括足球，不能买了。平时一向讲道理的儿子开始哭闹起来不肯走，同行的爷爷心疼准备妥协，被我制止了。我蹲下来对小星说："小星，道理妈妈已经讲给你听啦，球是不会买的。现在我们要回家了。你不肯走就留下吧。我们走了，记住，哭闹是没有用的！"接着我与家人转身就走，坚持着没有回头。这时，小星的哭声变大了，爷爷想回头再一次被我制止。我们强作镇定地继续走，那时心里也有些许不舍。走出十几米的距离时，后面的哭声小了，接着就听到小星跑过来的脚步声。儿子一只小手拉住了我，此时，我转过身，紧紧地抱住了儿子，说："好孩子，这才是妈妈懂事的小星。"第一次教育胜利了，从此小星知道要赖是没有用的。

教孩子理智消费正确理财，让他学会体谅父母。父母是孩子的生活教练，父母不能仅仅只针对孩子不正确的消费行为进行批评，一定要教会孩子如何消费，应该有意识地培养孩子独立消费的能力。因为孩子的消费权益，不仅要靠父母的关心和保护，更需要他们学会自我保护，孩子良好的消费习惯和丰富的消费知识，要靠生活中的积累和培养，父母在这方面一定要引起重视，早一点为孩子塑造良好的消费观念。

# 第3份礼物：一个自主的性格

## ——家庭教育中最聪明的策略

我国著名教育家陈鹤琴先生曾说过这样一句话：“做母亲的最好只有一只手。”也就是说，父母要爱孩子，但不要凡事都包办代替，要放手让孩子自己做。父母给予孩子最大的爱和最好的财富，莫过于教他早日脱离父母的怀抱，自立自强。

一个家庭中，让孩子养成独立自主的习惯，是孩子作为一个个体的标志。让孩子学会独立自主，是家庭教育中最聪明的决策。

## 一、培养孩子的独立性

独立性是现代化人格素质的重要方面，其内涵是：孩子在生活上能自理，在学习工作中能独立完成各项任务，碰到问题和困难时能独立自主地做出决策并付诸实施，不轻易接受他人的暗示、意见而改变主意。

随着生活水平的逐步提高，孩子们的生活和学习条件越来越好，但我们却越来越明显地感觉到：现在的学生不如以前的学生那样勤奋了，不如以前的学生那样肯吃苦了，不如以前的学生那样好教育了。父母也会常常抱怨自己的孩子没有独立性，不会独立思考，一点苦都吃不了。

孩子缺乏独立自主性具体表现在生活上自理能力弱，不少孩子习惯了“衣来伸手，饭来张口”的生活，十几岁了没有洗过衣服、烧过饭、整理过床铺；学习上缺乏自主学习的意识、能力和习惯，有的孩子从来不独立思考作业，遇到不会做的干脆就空着，不懂也不问；抗挫折能力较差，遇到失败就放弃；对老师的教育无动于衷，说多了还有对立情绪等。

为何会造成现在孩子如此缺乏独立性呢？这与家庭教育是分不开的。现在的父母包办了孩子太多的事情，错误地认为自己包揽一切家务，不让孩子为家里的事“分心”，就能使孩子“专心”学习，使孩子的学习成绩有所提高。其实，这对于孩子来说，并不是帮助和关心他们，恰恰相反，这是在害他们。生活的习惯决定学习的习惯，这种“包办代替”还有可能使孩子产生自己无能、愚蠢的观念，导致孩子自信心不足，影响孩子的健康成长。一个生活上懒惰的人怎么可能在学习上勤奋呢？

那么，该如何培养孩子独立自主的能力呢？父母应该把握以下十点：

1. 给孩子空间，让他自己往前走。
2. 给孩子时间，让他自己去安排。
3. 给孩子条件，让他自己去锻炼。
4. 给孩子问题，让他自己找答案。
5. 给孩子困难，让他自己去解决。
6. 给孩子机遇，让他自己去抓住。
7. 给孩子冲突，让他自己去化解。
8. 给孩子对手，让他自己去竞争。

9. 给孩子权利，让他自己去选择。

10. 给孩子题目，让他自己去创造。

培养孩子独立性最关键的就是引导孩子自己的事情自己完成，在实践的过程中，才会真正变得独立。生活中父母可指导孩子从小事做起，从身边事做起。例如指导孩子叠被子、洗袜子、扫地、洗碗、整理书架、收拾房间等。这不仅让孩子树立正确的劳动观念，形成劳动的技能，更重要的是让孩子懂得自己的事情必须自己做，他人无法替代，学习更是如此。当学习上遇到困难时，也要自己想办法解决，而不是等待，甚至放弃。

独立自主能力的培养是一个长期的过程，需要循序渐进，切不可急于求成，需要父母用智慧和耐心引导孩子。

缪茵，是一位旅美的少年钢琴家，出生于中国湖南省长沙市。4 岁开始学习钢琴，6 岁随母亲周传鸿到美国。从 6 岁起，连续 7 年 7 次获得各类国际钢琴比赛冠军和首奖。缪茵创下了美国钢琴艺术表演历史上华裔钢琴家以最小年龄，在最短时间内，连续荣登世界著名的美国三大音乐圣殿，即美国纽约卡内基音乐厅、纽约林肯艺术中心、首都华盛顿肯尼迪艺术表演中心，成功演奏钢琴音乐会的纪录，轰动美国主流社会、主流新闻媒体和钢琴音乐界。

缪茵 7 岁登台表演，9 岁举行个人钢琴独奏公演，并从此开始职业钢琴演奏生涯。她已经被许多世界第一流的交响乐团特邀合作演出，包括美国纽约室内专业交响乐团、芝加哥交响乐团、俄罗斯国家交响乐团、捷克国家交响乐团、中国北京交响乐团等。她已经在许多世界顶尖级音乐圣殿进行钢琴独奏或协奏演出，她的演出足迹遍布北美洲、南美洲、欧洲和亚洲，被誉为“钢琴神童”“天才”。

在缪茵上三年级之前，早上都是妈妈给她穿衣、梳头，到了三年级时，就要求她自己一个人做，什么也不管。上学也是一个人去。小缪茵一开始极不适应，在上学的路上一边哭一边走，有时出门还忘了穿鞋，而妈妈却不为所动，决意培养缪茵独立的品格。

在她们母女俩回国探亲的时候，周传鸿的姐姐看到小外甥女儿这样懂事，直说妹妹命好，有个乖女儿，因为她自己的孩子常常顶撞父母，而且非常凶。周传鸿却不以为然，说：“并不是孩子天生会这样，而是教育上没注意。”她说，自己给缪茵洗头发，女儿总要说“谢谢”；让她端水，女儿会说“请”。因为她明白妈妈为她提供的服务从来不是应该的，理所当然的。

有些父母嫌孩子动作慢，做不好，就索性代劳。当孩子想表达自己的意见时，父母一口气就把孩子半天也没表达明白的话全说了。这种不耐心的结果，会干扰孩子的创造性思维，使他变得沉默、依赖。要知道，孩子的独立性不仅依赖身心发展的成熟，也要靠后天的学习。因此，父母一定得有耐心，千万不可操之过急而剥夺了孩子学习的机会。

不要用太多规矩限制孩子的自由，要让孩子去做他自己喜欢做的事。如果你有顾虑，可用“共同决定”的方法引导孩子。例如，孩子喜欢玩电脑，不要说：“不准！”要告诉他，如果功课做完了就可以玩，但是一周只能玩两个小时。把每一个“否定”变成“机会”，把自主权从你身上转移到孩子身上。

不要惩罚孩子的失败。可以惩罚孩子的懒惰、依赖、逃避、不负责任等不良行为，但是不要惩罚孩子的失败。失败是学习最好的来源，惩罚孩子的失败可能会挫伤孩子创造的动力。如果父母只想要孩子避免失败，会有几个不好的后果。第一个就是孩子可能会为了怕失败只去追寻那些很简单的目标，不敢自我挑战，把自我的目标定得太低。第二，他可能认为失败是一种惩罚，是羞愧的事情，甚至失败了不承认，或是无法从中吸取教训，这是相当可惜的事情。

不要生活上凡事都包办代替，放手让孩子自己做。不要过多地插手孩子的事务，剥夺孩子自己的选择权，不要觉得自己为孩子安排的路是通向成功最直的路。在管教的方法上，没有绝对的对错，因为对孩子要因材施教。孩子独立的标志表现在他与人合作的意识上、与人相处的方式上，是否学会与他人分享，是否学会倾听别人，是否能与周围人群建立良好的社会关系。

小测试

## 您是否注重培养孩子的独立性

以下各题选 A 得 0 分，选 B 得 1 分，选 C 得 2 分，最后分数相加与答案对照。

1. 快到上学的时间了，孩子还在慢吞吞地吃饭，这时您会：

A. 拿着勺子快速地喂孩子吃完

B. 在一旁督促孩子快点吃

C. 告诉孩子快点吃，迟到了要挨老师批评

2. 孩子帮您做家务，比如擦桌子，但没有擦干净，反而把衣服弄湿弄脏了，这时您会：

A. 很生气地说孩子帮倒忙了，让他以后不必做这个了

B. 肯定孩子帮您干活的行为

C. 夸奖孩子帮您干活了，鼓励孩子以后要做得更好

3. 与孩子同学一起出行，孩子抢同学的玩具，还说了脏话，您知道后会：

A. 自己代替孩子向同学道歉

B. 领着孩子向同学道歉

C. 让孩子自己去向同学道歉

4. 老师让孩子制作小作品并带到学校参加比赛，您会：

A. 帮孩子制作好让孩子带到学校

B. 帮孩子准备材料，让孩子自己制作

C. 可以给孩子提建议，让孩子自己准备材料并制作

5. 如果孩子早上起床坚持要穿自己喜欢的衣服，而不是您为他准备的衣服，您会：

A. 坚持让孩子穿上您认为合适的衣服

B. 让其说出理由后再决定孩子穿什么衣服

C. 爽快地让孩子穿上自己选择的衣服

6. 孩子逛超市时挑了自己喜欢的物品，结账时忽然要求您给他钱自己去付款，这时您会：

A. 怕孩子添乱，直接拒绝孩子的要求

B. 告诉孩子，等他长大一点再自己付钱

C. 夸孩子长大了，同意孩子的要求，陪孩子一起支付

7. 当您看到孩子独自玩游戏屡次失败时，您可能会：

A. 忍不住上去告诉他失败的原因在哪里

B. 走过去给他一点小小的提示，然后就走开

C. 继续远远地看着他，不打扰他

8. 带孩子在小区里散步，遇见几位正在玩耍的小朋友，您会：

A. 带着孩子过去打招呼，并陪着孩子与他们一起玩

B. 带着孩子过去打招呼，再由孩子自己决定是否留下来与他们一起玩

C. 问孩子是否愿意加入他们一起玩，愿意的话就自己过去打招呼

9. 孩子在周末的下午想做好几件事情，但是时间上只能完成一件，您会：

A. 替孩子决定做哪一件事

B. 帮孩子分析做什么最好

C. 让孩子自己选择喜欢做的一件事

## 答 案 （仅供参考）

◆ 12～18分

您非常“狠心”地培养着孩子独立性。一般来说，只要您认为孩子能自己做到的事情，就会坚决地让孩子自己做，即使孩子恳求，您也不容易动摇。您的孩子可能很小就具有很强的独立性，在周围人看来，您的孩子是个名副其实的“懂事的小大人”。但是您的孩子可能与您不是特别亲近，甚至有些惧怕您。由于您有时过于刻意地狠心，不能及时照顾到孩子内心的需要，可能会让孩子在心理上受到一些负面影响，比如缺乏安全感。所以建议您在培养孩子独立性的同时，要适当地照顾孩子的需求，满足他一些合理的要求，帮助他一起面对困难，让孩子感受到无论自己碰到什么难题，父母都在后面支持着自己，这样能增强孩子内心的安全感，使孩子更愿意去尝试新的事物，也能使您与孩子的关系更为融洽。

◆ 7～11分

您耐心而有原则地培养着孩子的独立性。您是个聪明而理性的家长，知道培养孩子的独立自主性要从小开始，并鼓励孩子做他愿意而且能够做的事情。同时，您会积极关注孩子在自主完成各项事情时的动态情况，发现问题了，会在给予肯定的基础上帮助他纠正，或者及时鼓励并给予相应的支持。您的鼓励与帮助都是有原则的，您懂得孩子的事情要由孩子自己完成，孩子想依赖您的时候，您不会指责孩子而是温柔地安慰，但是绝不会越俎代庖。您的原则性不仅能较好地帮助孩子形成独立自主的性格特征，还能帮助孩子知道自我边界在哪里，知道什么事情是自己要做的，什么是可以要求家长帮助的。另外您的耐心与鼓励能够让孩子形成比较温暖的安全感，与孩子形成良好的亲子关系。当然，不排除您偶尔过于严厉或者偶尔会丧失原则，但是这并不影响您对孩子的教育与性格的培养，不必担心什么，也不要去刻意改变什么，太完美的父母反而容易给孩子过大的压力。

◆ 0～6分

您在培养孩子的独立性方面的意识有些弱。孩子的事情您一般都会主动帮忙，甚至直接包办，您看不得孩子犯错误，不能容忍孩子受伤害，因此您的孩子很少有机会能够独立自主地做自己想做的事情，孩子的独立性较差。也许您会认为孩子还小，还不到培养孩子独立性的时候。心理学研究认为，一个人主要性格形成时期就在童年，如果您的孩子在上小学前依赖性强，不敢独立尝试新事物，主动性、自理能力比较弱，那么他在长大后也可能会继续保留以上特点，这样很不利于孩子的成长。另外，您对孩子的事情包办过多，会让孩子失去一种必要的自我边界的判断，他不知道哪些事情应该由自己来完成，哪些事情可以让父母来做，延伸开来，孩子将来长大后可能也会分不清事情到底由谁来负责任，自己在一项任务里担当什么角色、应该做些什么等等，混淆责任与义务。建议您从现在开始，有意识地培养孩子的独立性。只要试着改变您的教育方式，您孩子的独立性就会慢慢增强，您会从中获得比直接帮孩子做事情更高的成就感。

## 二、自信是成功的第一秘诀

爱默生曾说：自信是成功的第一秘诀。自信是对内心的重塑。在孩子成长之路上，自信是伴随孩子一生的财富，充足的自信才会让孩子在未来的道路上越走越勇。

自信心，是建立在自我意识成熟的基础上，是自主精神的重要内容。自信心强的人，就会坚信自己的力量，而不会依赖和指望别人。自信心是孩子将来取得成功的最重要的心理素质之一，所以在孩子小的时候，父母的当务之急不是让孩子学认多少字，会背多少诗，会做多少道题，而是要尊重孩子的细小感觉，给孩子培养出一份自信心来。自信心是孩子成才的前提条件，是孩子走向人生成功的精神支柱。几乎每一个成功的人，都是一个自信心十足的人。拿破仑曾经说："我成功，是因为我总是相信自己会成功。"相信自己会成功，是成功人士所拥有的一项基本而又必备的要素。

美国学者查尔斯12岁时，在一个细雨霏霏的星期天下午，在纸上胡乱涂画，画了一幅菲力猫，并把画拿给了他一直非常敬重的父亲。当时他这样做有点鲁莽，因为每到星期天下午，父亲就会拿着一大堆阅读材料和一袋无花果独自躲到他们家所谓的客厅里，关上门去忙他的事，他不喜欢有人打扰，但这个星期天下午，父亲却把报纸放到一边，仔细地看着这幅画。

“棒极了，这画是你亲手画的吗？”父亲惊奇地问。

“是的。”查尔斯怯生生地说。

父亲认真地打量着那幅画，点着头表示赞赏。他说：“在绘画上你很有天赋，坚持下去！”

查尔斯在一边激动得全身发抖。父亲几乎从没说过表扬他的话，也很少鼓励他们兄妹。他把画还给查尔斯，重新拿起他的报纸。

从那天起，查尔斯看见什么就画什么，把练习本都画满了。

父亲离家工作后，查尔斯只有自己想办法过日子，并时常给父亲寄去一些自认为吸引他的素描画并眼巴巴地等着父亲的回信。父亲很少写信，但当他回信时，其中的任何表扬都能让查尔斯兴奋上好几个星期，他相信自己将来一定会有所成就。

在美国经济大萧条那段最困难的时期，父亲去世了。除了福利金，查尔斯没有别的经济收入，他 17 岁时只好离开学校。受到父亲留给他的话语鼓励，查尔斯画了三幅画，画的是多伦多枫乐曲棍球队里声名大噪的“少年队员”琼·普里穆、“二流球手”杰克逊和查克·康纳彻，并且在没有约定的情况下把画交给了当时《多伦多环球邮报》的体育编辑迈克·洛登，第二天迈克·洛登便雇用了查尔斯。在以后的 4 年里，查尔斯每天都给《多伦多环球邮报》体育版画上一幅画。那是查尔斯的第一份工作。是父亲的激励和欣赏给了查尔斯一颗自信心，这颗自信心使他虽然没有了父亲的庇护，也可以生活下去，并且活得很精彩。

在孩子的成长过程中，没有比孩子的自信更重要的了。自信心对一个人一生的发展所起的作用，无论在智力上还是体力上，或是处世能力上，都有着基石性的支持作用。一个缺乏自信心的人，便缺乏在各种能力发展上的主动积极性，而主动积极性对刺激人的各项感官与功能及其综合能力的发挥起着决定性的作用。

父母在教育孩子的过程中，不仅要对孩子具有信心，而且还要注意培养孩子的自信心。幼小的孩子，显得特别柔弱，特别是当他面对一个成年人的世界时，他是弱小的，他的自信心也是特别弱小的。

周婷婷 8 岁时，有一次，爸爸周弘和她下跳棋，婷婷好胜心强，输了三盘棋后，小脸立马多云转阴，泣不成声地说：“输了，又输了……”

起初，爸爸没有在意，后来，透过婷婷那一颗颗晶莹的泪花，爸爸突然领悟到：一颗童心对胜利的渴望，那正是孩子进取的强大动力啊！

当天晚上，跳棋赛又开始了。婷婷的爸爸采取输两盘赢一盘的战略。赢是为提高婷婷的自信心，输是让她体验失败，继续前进。

果然婷婷得意非凡，兴趣十足。一边下棋，小嘴一边叨唠着："爸爸也要动脑筋，想办法了。"

下棋让婷婷认识到，游戏中有起有落，生活中风云莫测，输赢的局面是可以改变的。

只要树立起自信心，就一定能赢。建立孩子的自信心，是家庭教育中必须抓好的关键。如下细节，父母不可不高度重视。

自信一部分源于天性，但更多的是来自父母的正确引导和关爱。父母的关爱与理解是孩子自信的基础。心理学家认为，孩子的自信，从根本上讲是来自父母无条件的爱。当孩子来到这个世界后，心中最渴望得到的东西，就是父母无条件的爱。如果父母的爱是有条件的，比如与孩子说类似的话语："你学习好了爸妈才会满意。""你奥数比赛得奖了爸妈才高兴。"孩子心里会怀疑自己，以为只有达到父母的要求才值得被爱，容易对自己失去信心，并学着戴上势利的眼镜去面对爱与关怀。父母如果不切实际地一再对孩子提出高标准，孩子长此以往会变得紧张、焦虑、患得患失。因此，父母要给孩子充分的无条件的爱，做孩子最为坚实的依靠。无论孩子在外面遇到了什么，内心都有父母的爱作为他们坚实的后盾："不管怎么样，爸妈都会爱着我。"这样，孩子心里会非常踏实，知道自己拥有取之不尽的力量，可以面对整个世界。能做到无条件爱孩子的父母，他们本身也都是自信的人。

赞赏会让孩子获得更多自信。每一个人在心理上都有获得肯定与赞赏的需要，如果一个孩子感到自己是被别人赏识的，自己对别人来说是重要的、有意义的，那么他就会自然而然地产生愉悦的、自我肯定的感觉。孩子心智发育尚不成熟，常常根据别人对自己的评价，尤其是父母和老师的评价来给自己定位。如果他经常被表扬，他的心里就充满了自豪和自信，觉得自己很优秀。相反，如果孩子平时听到的都是训斥、挑剔、责备甚至挖苦，一个小小的过错就被父母抓住不放没完没了地进行批评，他就会觉得自己很失败，什么都做不好，就会否定自己的能力，产生自卑心理，进而失去对学习和生活的热情。因此，父母在生活中应当对孩子多一些赞赏鼓励，少一些指责批评。当孩子在某一方面有进步时，千万不要吝惜自己的夸奖和赞美，不要害怕会把孩子给"夸得不知天高地厚""夸得骄傲了"，有自信的孩子都是夸出来的。当孩子遭遇失败或孩子行为有过失时，不能对孩子全盘否定，把他说得一无是处，更不能盛怒之下对孩子拳脚相加，这种做法会严重伤害孩子的自尊心，在孩子心灵上留下创伤。

充分信任孩子才能增加孩子的自信。有些父母常常会有意无意地否认孩子的感觉，说出不信任孩子的话语。比如：孩子说太热了，不想穿外衣，妈妈就会斥责孩子："热什么热？妈妈一点都不热。"孩子想帮忙端盘子，妈妈马上说："你端不稳的，别把盘子给打了。"如果孩子抱怨功课难，妈妈会说："怎么别人会做就你不会？你一定是上课没有好好听讲。"孩子要尝试一件新事物，有的父母会说："得了吧，你那两下子我还不知道，别丢人现眼了。"如此说教，是对孩子自信心的极大打击。所以，作为父母，要信任孩子的感觉和判断。如果孩子说热不肯穿外衣，那么摸摸孩子的小手是不是很热，可以替他拿着外衣，等到他需要的时候再给他穿上。他觉得课程太难，和他一起分析难在什么地方，找到症结，帮孩子解开。他想尝试新事物，要给他机会让他去试。给孩子充分的信任和学习的机会，慢慢地孩子就会成为一个充满自信的人。

做家务可以帮助孩子建立自信，并能帮孩子培养良好的生活习惯。以下《做家务年龄对照表》给出了 2 ～ 17 岁孩子在各年龄段可以学做的家务事，可供父母参考。在日常生活中，父母可以根据自己孩子的情况有意识地培养孩子学做一些家务。

**做家务年龄对照表**

| 年龄 | 可以学做的家务事 |
| --- | --- |
| 2 ～ 3 岁 | 帮助铺床；把垃圾扔进垃圾桶；帮助把脏衣服放到脏衣篮里；帮助擦餐桌；睡前收拾自己的玩具；帮助准备宠物饲料 |
| 4 ～ 5 岁 | 独立铺床；擦桌椅；准备餐桌；饭后把用过的餐具拿到水池旁；准备去幼儿园用的书包和第二天要穿的衣服；去超市购物时帮助父母拎轻的东西 |
| 6 ～ 8 岁 | 帮助收拾房间；倒垃圾；叠衣服并把衣服放进衣柜；洗碗筷；洗小件衣服；照顾宠物 |
| 9 ～ 12 岁 | 收拾房间；帮助洗车；帮助准备简单的饭菜；清洗浴室；洗衣服；使用洗衣机、烘干机等简单电器；割草、扫雪 |
| 13 ～ 17 岁 | 擦窗户；换灯泡和吸尘器袋；清理冰箱和抽油烟机等；做饭菜；刷锅 |

## 三、自强是战胜一切的方法

自强不息的精神是中华民族优良的传统美德。我们的祖先历来告诫年轻人“少壮不努力，老大徒伤悲”，即使对老年人也倡导“老骥伏枥，志在千里”和“不须扬鞭自奋蹄”的自强精神。

在家庭教育中，培养孩子自强不息一直是父母的重点工作，父母无不希望自己的孩子具备自强不息的精神，孩子能独立地应对事情，独立地完成一些力所能及的事情。

现在的孩子很多都是独生子女，自理能力较差，自强自立也就成为他们成长过程中需要学习的重要一课。

“天行健，君子以自强不息。”雄鹰在广阔的天空自由翱翔，是因为从雏鹰时就接受了严格的训练。正是从小的训练，让他们练就了自立的品格、坚韧的态度与强健的羽翼。生活在竞争日益激烈的今天，自强自立是成功的必要条件。

日本教育孩子有句名言：除了空气和阳光是大自然赐予的，其余一切都要通过劳动才能获得。在这一教育思想指导下，许多日本父母在教育孩子学好功课的同时，要求他们利用课余时间做些力所能及的事，到外面参加劳动赚钱。日本大学生中，勤工俭学非常普遍，他们靠在饭店端盘子、洗碗，在商店售货，做家庭教师，陪护老人等，挣自己的学费。在孩子很小的时候，父母就要给他们灌输一种思想：“宁愿自己辛苦点，不给别人添麻烦。”全家人外出旅行，不论多么小的孩子，都无一例外地给他背上一个小背包。父母说：“孩子自己的东西，应该由他们自己来背。”总之，培养孩子的综合素质，培养孩子的自理能力和自强精神，是日本父母的根本出发点。

德国教育孩子的指导思想是，培养孩子的“勤奋、正直、乐于助人、作风正派、行为规矩”。因此，父母从不包办孩子的事情。

美国家庭教育是注重培养孩子富有开拓精神，能够成为一个自食其力的人。从孩子两三岁开始，美国的父母就采取种种有效的方法，让孩子认识到劳动的价值，比如让孩子自己动手装配自行车，修理小家电，做简单木工，粉刷房间，到外面参加义务劳动等。即使家庭很富裕的父母，也十分注重对孩子自谋生路的能力教育以及道德观和价值观的教育。

而我们中国的很多孩子甚至成年人自理能力较差，还离不开父母的照顾。究其原因，导致孩子缺乏自理能力的主要责任还在父母身上。父母希望孩子无忧无虑地生活，“望子成龙”心切，加上只要你过得比我好的心理，父母宁肯多干点儿，以腾出时间让孩子读书；还有的父母怕孩子干活磕着碰着有危险，因此，什么事都不让孩子做，热衷于自己代劳。现在不少父母对子女管得太多了：幼儿时期管吃饭、管穿衣、管游戏、管睡觉；上学后管接送、管学习、管作业、管书包、管文具，一直管到上中学乃至大学。孩子在百般呵护的环境中成长，久而久之，严重地束缚了孩子自理能力的发展。

而今，多少人成家立业后却还依然伸手向父母要钱？多少孩子十几岁后还不会做一点儿家务？是什么让这一代孩子丧失了自强自立的品质？我们所缺乏的是远大的抱负与坚忍不拔的品质。

自强自立是一种态度，是一种信念，是成功之人的生活方式。为了孩子的明天，请培养他们自强自立的性格。孩子的锦绣前程需要自己描绘，学会放手，让他们独立成长。

著名跳水运动员熊倪曾有过因失手而仅获银牌、铜牌的经历。当时 18 岁的熊倪，真正体会到了竞技运动的残酷。是自己天分不够吗？不是。是自己不够刻苦吗？也不是！他想，也许这就是他的命。有一段时间，他甚至不想再跳水了。此时，一直支持他的父母向他伸出了温暖的双手。母亲以默默无闻的关心表达她一如既往的爱，父亲告诉他：“天行健，君子自强不息。”话虽短，却发人警醒。就是这句话，伴随熊倪走过了痛苦和失败，一直鼓励他登上 1996 年亚特兰大奥运会跳水金牌的领奖台。

奥运归来，荣誉与掌声都有了，熊倪还开办了自己的服饰公司，有人建议他急流勇退。但中国跳水的状况熊倪最清楚，2000 年中国奥运金牌榜需要他的加入。然而，复出的困难是明摆着的。停训近一年，熊倪长胖了不少，要恢复状态，需要付出加倍的努力。而且，复出面临着巨大的社会压力，如果比赛砸了，要面临“英雄变狗熊”的尴尬。关键时刻，又是他的父母深明大义，帮他顶住种种压力，鼓励他再度为国争光。

重上跳板之路是异常艰苦的。熊倪的体质并不好，大运动量的训练使他几次体力透支，险些晕倒在游泳池里，但熊倪咬牙坚持了下来，在他心里，燃烧着熊熊的爱国之情，报国之志，他只想早点恢复状态，捍卫中国跳水的荣誉。

回想起自己四次参加奥运会夺得 3 金 1 银 1 铜的历程，熊倪心中充满了对父母的感激，是他们鼓励他坚定不移地走自己热爱的跳水之路，教导他要有一拼到底、永不言败的精神。

如何培养孩子的自强呢？需要从以下几方面入手。父母从小就应该教育孩子，自己的事情自己做。比如说，自己学会穿衣服，学会穿鞋，学会刷牙……随着慢慢地长大，然后自己学会叠床单、洗衣等。在家庭生活中，孩子也要做一些力所能及的事情，比如洗碗、扫地、擦窗户等，让孩子在家庭环境中能够充分发挥自己的自主性。

父母对于孩子的爱要有度，切不可变成宠爱。孩子是需要父母的爱的，在成长的过程中，父母的关爱也是非常重要的。但是爱孩子的同时也应该让孩子学会独立成长。就像老鹰对待自己的孩子一样，将未完全长大的小鹰从巢穴中扔出去，然后让小鹰学会飞翔。让孩子成长，也是父母的一种爱。

没有目标就没有奔头，父母平时可以帮助孩子制订一些切实可行的目标。当然，目标要切合实际，不能定得太高，让孩子“跳一跳，够得着”。如果定得太高，总也达不到，孩子会失去信心。孩子实现了一个个小目标，如果能及时得到父母的肯定，孩子就会增加一分自信，增加一点自强精神。

每个孩子都渴望品尝成功的喜悦。父母帮助孩子制订出了具体奋斗目标后，还必须有达到目标的具体措施，比如可行的学习计划，劳动计划，具体内容要求，检查办法等。在追求成功过程中，遇到困难最需要支持、鼓励和具体帮助，这是培养自强精神的关键。

多激励孩子，少责备孩子。缺乏自强的孩子，越责备越没信心，严重的会自暴自弃。父母要转换思维方式，改责备为激励。常用的语言是：“这次干得不错。”“有进步，我很高兴。”“好样的，再努一把力会更好。”“你真行。”“知错就改，挺好。”“别泄气，失败是成功之母。”“有什么困难，咱们一起想想办法。”……

取消包办代替，多给孩子自主机会。在生活和学习上，凡是应该孩子自己做的，父母就不要越俎代庖。父母应坚持原则：你能干的，我绝不替你干；你不会干的，我教你干；你让我干的，我要考虑该不该干。有的父母认为在生活方面多替孩子服务，让孩子把时间用在学习上会有好处。其实不然，生活上的依赖会干扰、阻碍学习上自强精神的形成。

孩子的成长，必须经过各种考验，孩子在遇到挫折时，要教育孩子不灰心丧气，总结教训，振奋精神，继续前进。这是培养自强精神的重要时机。让孩子从小懂得“人生无坦途”，要树立大无畏的精神和勇气。

## 四、自立是孩子进步的阶梯

自立是孩子的一种需要，孩子在自立中增长自己的力量并由此获得自尊和价值感。但是这种需要被长期压抑就会萎缩。或许，有的父母会说："我发现自己的孩子并不喜欢自立，事事都依赖我。"这种说法是不对的。渴望独立是每一个孩子的天性，是父母不恰当的帮助和给予促成了孩子依赖的习惯。当一位母亲在帮助她的孩子穿衣服时，孩子说："我自己能穿衣服。"但是母亲却说："我帮你穿吧，我没有时间等你。"或者"你太小了。"这样，孩子渴望自立的愿望就会被父母的命令所抑制。

明智的父母都把培养孩子自立、自强的精神作为重要的教育目标。在发达国家的家庭里，父母普遍都重视从小培养孩子的自理能力和自强精神。在美国，家庭教育是以培养孩子富有开拓精神、能够成为一个自食其力的人为出发点的。父母从孩子小时候就让他们认识劳动的价值，让孩子自己动手修理、装配摩托车，到外边参加劳动。即使是富家子弟，也要自谋生路。美国的中学生有句口号："要花钱自己挣！"而农民家庭则要孩子分担家里的割草、粉刷房屋、简单木工修理等活计。

瑞士，父母为了不让孩子成为无能之辈，从小就着力培养孩子自食其力的精神。譬如，十六七岁的姑娘，从初中一毕业就去一家有教养的人家当一年左右的女佣人，上午劳动，下午上学。这样做，一方面可以锻炼劳动能力，寻求独立的谋生之道；另一方面还有利于学习语言。因为瑞士有讲德语的地区，也有讲法语的地区，所以一个语言地区的姑娘通常到另外一个语言地区的人家当佣人。其中也有相当多的人还要到英国学习英语，办法同样是边当佣人边学语言。掌握了三门语言后，就去办事处、银行或商店就职。长期靠父母过寄生生活的人，被认为是没有出息或可耻的。

德国，父母从小就培养孩子自己的事情自己做，从不包办代替。孩子到14岁就要在家里承担一些义务，比如要替全家人擦皮鞋等。这样做，不仅是为了培养孩子的劳动能力，也有利于培养孩子的社会义务感。

反观国内，很多父母对于孩子的自立教育，却做不到国外的父母那般。自立是孩子一生的财富，父母应该创造一定的环境让孩子学会自立。

父母要多给孩子独立自主的机会，不要处处以帮助的形式来干涉孩子，以保护的形式来约束孩子。让孩子独立地完成自己应该做的事，自己决定自己的事怎么做。

罗斯福是美国历史上唯一连任四届的总统，他不仅治国有方，而且很会教子，他的四个儿子都在“二战”中建立了不朽的功勋，之后跻身于美国政坛。

在教育孩子上，罗斯福非常注重培养他们的独立思想，当“二战”战火日盛，战事愈加激烈时，二儿子埃利奥特请教父亲自己该何去何从。

罗斯福说：“我不会告诉你该怎么做，你的事是你自己的事，我从不干涉。你应该清楚我是一个怎样的父亲。”

不久，二儿子便放弃了自己的公司，走进了美国陆军部的大门，在四兄弟中带头参了军，走向了“二战”的战场。

另外，罗斯福还竭力反对孩子们过分地依赖父母，过类似于寄生虫式的生活。他让孩子们凭自己的能力去开辟事业，赚自己该赚的那份钱。

一次，20 岁的大儿子詹姆斯独自去欧洲旅行。临归前看到一匹好马，便用手中的余款买下了，然后发电报给父亲，让他汇旅费来。

父亲打了个电话：“你和你的马游泳回来吧！”碰了个钉子，詹姆斯不得不卖掉马，买了船票回家。

更让世人为之钦佩的是罗斯福身为总统，却从不庇护孩子，从不让孩子享有特权。他的子女就像普通的孩子一样，想得到什么必须靠自己去争取。在父亲的教导下，孩子们不得不凡事都靠自己，慢慢地养成了独立的习惯。

罗斯福无疑是一位成功的父亲，他的这种教子方法是值得每一位父母学习和借鉴的。父母一定要明白：无论代替孩子干什么事情，出什么主意，都只能代替一时，不可能代替一世。教育孩子独立自主，自己的事情自己拿主意，自己动手去做，父母不妨放开紧抓孩子的手，这恰恰是对孩子最深沉的爱。

人生，需要自己去开创；未来，终究要靠自己把握。独立地为人与处事，是每个人都愿意达到的理想境界，成长中的孩子更盼着自己早一天独立行事。

生活自理是培养孩子自立能力的开始。我们的原则是自己能做的事情自己做。幼儿园的孩子自己会穿衣服了，我们就一定不要去帮孩子穿衣服；小学生自己能整理书包了，那么，这件事情我们就不再去管。这件事只要孩子能做了，我们就让孩子去做，绝不提供没必要的帮忙和代劳。自立训练从幼儿开始，有很多孩子从婴儿时期就独居一室。孩子长到三四岁，有了害怕的心理，父母就给买一种很小很暗的灯，彻夜亮着，以驱逐孩子对黑夜的恐怖。

鼓励孩子尝试做适合他们年龄的事情。一方面是当孩子到了某个年龄，我们就应该让孩子学习相应的能力，比如三四岁的时候，我们让孩子学着穿袜子、穿衣服、洗手帕等，到了十来岁的时候，我们让孩子学着收拾房间、洗衣服、做一些简单的饭菜等。如果我们不去要求孩子做而是一直帮孩子做，那么孩子可能永远都不会做。有些人上了大学不会洗衣服，有些人一辈子都不会做饭。这都是不应该的。另一方面是鼓励孩子多作尝试，孩子想做的事情，不要随便禁止。比如孩子对电路感兴趣，那么在确保孩子懂得安全用电的常识后，我们可以鼓励孩子进行各种尝试。当孩子获得某种能力后，我们就让孩子承担相应的责任。孩子喜欢动手操作，我们就可让孩子负责电器之类的维修。孩子喜欢书法，我们就让孩子写春联；孩子喜欢音乐，我们就让孩子写一首“家歌”等。

仅仅是物质生活上的自立远远不够，我们还应培养孩子精神上的自立。孩子的精神自立应该包括：自己的事情自己做主；能够独自面对和处理自己的事情；有自己的精神空间和生活空间。凡是孩子的事情，比如着装、发型、对自己房间的布置、对学习的安排等我们都不要进行过多干涉。

那些天生爱冒险的孩子们，经常让父母们提心吊胆。要知道让孩子避开任何有风险的事，有时候会让孩子面临更大的风险。如果父母把自己最重要的角色定位为幸福的提供者，这就是等于给他们的孩子一种错误的安全感，这种安全感遮蔽了他们自立的思想，使他们感到奋斗没有必要。我们必须清楚，给孩子提供幸福不是我们的责任，作为父母，无论你付出多大的努力你也不能给孩子提供所有的幸福，每个人的幸福都要靠自己去争取。一个人如果得到别人给予的东西太多，就会对自己获得生活所需的能力丧失信心。我们应该确立这样的目标，最好的帮助就是帮助孩子自立，自立使他们自己可以追求到幸福。我们这样做的最重要的理由之一就是：我们作为孩子所需要的一切的提供者的角色随时都可能改变。

## 五、自尊是生命的支点

孩子都有自尊心，渴望时刻受到关注、承认和夸奖。在尊重孩子的前提下对孩子施教，孩子有了自尊，才会自立自强；如果孩子得不到尊重，所有教育都是零。父母千万不能忽视孩子自尊的心理需求。具有高度自尊心的儿童比较活跃，善于表达自己的思想；善于与他人建立良好的关系，在与人交谈中，他们乐于处在主导地位，而不愿意当听众；他们随时准备发表自己的见解和主张，并不为别人的挑剔所烦恼；他们往往对世界问题颇感兴趣；他们深信自己的能力，并确信能做好任何自己想做的事情。

美国著名的社会心理学家马斯洛曾经讲过，人的需要有五个层次，自低到高分别是生理的需要、安全的需要、社交的需要、尊重的需要、自我实现的需要。孩子的教育，除了前面基本的生存需要外，还应该满足他自我尊重的需要。

然而让人痛心的是，生活中经常会遇到下面的一幕：

吴强放学回家，看到爸爸和叔叔在客厅里聊天，跟爸爸、叔叔打了声招呼就回到自己的房间。妈妈跟着他进来，急切地问："上星期的数学卷子发了吗？考得怎样？"吴强看了看妈妈，极不情愿地从书包里拿出试卷。妈妈一看就嚷了起来："你看你，咋这么笨，怎么搞的，每次都考这么一点分数！"爸爸在客厅听见了，大声叫道："小强，过来！"吴强不想出去，妈妈一把抓住他，把他拖到客厅里。爸爸指着吴强对叔叔说："你看，咱们家这孩子到底咋回事？让我操心死了，隔壁小赵家的孩子，根本就不要人家爸妈费心。你看看，这么简单的题目，就得了这么点分数！"吴强脸憋得通红，眼泪唰地流了下来。叔叔赶紧安慰吴强，并打圆场。爸爸依然不依不饶，当着叔叔的面将吴强好好数落了一顿，才让他回自己的房间。妈妈在旁边还不停地说吴强如何不听话。

吴强的爸爸是想通过羞辱孩子来激发其好胜心，但这样做的结果只能是适得其反。因为吴强的父母严重违反了家庭教育的重要原则——培养并保护孩子的自尊心。

自尊心是一个人对自己的生理和心理特征比如外貌、能力、技能等方面的评价、接受和赞同程度。纽约一位著名的心理学家、儿童和青少年心理治疗专家说：自尊就是孩子为自己感到骄傲。在孩子有自我意识之后，就会慢慢萌发出自尊的需要。上学以后，追求自尊的意识将转化为强大的动力。孩子即便对生活的态度很积极，但如果他对自己的外貌或者身高之类不满意，或者有的能力不是他或父母所希望有的，等等，他都毫无疑问地会缺乏自尊意识，而且会在日常生活和学习中真实地表现出来。

对孩子自尊心影响最大的是父母，因为孩子从小与父母朝夕相处，耳濡目染。有一位名人曾经说过：一对父母养育的是一个孩子，所有的父母养育的是整个民族。孩子最初的自尊意识就来源于父母对他的尊重，其次对孩子影响最大的就是老师，再次就是他的同学和朋友。

孩子小的时候，自尊心一旦受到伤害，后果就会十分严重，一些孩子会因此一蹶不振。

一代传奇作家三毛曾经在她的自传里面叙述了她年幼时辍学的原因：

“老师笑吟吟地用毛笔在我的眼睛上圈了两个很大的眼镜圈，我都能够感觉到墨水的凉意。我当时就不明白要干什么，那么小的孩子，老师要你干什么，你就会干什么的。然后老师要我在学校的走廊上走一圈，当时正是下课的时候，全校的学生都在看着走廊上的我，像个演杂技的小孩，他们指着我，在笑话我的怪模样。我含着眼泪，我有些害怕，但是那个时候的小孩，不懂得反抗，一直乖乖地走完再回到教室。”

“我回到家以后，就发烧了，第二天，我就再也不愿意去学校了。”

从此，三毛就得了学校恐惧症，不愿意去学校了，一直待在家里，大部分时间都待在自己的房间里，退缩到自己的小天地里面，害怕学校，害怕外界，害怕与人接触。

人们常说，树怕伤根，人怕伤心。自尊心、自信心是孩子成长的精神支柱，是孩子向善的基石，也是自我发展的内在动力。人人都有自尊心，不要认为孩子小，就可以不尊重他们。孩子的自尊心、自信心需要父母和老师去保护和尊重。如果教育者有意或者无意伤害了孩子的自尊心、自信心，那么孩子的心灵就会受到打击和摧残，就会失去向善发展的动力和精神支柱。不管什么情况下伤害或者诋毁孩子的自尊心、自信心，都是违背教育规律的愚蠢行为。

现实生活中，父母不注意保护孩子自尊心、自信心，不尊重孩子隐私的事并不少见。有时孩子一件事没有做好，就说“你怎么这么笨”；孩子平时有些胆小，就说“你真是个胆小鬼”；孩子一次考试成绩不佳，就说“你怎么这么没用”；孩子偶尔一次小小的失误，就指责“你怎么这么不给人争气”。有些父母看孩子不顺眼，总是指责、埋怨，有的甚至打骂体罚。这样下去，久而久之，一个本来不错的孩子，会在一片指责埋怨声中，失去应有的上进心和自尊心，最终难以成才。简单粗暴，不讲方式方法，只会伤害孩子的自尊心。

生活中，以下几种类型的父母很容易伤害孩子的自尊心，父母在家庭教育中应该谨慎把握自己的言行。

1. 强迫型。根本不考虑孩子的需要，强迫他们按父母的旨意行事，甚至连孩子的申辩、愤怒、反抗权力都被剥夺。这些孩子往往胆小怕事，遇事退缩，缺乏独立性，这必将难以适应复杂的社会生活。

2. 冷漠型。对孩子漠不关心，缺少亲近感和同情心。对他们的过失，不是帮助教育，耐心引导，而是采取冷落态度。这些孩子多苦闷、孤独。

3. 贬低型。对孩子的细微进步毫不重视，经常伤害他们的自尊心，贬低他们的学习成绩，不放过孩子的任何一点过失。致使孩子自卑，缺乏自信心，无主见。

4. 抹杀型。在孩子出现失误时，不是从整体上评价他们，帮助其找出原因，鼓励他们克服困难，而是抹杀过去的一切，批评责骂，在孩子受伤的心灵上撒盐，这类孩子常常一蹶不振，看不到希望。

俗话说，好孩子是夸出来的，而不是打骂出来的。笔者曾听过这样一则故事：一天下午，一个不足十岁的小学生放学后独自到一片树林里玩耍。天黑了，这个胆小的孩子还没有走出树林，他怕遭到野兽袭击，就爬到一棵大树上躲了起来。父亲见孩子很晚还没回家，就沿孩子放学回家的路去寻找，在一片树林里，借着天空那微弱的星光，父亲隐约看见儿子正躲在一棵大树的树杈上。父亲没有马上喊儿子下来，而是假装没有看见，吹着口哨在离儿子藏身的大树不远处溜达。儿子听到父亲的口哨声好像遇到了救星，马上从大树上溜下来，吃惊地问："爸爸，你怎么知道我在这片树林里呢？""我是独自散步，没想正碰上你在树上玩耍呢。"据说这个孩子长大后进入军官学校深造，毕业后成了一名作战勇敢的将领。

父母都会关心孩子的生活，但难以关注其人格尊严。孩子都有自尊心，渴望时刻受到关注、承认和夸奖，这是正常的心理满足。父母每天要抽时间与孩子谈谈心，多强调孩子的优点，别简单粗暴指责埋怨，要多鼓励欣赏，接受孩子的各种观点和情感表现，给孩子权利让其去做一些力所能及的事情等，都可有效地建立起良好的自尊心，建立健全的人格。

父母应尊重孩子，并且引导孩子尊重他人。在人际交往中，只有尊重别人，才能受到别人的尊重。每个人都渴望得到别人的尊重，孩子也同样。一个孩子得到父母的尊重，长大后他也就懂得该如何去尊重他人。尊重孩子是正确爱孩子的重要内容。尊重孩子应该从小开始，并贯穿在日常生活中，使他们意识到自己是家庭的重要一员。父母对孩子的尊重可使他们形成自尊心。孩子健全的个性是在自信和自尊的条件下建立的。

父母与他人交往中的行为、态度和方法，或多或少会渗透到孩子的言行中去。不用多费口舌，孩子就会心领神会，就会模仿。例如在家庭中，父母对自己的长辈是否尊重，是否孝敬；对长辈是否使用尊称；与人谈话时，是否放下手中的活，微笑地注视着对方，认真聆听对方说话，不随意打断别人的发言；是否背后议论别人的短处或给人起绰号；在公共场所是否遵守公共秩序，等等。如果父母时时注意，处处作表率，这种无声的教育就会使孩子养成尊重他人的好习惯。

当孩子有了自己的隐私时，说明他的自我意识增强了，自尊心增强了。随着孩子的长大，他们要保留一片自己的天空。他们的隐私也许是珍藏的一粒漂亮的石子，或是对小猫小狗才能说的小秘密。他们要独享这份快乐或悲伤，不愿与他人分享。在他们的意识中悄悄种下了“个性、自我、平等”的种子，作为父母应保护好孩子的这片心灵圣地。尊重孩子的隐私，就是对他们成长的尊重，对他们自尊心的呵护。孩子有独立的人格和心灵世界，应该给他们独立的空间，任何人都不应该任意限制他们，也不应该举着各种美丽的幌子去任意揭露他们的隐私。剥夺了孩子的隐私，等于剥夺了孩子心灵成长的独立空间，不利于孩子的自我完善。“不知道孩子一切的父母才是好父母。”即使偶尔发现他们的秘密，也不能大张旗鼓地透露孩子的隐私。否则一方面，孩子会觉得大伤自尊；另一方面，他会由此失去对父母的信任。所以，如果父母发现孩子的隐私，替他隐瞒未尝不可。如果有不良因素，可以通过举例子、讲故事等途径委婉地加以引导。

每个人都有他独特的成长过程，同一年龄段的孩子的心理成熟可显现出很大的个体差异，父母不应以固定年龄标准来要求孩子心理意识发展程度，而应注意孩子过去和现在的行为变化，为孩子们培养自尊心。

# 第 4 份礼物：一种心灵的沟通

## ——家庭教育中最有效的途径

沟通的目的是为了更好地传递爱。家庭环境中，父母要主动与孩子沟通，了解孩子的日常行为和阶段性表现，细致观察孩子的内心世界，有的放矢地对孩子进行疏导和教育，才能促使孩子保持良好的心态，从而使孩子主动端正自己的学习态度和行为习惯，帮助孩子走向成功。

有效的沟通可以及时发现孩子的心理问题，并使之得到及时有效的解决，是家庭中最有效的途径。

## 一、学会合作，是孩子独立的标志

现在，很多孩子都是独生子女，缺乏和同龄人朝夕相处的机会，自然也缺乏和同龄人分享、协作的经验。社会是一个大家庭，每个孩子都需要融入社会这个大家庭之中，尤其在社会分工如此精细的时代，沟通合作非常重要。

人是社会的人，人不能没有合作和沟通。

从前，有两个饥饿的人得到了一位长者的恩赐：一根鱼竿和一篓鱼。其中一个人要了一篓鱼，另一个人要了一根鱼竿，于是他们分道扬镳了。得到鱼的人原地就用干柴搭起篝火煮起了鱼，他狼吞虎咽，还没有品出鲜鱼的肉香，转瞬间，连鱼带汤就被他吃了个精光，后来，他便饿死在空空的鱼篓旁。另一个人则提着鱼竿继续忍饥挨饿，一步步艰难地向海边走去。当他已经看到不远处那片蔚蓝色的海洋时，他浑身的最后一点力气也使完了，只能眼巴巴地带着无尽的遗憾撒手人间。

又有两个饥饿的人，他们同样得到了长者恩赐的一根鱼竿和一篓鱼。只是他们并没有各奔东西，而是商定共同去找寻大海，他俩每次只煮一条鱼，他们经过遥远的跋涉，来到了海边，从此，两人开始了捕鱼为生的日子。几年后，他们盖起了房子，有了各自的家庭、子女，有了自己建造的渔船，过上了幸福安康的生活。

上述这则小故事充分体现了合作的重要性。父母应从小培养孩子的合作精神。合作精神涵盖着与人热诚相处的能力、处理问题的能力以及以博大的胸怀接纳他人的能力。

培养孩子的合作精神，可以先从家庭生活开始。首先要给孩子一些思想准备，对家务劳动与家庭生活进行一些沟通，比如关于孩子的年龄与做事的能力，关于大家生活在一起应相互帮助，关于每个人应负的责任等，随后可以列出家庭生活所包括的劳动项目等。这本身对孩子就是一个很好的教育，知道维持一个家庭的正常生活需要花费多少劳动，因而体会到父母的辛苦。这样的讨论会在孩子心中建立起家庭是一个生活团体的概念，每个人都要各司其职，相互帮助，才能生活圆满。

教育孩子的合作精神，可以运用结果法，使孩子体会到合作的必要性。

到郊外野餐是美国孩子们十分喜欢的假日活动之一。劳动节的周末，威尔逊和埃迪的父母要带他们去州里的国家公园爬山，然后野餐。

临行的前一天，一家四口人商量了该如何进行准备：妈妈负责去超市买食品，爸爸准备烤肉的炉子，9 岁的威尔逊提出负责所有餐具，11 岁的埃迪负责准备调料。爸爸建议他们列出一个单子，一则防止遗漏，二则若家里不够的物品，可及时去买。威尔逊很快就列出了单子，请爸爸过目，随后便开始准备；而埃迪却跑到外面找邻居的孩子玩。爸爸警告他带齐调料，否则野餐不会好吃。埃迪一边往外跑一边说："放心吧，我会带好的，别担心。"爸爸不大相信他会准备齐全，想自己来做，转念一想应当给埃迪一个锻炼机会，不要越俎代庖，于是便没有再督促埃迪。而埃迪很开心地玩到很晚才回来，到厨房里忙了一会儿，搞出来一袋子瓶瓶罐罐，便上楼回房去睡了。

第二天一早出发，爸爸并没有再检查埃迪的准备工作，一家人高高兴兴上路了。走了 2 个小时的山路，选好了野餐的地点，大家开始准备午餐。等肉烤熟后，每人倒了一杯饮料，整理好盘子，围着野炊点的木制桌椅坐下，开始往烤肉上倒调料。"埃迪，烤肉汁在哪里？"埃迪伸手到袋子里去找，怎么也找不到。"我记得从冰箱内拿出来的，怎么会没有？""你有没有列在单子上？""我没有列单子，我记得我把所有的调料都拿出来了。"埃迪又翻了一遍，大家都在那里等着。埃迪最终没有找到，不觉惭愧地低下了头。

这样的经验教训是深刻的。埃迪知道由于自己的疏忽，不但影响了自己，也影响了别人，使这次的活动大为逊色。这时爸爸并没有说一句责怪埃迪的话，但整个形势本身对他的教育已比任何话语更有效。妈妈和爸爸有没有想到埃迪会忘掉一些东西呢？完全可能，或者说是在他们的意料之中。如果爸爸出面督促埃迪列单子准备，或让威尔逊去做，情况会怎样呢？首先埃迪会感到爸爸不信任他有能力料理这件事，自尊心会受损；再者爸爸反复督促，会使埃迪感到很大的行动限制，有为人所驱之感。这两项加起来埃迪就会产生抵触情绪，极可能甩手不干，或与爸爸短兵相接一场，让大家都不愉快。爸爸即使成功地迫使埃迪按照自己的方法去做了准备，野餐因此而毫无缺憾，但埃迪并没有学到任何经验与教训，反倒加深了对爸爸的强制方法的反感。

埃迪父母选择不参与的方式是明智的。尽管这次野炊因埃迪遗漏受到一些影响，但对埃迪的成长却有深远的影响，教育他懂得作为集体一员应具备的责任心，懂得做事要认真有程序的道理。

与人沟通合作的能力，已成为当今世界人才的重要素质之一。目前由于孩子中独生子女数量大大增加，任性、脾气大、与人合作能力差成为一些孩子心理品质上比较突出的弱点。有些父母把孩子视为掌上明珠，对他们百依百顺，使这些孩子只知道自己，很少想到别人，逐渐养成了“以自我为中心”的不良心理状态。

培养孩子正确的合作意识。孩子的习惯想法都是在很小的时候形成的，父母应该从小就培养孩子的合作意识。合作，是孩子走向社会的基础，是与他人建立良好关系的维系。孩子在成长的过程中，一个人的力量毕竟是有限的，要知道，很多事情只有大家团结起来，才能将事情做好。

培养孩子融洽的合作情感。这要求父母与子女建立合作平等的关系。子女在与父母的交流沟通中，受到多种暗含情感交流的影响，形成了初步的人生观、价值观、世界观。因此，父母在日常生活中，要不失时机地以赞美、鼓励的语言同孩子说话，孩子会感到很亲切，从而缩短了彼此间的距离。只要孩子对父母产生信赖，彼此间的合作就会更加亲密，平等和谐的环境更能让孩子获益。合作是亲子间平等关系的一种表现。父母要以民主的态度去理解与尊重孩子。合作不是要求父母对孩子一味迁就，也不是要求孩子对父母言听计从。真正的合作应该是在平等基础上的、双方都乐意接受的一种态度和行为。所以，对父母而言，必须处处讲究合作技巧，想办法赢得孩子的合作。

家庭中每一位成员都应该学习为他人着想，为家庭幸福着想。父母不应该强迫孩子放弃自己的想法和感受，而应站在孩子的角度去体谅孩子、理解孩子。只有在理解的基础上，孩子才会接受父母的“教诲”，同时学会理解他人。合作中要引导孩子为他人着想，比如：孩子喜欢做手工，父母可以和孩子一起完成，并利用制作手工的过程对孩子进行合作教育，使孩子在剪贴的过程中细致一些，为别人的下一步制作带来方便。

合作精神要在实践中培养和形成，所以父母要适时地为孩子创造合作的机会，寻求可以参与合作的最佳方法，收集生活中孩子感兴趣的材料，家庭成员共同动手，分工协作完成。例如：老师布置了制作一份家庭手抄小报的任务，父母可以和孩子一起查找资料，共同设计、排版；然后在制作过程中进行明确分工，谁画画，谁抄写；最后一起校对，在肯定成绩的基础上指出不足，以便今后更好的合作。经常完成这样的任务，能促进孩子沟通的能力和良好的合作精神的形成。

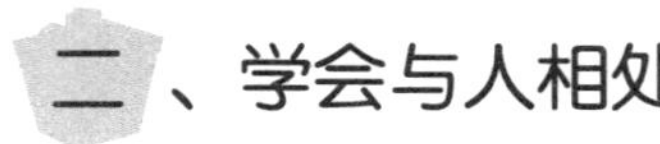

## 二、学会与人相处

本杰明·富兰克林说："成功的第一要素是懂得如何搞好人际关系。"一个人在社会上行走，要想达到无往不胜，首先要懂得处理好人际关系。好"人缘"直接影响到工作、学习、生活，更关系到办事能不能顺利地达到目的。因此，父母要从小培养孩子学会与人相处的能力。尤其孩子入学以后，扩大了社会活动范围，有了与老师和同学的来往，也就处在了更复杂的人际关系之中。父母要指导孩子多交益友，并在交友的过程中慢慢地培养交际能力。

孩子的成长需要伙伴，这是个不争的事实。在小孩子中间，本来一直玩得很开心的朋友，可能会因某件十分不起眼的小事而马上就翻脸。孩子间的这些小矛盾，父母不要大惊小怪。让孩子真诚地对待他的小伙伴，自然就有好的办法来解决问题。父母要告诉孩子，与朋友一起玩，要尊重朋友的建议，要以诚待人，珍惜朋友。只有秉持这个原则，孩子才能更好地与朋友相处，珍惜那份属于自己的真挚友情。

李芳和她的小伙伴小枫是无话不谈的好朋友。两个人的学习成绩都名列前茅，而且两个人有一个同样的爱好——跳舞。于是她俩无论是在功课上，还是在舞蹈上，都既是互相较量的对手，又是一同进步的好伙伴。

在她们的友情中，多了一种调味品，那就是竞争，但这并没有影响到她们纯真的友谊。两个人都暗自努力，把对方当成自己追赶的目标，严格要求自己，争取更加卓越，更加优秀。两个孩子在一起时亲密无间，背地里也没有嫉妒、诋毁，更谈不上什么钩心斗角。

她们也会有小摩擦，闹闹小别扭，但她们都很真诚，很坦率。互相指出一些小缺点，心平气和地交流对一些问题的不同看法。甚至有时的争吵也是为了对方好，小孩子能做到这一点，很难能可贵。

每一个人都是社会的组成部分，一个人离开了社会，离开了同他人的联系都不可能生存。孩子从出生起，都要由"自然人"逐步转化为"社会人"，这种转化过程就是孩子成长的过程，也是孩子学习、发展、自我完善的过程。孩子在自我完善中的每一次成功，都离不开他人的支持和帮助。因此，父母在亲子沟通中要有意识地让孩子自己去处理人际关系，培养孩子的人际交往能力。

刘兵是个很活泼的10岁小男孩，在学校担任班长。一天放学回家，他放下书包对妈妈说："妈，晚上不用准备我的晚饭。"妈妈说："为什么？"刘兵说："是这样，我班夏辉今天过生日，他邀请了几个同学到他家，陪他一起过生日。"妈妈说："他家那么远，晚上回来会很晚的，我不放心，这样吧，我打电话过去就说你不去参加吧。"刘兵说："妈，那不行，我已经答应人家了，我马上就赶过去，争取早点回来。"妈妈听后还是不想让他去，但又找不到合适的理由，只好转向丈夫说："你爸也不会同意你去。"刘兵问爸爸："爸，您同意吗？"爸爸说："非要去不可吗？"刘兵说："当然，夏辉是我最要好的同学，放学的时候他还讲他家姥姥、姥爷、姑姑都要来，但要等他邀请的几位同学到齐了才开始吃蛋糕，您说我不去行吗？"爸爸说："夏辉的爸妈欢迎你们吗？"刘兵说："当然欢迎，上个星期夏辉就说他的爸妈让他找几个要好的同学陪他过生日。对了，下次我过生日也要请几个同学参加，你和妈不会反对吧？"说完做了一个鬼脸。爸爸说："那你就抓紧时间去吧。"刘兵正准备出门，爸爸说："夏辉今天过生日，拿点钱去买点小礼品送给夏辉吧。"刘兵说："不用啦，我们几个同学已经准备好啦。"爸爸说："到那儿要有礼貌，回来的时候事先打个电话，我到车站接你，知道吗？"刘兵点点头说："知道了。"爸爸说："你去吧。"看见刘兵走远了，妻子说："你呀，什么都由着孩子，以后他要上天你也由着他？"丈夫对妻子说："孩子也不小了，他与同学来往又不是坏事，我们必须尊重他择友的权利，也是对他日后的交际能力的培养，何乐而不为呢？"

在生活中，孩子很容易与周围的小伙伴发生摩擦，此时不同父母会有不同的表现。一般而言，可将父母的行为归纳为如下几种：

1. 父母代替型：父母代替自己的孩子去与其他孩子商量、谈判。父母这样做无形中剥夺了孩子锻炼协商能力的机会。孩子的心中不仅会积累起依赖性，还会因缺乏锻炼的机会而变得社会智商低下。

2. 注意力转移型：父母怕孩子受委屈，又不愿意去"招惹"孩子的"是是非非"，于是用另一个玩具或其他玩的机会转移孩子的注意力。这种方式要比"父母代替型"稍好些，因为它从另一个角度启发了孩子：矛盾是可以避免的。但避开矛盾也就意味着错过了锻炼的机会，久而久之，孩子就会变得不敢直面挑战，一味躲避矛盾。

3. 拔刀相助型：大人用自己的冲动代替孩子的思考，父母领着孩子去"兴师问罪"，试图以"暴力"平息孩子间在游戏和玩耍中正常的纠纷。这是最糟糕的处理方式。父母这样做不但剥夺了孩子独立处理问题的机会，还会使孩子滋长仗势欺人的心理。长此以往，被损坏的就不仅仅是孩子的社会交往能力，还有他们的道德根基。

4. 忽略型：很多情况下，孩子在游戏中产生的矛盾，最终可以由孩子自己协商、解决，大人不必干涉，这是一种社会生活的预演。让孩子学会处理与他人的纠纷，学会调整自己的态度去达到自己的目的，这对培养孩子的社交能力是有好处的。

父母对孩子纠纷问题的不同处理方式很大程度上会影响到孩子以后在群体中的表现，以及孩子的性格、孩子处理冲突的能力和把握人际关系的能力。这些对于孩子是非常重要的。因此，要重视对孩子处理人际关系的培养，特别是要让孩子学会去处理冲突，学会去协调。

教导孩子怎样成功地处理社会交往的基本原则，应该告诉并设法使孩子理解，强取豪夺、背后说人家的坏话、撒谎和偷窃都是得不到社会赞许的行为。孩子应该知道什么行为是得到社会赞许的：分享、合作、尊重他人、表示对他人的困难的关心和帮助他人摆脱困扰等。父母要教导孩子在交往中多考虑小伙伴的建议与意见，多沟通，守规则，鼓励孩子间的群体活动，允许孩子参加“没有组织”的游戏。没有成人的组织，孩子们要在一起玩，就要自己建立规则、遵守规则，就要学会妥协、协调、让步、服从大局。

父母要创造各种条件为孩子建立群体活动环境，如经常带孩子去社区游乐场、参加各种各样的球队等，让他们在群体环境中感受交往的快乐，在实践中学会与人相处。在孩子参加群体活动过程中，帮助孩子学会用他人的眼光看问题，站在他人的立场上思考问题。

当孩子在游戏中被同伴排斥时，不可一味地护着、宠着自己的孩子，应该鼓励、引导孩子自己寻找解决问题的办法，让孩子学会如何把注意力放在解决问题的方法上，而不是纠缠问题本身。当孩子在游戏中同他人发生纠纷时，要鼓励自己的孩子主动与他人协商。让孩子学会换位思考，学会妥协与周旋。

另外，父母要学会多与孩子进行沟通，关心孩子的学习和生活，才能更轻松地走进孩子的天地。比如在接送孩子的过程中，一路上多与孩子聊聊天，关心孩子在学校里发生的事情，倾听他的故事，了解他在学校里一天的感受。

沟通的过程中，父母要站在孩子的角度看问题，以孩子的眼光看世界，以孩子的心态去推测一切，从而使孩子感受到您对他的理解与尊重，进而感到亲近和满足。父母与孩子有良好的沟通，这本身就是一种示范，有助于培养孩子与人相处的能力。

## 三、让孩子学会分享

西方有句谚语“sharing is caring”，意即“与人分享是关心照顾别人”。在西方社会学会与他人分享是一个小孩子从小就要学习的美德，也是重要的社交能力之一。一个乐于分享的人，自然能够交到更多的朋友，更加受人欢迎从而拥有一个快乐的人生。学会与他人分享是孩子从小就该养成的美德，也是重要的社交能力。

家庭教育中怎样让孩子学会分享呢？这需要从家里做起，从日常生活做起。比如，有好吃的东西，大家都要有一份，哪怕数量少一些，也不要让孩子一个人吃。有一首儿歌在孩子刚学说话时就可以教给孩子：“你一个，我一个，爸爸不在，留一个。”家里吃水果，可以让孩子分配，大的分给大人，小的留给自己，学习“孔融让梨”。

美国儿童教育顾问莎拉·里斯拉夫博士表示，孩子5岁前还无法理解“分享”的概念。然而一些基本规则可以从小教起，比如：有好玩的玩具，让孩子与小伙伴分享，可以一同玩，也可以轮流玩，让孩子习惯分享，并且体验分享的愉快。总之，让孩子在做每一件事情时，都惦记着他人，久而久之，孩子就会在这种环境中学会分享。

然而在实际生活中，许多孩子都不愿与他人分享东西。比如：有些孩子不喜欢别人分享他的玩具；有些孩子总是把大的、好的抢到自己的手里；有些孩子在吃饭时总是把自己喜欢吃的菜移到自己的面前，别人吃一点都不高兴。这样的行为，可以叫作“独占”行为。其实幼小的孩子由于自我认识不清，不易将自己的东西和别人的东西分开，常把别人的东西当作是自己的，这是自然的。父母不能因此而指责孩子，而应该采用适当的方法做积极的引导。

红红和小朋友青青一起在家里玩。红红在玩她最喜欢的泰迪熊，青青也带了自己最爱的波波球。本该相安无事的，可是没过一会儿，红红妈妈就听到了两人的吵闹声。

一开始妈妈想让她们尝试自己解决，可很快吵闹似乎有了升级的趋势，妈妈只好过去了解究竟。

妈妈让两人先安静下来，然后让她们各自陈述事情的原委。原来，青青想玩红红的泰迪熊，红红不给，非要青青把波波球给她玩一下。两人谁也不让谁，争执就这样发生了。

妈妈想了想，没有指责谁的不对，而是对两人说："你们想不想玩森林里的泰迪熊的游戏？"两人一听玩游戏都非常兴奋："愿意，愿意，我们怎么玩呢？"妈妈说："泰迪熊来到了森林里，一个人非常寂寞，它想找个玩具来玩，可是哪里有玩具呢？"青青闻言。一点没犹豫就拿出自己的波波球说："我这有，我这有，让泰迪熊玩波波球吧！"

红红听了，也高兴地说："让我们一起陪泰迪熊玩波波球吧！"两个小姑娘乐颠颠地拿出各自的玩具，开心地玩到了一起。刚才的不快，早就烟消云散了。

随着孩子年龄的增长，自我认识水平不断提高，孩子仍然占别人的东西为己有，那就不是自我认识不清了，而是"自私""独占"意识的表现，是环境影响的结果。一般来说，父母都疼爱自己的孩子，独生子女更被父母当作掌上明珠，但爱的方法各有不同。有些父母对子女百依百顺，要什么给什么，不仅如此，还把孩子当成贵宾一样，用要用最好的，吃要吃最好的。一事当前，先替孩子打算，家中的物品先由孩子挑选，大人长者皆在其后，众多家人意见中，以孩子意见为准，孩子说一不二。久而久之，孩子成了家庭霸主，主宰家庭的一切。

当孩子的"独占"行为成为牢固的习惯后，孩子就会处处以自我为中心，把自己置于其他人之上，认为自己才是最重要的，其他人的利益是不重要的。以自我为中心对孩子人格的影响是巨大的。以自我为中心产生的消极作用主要以自私表现出来。这就导致了以自我为中心的孩子在与外界的交往中，排斥"异己"，拒绝开放，忽视理性力量，回避真诚，吝啬付出，难以与他人合作，缺乏公心（为他人、为集体考虑）。因此，父母需巧妙地用计策来击碎其自私的外壳，让孩子懂得分享的智慧。

父母要根据孩子的心理特点，耐心地引导孩子，给孩子成长的时间，不要期望孩子在很短的时间内就会变成一个既懂事又大方的乖孩子。他们的表现可能有时让你感到欣慰，有时却不尽理想。经常会听到父母强迫自己的小孩："你把你玩具赶紧给其他小朋友玩！"这种强硬的态度，最后就会导致小孩与父母双方的心情都不舒服。小孩觉得大人抢走了他的玩具，而大人也会觉得小孩不懂事。如果这时，父母肯耐心地听一下孩子的感受，与孩子一起商量，孩子就会更乐意听取父母的意见。

在生活中，要鼓励小孩可以和经常在一起玩的小伙伴们交换玩具。虽然每个人只准备了一件玩具，但是聚在一起就可以有很多新奇有趣的玩具，分享会让快乐增加，孩子自然会喜欢上分享。事实证明，孩子的分享行为不是自然形成的，要想让分享成为孩子自觉自愿的行为，大人必须在日常生活中对孩子加以引导。这对年龄偏小的孩子来说是有一定困难的，但孩子年龄越小，越容易引导。好习惯一旦形成，就会让孩子终身受益。我们可以用快乐的情绪真实地和孩子分享，对孩子每一次小小的进步都要给予及时的肯定和表扬，从而在一定程度上强化孩子的分享行为，让孩子慢慢习惯并乐意分享。

父母在家庭环境中要及时教育孩子，引导孩子，学会分享。同时父母在家庭这个环境中，做出分享的举动，有利于孩子成长得更快。

## 四、学会倾听

倾听既是父母教育子女必须具备的一种能力，也是教育子女一个好的方法。从一定意义上说，倾听是一种非常重要的沟通。

爱孩子，教育孩子，要从倾听开始。如果孩子心目中的困扰能向爱自己的人说出来，通常问题就解决了一半。对孩子来说，随时有人倾听自己、关注自己，这是一种最大的心理上的支持；把自己心中的烦恼表达出来并且确知不会得到嘲笑，这更是对问题的一种再认和静化。孩子心中的烦恼就像一场暴雨后的水库，父母的倾听就像是打开了一道闸门，让孩子心中的洪水缓缓流进父母的心田。

孩子的教育 80% 在于沟通，20% 才是教育，只要沟通到位，教育不是一件很难的事情。而倾听正是亲子沟通必不可少的一个重要环节。著名教育家周弘说："要想和孩子沟通，就必须学会倾听。倾听是和孩子有效沟通的前提。不会或者不知道倾听，也就不知道孩子究竟在想什么，连孩子想什么都不知道，何谈沟通？"

有一名初中女教师，自己的女儿在读小学一年级。有一天，这位母亲因感冒引发了急性咽炎，嗓子哑得说不出话来，不得不在家休息。女儿放学回来气愤地向妈妈讲述了当天学校里发生的事情：上课的时候，后面的男生总是拉女儿的头发，她气极了反手把那个同学的书扔到地上。两人吵了起来，老师狠狠地批评了他们，叫他们隔天交检讨书。女儿觉得老师不分事由，连她也一起批评，很是委屈。女儿很激动，一边说还一边把手掐在腰间，说要把老师的粉笔盒藏起来，来对抗老师的不公正行为。妈妈早就听不下去了，想狠狠地批评女儿，让她认识到自己的错误，但由于得了急性咽炎，嗓子哑得说不出话来，没办法，只能干瞪眼看着女儿。女儿滔滔不绝的控诉终于结束了，最后她说了一句令妈妈很感动的话："妈妈，谢谢您，今天终于能听我把话说完了。"妈妈听完后顿时眼睛湿润，开始反思起来。原来由于平时太忙，没有时间能坐下来跟孩子沟通，与孩子说的话也大多是单方面的说教。第二天，女儿向老师交了检讨书，承认了错误，因为她知道自己不该扔书，也不该和同学吵架影响课堂纪律。在妈妈面前说的一大堆"怨言"，只不过是一时的发泄，是一种情绪上的缓冲。

作为父母和老师要善于倾听孩子的心声，要有耐心和激情，更要懂得倾听的艺术。当你成为一位好的倾听者的时候，你也会成为一个高明的说话者，这时你也就成了孩子们喜欢的朋友了。

人都需要有倾诉的对象，成长中的孩子更是如此，让孩子能及时舒缓情感、摆脱烦恼是非常重要的。这样可以使孩子的心理得到安慰，使其拥有健康的心态。

只要让孩子把内心的真实想法和盘托出，往往就打开了解决问题的大门，就可以避免出现严重的后果。"说"是一种释放，释放出内心的病根，净化孩子的精神世界。这样孩子没有了心病，有利于孩子的健康成长。

但在日常生活中，大多数父母所犯的错误恰恰是忽视了倾听。许多父母经常扮演着一个说教者的角色。只顾自己唠叨，不爱听孩子的话，一次次拒绝和打断孩子说话，时间久了孩子就不再愿意与父母对话，沟通也就非常困难。当你抱怨孩子不愿意与你沟通，孩子总把事情闷在心里时，你有没有想过，孩子为什么不愿意与你沟通。事实上，每个孩子都是愿意与父母沟通的，但是，亲子之间的沟通之门往往被父母在无意中关闭了。

请看看下面这些经常发生的场景：

场景一：妈妈正在做饭，孩子回到家高兴地跑到妈妈身边："妈妈，我们班今天发生了一件很好玩的事！""没看我正忙着？还不快去做作业！别整天疯疯癫癫地光想着好玩。"孩子一下子蔫了。

场景二：爸爸在看电视，孩子走到身边说："爸爸，我想跟您说件事。""行，什么事？你说吧！"爸爸答应了孩子的要求，但却没有认真倾听孩子的诉说。孩子说的时候，虽然在哼哼呀呀地附和着，但眼睛却一直盯在电视上，根本不正眼瞧一眼孩子。最后，孩子气呼呼地说：“不跟你说了！”转身离去。

场景三：班主任打电话找父母，说孩子在学校打架了。孩子放学回到家，一肚子怒火的你开口就骂：“你这个浑小子，整天不干好事，净干坏事！”孩子嘟囔着：“我、我……”似乎想说明打架的原因。“我什么我，你还有什么好说的？”孩子委屈地流下了泪。

……

生活中，这些情景都是我们常常遇到的，我们可以看到父母在与孩子交流的过程中，因为自己的自以为是或者是漠不关心，从而忽视了对孩子的倾听。

在父母心中，孩子是永远长不大的，常常觉得孩子的想法很幼稚，总觉得孩子人生的每一步都需要得到指导，恨不得将自己积累几十年的人生经验一股脑儿全部灌输给孩子。正因为有这种思想，父母认为孩子没必要说得太多，只要好好听着就行了，甚至还会认为孩子的倾诉是一种“叛逆”行为。当孩子提出自己的想法，渴望得到父母认真倾听的时候，往往会被父母的一句“我是过来人”或者命令的口气“你听我的就是了”将心中的满腔热情浇灭。

有些父母总喜欢站在自己的立场考虑问题，而忽略孩子的感受。在他们看来孩子的世界里没什么要紧事——孩子和小伙伴闹矛盾了，向父母哭诉，父母一笑置之；孩子的玩具找不到了，闷闷不乐，父母很轻松地说：“没事，过两天再给你买一个。”其实这些看来微不足道的事，却占据着孩子的整个心灵。很明显，这样的父母很难倾听孩子的声音。

孩子因为有需求才想到和父母进行沟通，但是父母却因为自己的忙碌或者不在意而忽视对孩子的倾听，使得孩子和父母之间的沟通越来越少。我们常常会发现，孩子与父母沟通越多的家庭，往往都有一个平等和谐的环境，父母愿意倾听孩子的故事，而孩子在这个环境中几乎也能对父母无话不谈。

倾听孩子，要学会“转移重心”。有效倾听，克服以自我为中心，要从转移重心开始。第一表现在动作上。当孩子向你倾诉时，请停下你手中所有的事，将重心转移到即将开始的与孩子的对话上来。这样做体现了对孩子最起码的尊重，有助于增加孩子的信任感。如果父母一边做着自己的事情，一边有一句没一句地与孩子说话，交流变成敷衍，会让孩子造成误解，伤害孩子的感情。第二表现在心理上。有些父母在听孩子说话前，先存在一种思维定式，总习惯以一成不变的老眼光来看待孩子，无论谁对谁错，把责任全部推到孩子身上。久而久之，会压抑孩子向你倾诉的欲望，与你渐成陌路。在这一刻，父母要将思维的重心转移，听完孩子所有的话，而不要急着用自己的想法加以评判和批驳。

倾听孩子，要学会“换位思考”。有效倾听，克服自以为是，要从“换位思考”开始。首先要放下心理上的架子，和孩子处于平等的地位进行交流，甚至要学会换位思考，只有这样，才能增进相互的理解，博得孩子的信赖。帕蒂·惠芙乐长年致力于家庭教育的心理咨询，她认为，孩子“不正常”的表现在孩子成长过程中起着特殊的作用，如果处理得好，会有利于孩子形成健全的人格和健康的心理。以下是一位母亲讲述的一个育儿小故事：有一次，孩子的老师打电话告诉我孩子说谎了。等到孩子回来，我没有不分青红皂白就“滥用私刑”，而是听孩子把事情的来龙去脉详细地说了一遍，接着又问她为什么要说谎，得知她是因为不想让老师失望才改动了试卷上的答案。我想当我还是一个孩子的时候，不也是渴望得到老师更多的表扬与赞美吗？于是我平静地肯定了她的出发点，但对她的做法进行了批评，孩子也认识到了自己的错误。经过这件事，孩子会经常把自己的一些事向我倾诉，因为她觉得妈妈是自己最好的朋友。

倾听孩子，要学会“静观其变”。有效倾听，要克服急躁心理，从“静观其变”开始。世界知名教育专家兰本达曾经说过：耐心是一种品德。教育家苏霍姆林斯基看到小女孩摘花，没有大声训斥，而是蹲下来耐心听完孩子的解释，才感悟到孩子珍贵的爱心。孩子虽然还年幼，但他做任何事情可能都有自己的想法。当他受到打击或刺激的时候，可能会“口不择言”，往往说几遍也不能表达一个完整的意思。这时，父母不能急躁，不要才听了孩子的片言只语就随便打断孩子的思绪，也不要随意指责孩子“笨死了，说句话都说不好”，这样的批评无疑是对孩子自信的一种严厉打击。这时候的正确做法是静观其变，给孩子充足的时间，告诉他“不着急，想好了再说，妈妈在听着呢”。如果孩子感到父母很尊重他的意见，能认真倾听他的想法，他就会觉得自己的意见很重要，从而充满自信，并能逐渐勇敢地正视和处理自己的问题。

倾听孩子，要学会“察言观色”。有效倾听，克服心不在焉，要从“察言观色”开始。倾听不仅用耳，更要用心。不但要听懂孩子通过言语、表情、动作所表达出来的东西，还要听出在交谈中所省略的和没有表达出来的内容或隐含的意思，甚至是孩子自己都不知道的潜意识。当孩子向你倾诉时，要学会仔细观察孩子面部表情、说话声调及其他肢体动作等非语言的行为。从这些细微的非语言行为中，往往可以收获许多孩子的“弦外之音”，从而使我们更好地把握孩子的真正的内心活动。以下为一位母亲讲述的一次经历：有一次，孩子回来谈到她的班主任邀请一个学生去她家做客，她在叙述这件事时看不出情绪上有什么波动，但是我还是从她的眼神里察觉到一闪而过的一丝失落和羡慕：“难道老师不喜欢我吗？”围绕着这个话题我和她进行了沟通。经过我的安慰，孩子的心情恢复了平静，她的眼神又充满了自信。

倾听孩子，要学会“细节处理”。有效倾听，要克服大而化之，从“细节处理”开始。一是姿势。最好采用坐姿，和孩子面对面坐着，这样与孩子平视，避免居高临下，身体稍微向前倾，让孩子感觉到你做好了认真倾听的准备。二是眼神。睁大眼睛看着孩子，很自然地用眼神表达你的兴趣和愉悦，让孩子感觉到你很重视他要倾诉的内容。三是动作。可以通过言语和非言语等行为对孩子的倾诉做出有益的反应，比如“噢”“嗯”“是的”“然后呢”等，以及点头、目光注视、微笑等。有的时候孩子因为受了委屈，在向父母倾诉时可能情绪会比较激动，甚至泣不成声，这时父母可以给孩子一个温暖的拥抱，什么也不要说，只是轻轻地拍拍他的背，直到孩子的情绪完全稳定下来愿意倾诉为止。

有效倾听是父母走进孩子心灵的一座桥，是绽放在孩子脸上的一抹笑。从充满艺术的倾听开始做起，你将发现生活每天都是一个美好的开始，家庭中的亲情更浓了，笑声更多了，相处得更融洽了。原来不是孩子不愿意面对我们，而是我们愿意倾听孩子说话的机会太少。

## 您和孩子的亲子关系好吗

以下各题选 A 得 5 分，选 B 得 3 分，选 C 得 1 分，最后分数相加与答案对照。

1. 孩子平时听您的话吗？

A. 是的，基本听话

B. 有时听话，有时不听话

C. 基本不听我的话

2. 您能做到一天中至少有两个小时同孩子在一起学习、谈话或玩耍吗？

A. 能做到　　B. 只有休息日能做到　　C. 不能

3. 您能否经常原谅孩子的过错，以后不再提吗？

A. 能　　B. 那要看什么过错　　C. 不能

4. 禁止孩子做某件事，您会向他们解释您的理由吗？

A. 会，每次都要解释清楚

B. 只是简单地说“不行”

C. 不解释，孩子应该绝对相信并服从我

5. 您是否经常打孩子？

A. 从来没有　　B. 偶尔会打　　C. 经常打

6. 您是否坚持要求孩子对您讲他的任何心理活动或者隐私？

A. 从来不　　B. 偶尔会　　C. 总是这样

7. 您会经常失去自控，严厉斥责孩子吗？

A. 从来不

B. 有时会控制不住自己

C. 经常失去自控，对孩子发脾气

8. 您是否认为，孩子应该绝对履行自己的责任，例如在家里收拾房间、打扫卫生？

A. 是的，孩子必须这样做

B. 无所谓

C. 从来不要求孩子

9. 您家里有孩子可以自由支配的空间吗？比如一个房间、一个角落、一张桌子。

A. 有很多这样的空间

B. 有，但不多

C. 没考虑过这个问题

10. 当您正忙家务时，会不会耐心地听孩子讲他感兴趣的事情？

A. 把家务先放一放，专心听孩子讲

B. 有时候听，有时候不听

C. 不会，继续忙家务

## 答　案 （仅供参考）

◆ 36～50分

您与孩子有较好的亲子关系，您的耐心和态度应得到赞扬。您注重同孩子交流感情，尊重孩子的个性，并且能够理解孩子。孩子会尊重您的看法，就像您对他那样。

◆ 22～35分

您跟孩子的亲子关系还不错，但不是很稳定。也许您是太忙了，也许有时心情不好会影响您对孩子的态度。您需要继续加强与孩子进行心灵的沟通，巩固亲子关系。

◆ 10～21分

您的问题比较严重，您与孩子的亲子关系不是很好。也许孩子还小，您没觉得您跟孩子实际上是互不理解的。也许您把主要精力都放在孩子的吃穿上了，没有在意与孩子心灵的沟通。因此，建议您多学习好的育儿经验，加强亲子关系。

# 第5份礼物：一个赏识的心态

## ——家庭教育中最重要的精髓

著名教育家陶行知先生曾写过一首诗《小儿不小歌》，小儿小的只是生理生命，不小的是他的心灵，是他的精神生命。吃穿是孩子有形生命的需要，而内心世界的满足和愉悦是所有孩子无形生命的需求。这种无形生命的需求来源于赏识。成长过程中小孩是需要赏识的，这种最初的赏识来自于父母。赏识是孩子成长与进步最大的阶梯。让孩子感到受到赏识，这是家庭教育中最重要的精髓。

心理学研究表明：人在受到赏识的时候工作或学习，效果最好，小孩一旦受到了赏识，无论对于眼前的学习还是日后的长久发展，都是大有裨益的。

## 一、对孩子的每一次进步都要鼓励

天才，本是无所谓有，无所谓无的。与莎士比亚、爱迪生、贝多芬一样，每个正常孩子都蕴藏着潜能，而开发与否，大抵决定于赏识与否。因为就算孩子们表现出众，如果没有人赏识，他们就会疑虑这样做是否有意义、有价值，就不会持之以恒，形成燎原之势。德国的心理学家阿德勒说，他在读书时，认为自己缺乏数学才能，毫无学习数学的兴趣，因此数学考试常常不及格。峰回路转，他有一次出乎意料地解出了一道在同学们眼中很难的数学题，受到了老师的赏识。这次以后，他改变了对数学的态度，潜能迸发出来了，结果他成了数学尖子。因此，如果把潜能比作一根秤杆，赏识就如秤砣。

在家庭教育中，父母千万不要吝啬对孩子的赏识，只有不断地赏识孩子，让孩子感受到被认可，孩子才会成长。在生活中我们常常听到父母对孩子说：“你是最棒的！”“孩子，你真不错！”这些发自内心的语言，都是孩子行动上的助推器。在学校运动会赛场上，我们会看到很多父母在看台上摇旗呐喊，为自己的孩子助威。而赛场上的孩子，知道有了父母的支持，感觉到亲情的力量，往往有时候会超常发挥。因为这种鼓励来自父母，他的内心获得了父母的支持，所以让他的内心也就充满了斗志与激情，这种力量就是来自赏识，来自于父母。

每个孩子都有一双“隐形的翅膀”，父母不能代替他的手，否则他这双隐形的翅膀将无法起飞。父母要给孩子大格局的爱，足够的赏识，让孩子负起责任，以正确的方向起飞，让他们有能力面对未来的挑战。

孩子的成长是不断积累的过程，点点滴滴都是孩子成长的脚步。父母对于孩子的每一次进步都要给予鼓励。哪怕孩子有做得不好的地方，父母也应该不忘记鼓励孩子做得好的部分，这样孩子才能一边接受批评并改正，一边获取动力前行。日本教育家铃木镇一认为培养孩子自信心的最有效的办法就是鼓励。鼓励代表理解，也代表宽容与支持。成长离不开父母的鼓励，孩子的每一次进步都是孩子成长的体现。

如果父母不善于给予孩子鼓励，甚至经常批评孩子，那么孩子会觉得自己所做的一切都没有意义，自尊心受到打击。时间长了，孩子还会产生自卑心理。怀疑自己是不是做得不够好，父母对自己不够重视。可见父母的表扬与赏识对于孩子多重要。所以孩子的点滴进步需要父母及时鼓励。赞扬可以提高孩子的自信心，有利于意志的锻炼。特别是对幼儿，父母要注意他们在活动中通过努力表现出来的点滴进步，适时、适度地给予肯定和赞赏。温存的微笑，亲切的抚摸，友好的合作，对于孩子都是很好的鼓舞。

在我们生活中常出现这样的奇迹：我们不经意间对孩子的一个赞美、一个赏识、一个肯定的态度和语气，也许就造就了孩子的成功。

有这样一个故事：一个小学生原来学习成绩一般，表现平平。在一次升国旗前，老师让他朗诵了一篇文章，结果受到了校长的表扬，这一次表扬成了他人生的转折点，从此，他好像变了一个人，上课积极举手发言，平时严于律己，成绩进步迅速，性格也更开朗了。在一次选举中，从没当过队干部的他，以最高的选票当选为少先队大队长，以后又被评为区十佳少年。

先帮孩子树立一个全新的自我形象，接着孩子收获的就是成功。有一位退休的优秀教师发挥余热当起了志愿家庭教师。他的教育方法很特别，不是像一般家庭教师那样，仅仅替孩子补补功课就完事了，而是把帮孩子树立一个良好的自我形象作为主要目标。

他辅导的孩子多数都是差等生。他的做法是：与孩子接触 6—8 个小时，以后就通过通信或通电话联络。孩子们把自己的日记寄给他，他写了批语寄还给他们，保持着这样的思想交流。经过一段时间的通信，孩子们树立起了自信心，学习成绩也有了显著的提高。一位三年级的男孩，一年级时留过级，二年级时数学成绩是班级倒数第一，三年级时数学又开了“红灯”，已经被老师通知如果再这样下去三年级还得留级。父母下了狠心要对孩子进行严格的看管学习：不及格就不能玩，不能看电视，不能做小号手，不能参加短跑比赛，每天必须学习到晚上 10 点，而且全程陪伴。孩子觉得没劲，感觉不到任何希望。老教师和孩子接触后，发现孩子主要问题是写字慢，导致做作业的速度很慢，从小就没有养成好的学习习惯。他首先告诉孩子：慢不等于笨。他征得父母的同意，与孩子约法三章：完成作业后可以看电视。不到两个月，数学上的“红灯”熄灭了，孩子每天坚持课外阅读、写日记，语文成绩也有了明显的提高。很快他又被老师推荐为入团积极分子。孩子有了自信心，时时按照团员标准要求自己。现在他能合理地安排自己的学习和生活了，大家都惊讶于孩子的转变。

这位志愿家庭教师的肺腑之言值得父母深思：“在与孩子的接触中，我发现他们都有闪光点，问题是有些父母常常看不到。对于那些在学习上失败的孩子，我觉得首先应给他们自信，帮他们树立一个良好的自我形象。”

任何孩子都有优点，也有缺点，关键是看你怎么看。如果你的眼睛总是盯在孩子的缺点上，他的缺点就会成倍地放大。从一个小局部而扩展到全身，整个成了坏孩子。其实孩子的缺点很小，是被你放大了。多看孩子的优点、长处，会使你更喜欢自己的孩子，更愿意与他们愉快相处，更利于他们的身心健康。

四十多年前的一句鼓励的话，使罗杰成了美国纽约州历史上首位黑人州长。罗杰在就职演说会上，一位记者对他提问：“是什么把你推上了州长宝座的？”面对三百多名记者，罗杰说：“是我的小学校长。”

当时他住在贫民窟，不爱读书，十分调皮捣怪。一次，他从窗台上跳下，校长出现在他面前，他不知所措，校长拉着他的手对他说：“我一看你修长的小拇指就知道，你将来准是纽约州的州长。”这话令罗杰大吃一惊，因为自己长这么大，只有他奶奶让他振奋过一次，说他长大后可以成为五吨重的小船的船长。这一次，校长竟说他可以成为纽约州的州长，着实让他意外，但他选择了相信。

从那天起，“纽约州州长”就像一座灯塔，指引着“罗杰号”的航行。他的衣服不再沾满泥土，说话时也不再讲粗话。他开始挺直腰杆走路。在以后的四十多年里，他没有一天不按州长的身份要求自己。51岁那年，他终于成为州长。

在日常生活中，任何事情的成功都需要付出一定的时间。有时候，孩子在做一件事情的时候，并不很容易就会看到效果，这时候，父母就要耐心对待，不要急于求成，要不断鼓励孩子坚持，哪怕孩子还没有取得一丝成功。父母的鼓励会让孩子充满信心地去做好每一件事。孩子的进步，不管多小，都值得去鼓励认可。只有父母赞扬与鼓励孩子，孩子才会用恒心与热情去干好一件事。

孩子有一个共同的心理特征，就是喜欢称赞、鼓励、赞许，不喜欢被禁止、阻挠或批评。一位专家曾经说：“无论什么人，受激励而改过，是很容易的，受责骂而改过，是不太容易的，而小孩尤其喜欢听好话，而不喜欢听恶言。”因此，在孩子遇到困难及障碍时，不要急于给孩子帮助，而是要鼓励他自己去克服，给孩子积极的鼓励。

孩子有天生的感悟力，不要忽视他们的感受。不要认为孩子还小，看不出阴晴冷暖，其实人的感悟力和交流能力天生就存在了。也许在你看来孩子还不是特别懂事，但他已经可以通过你的语音和表情来感知喜悦还是忧伤。父母传递给小孩的情绪，一定要传递正能量的情绪，比如笑容、激情，这样才能鼓励小孩，让他更有激情，更有活力。

小孩的年龄越小，我们给予他鼓励的方式就越要多元化，这样他才能从感官上得到最大程度的接受，比如鼓掌、微笑、拥抱、眼神的交流、说“你真棒”等，动作和语言相结合，效果会更好，因为小孩会感觉到更大力度的鼓励。《爸爸去哪儿》电视节目中，郭涛的儿子石头算是五个孩子中最能干、最懂事的一位了，而我们留意到每次任务结束时，当石头拿着食材放到爸爸郭涛面前时，郭涛总是会满脸自豪或赞赏地看着孩子，然后摸摸儿子的脑袋，高兴地表扬道：“儿子真棒，来，亲一个。”石头也会在爸爸这种温情的“奖励”下，变得更加懂事。

鼓励和赞美都要发自内心。一味地鼓励不停并不一定都是正向的积极的鼓励，反而可能让孩子对大人产生怀疑和不信任感。孩子的心态比什么都重要，所以父母要鼓励他们，用一种良好的心态去面对人生。

孩子们都喜欢在大庭广众之下被人表扬，这是人之常情。在公共场合表扬孩子可以增强孩子的自信和成就感，激发孩子的上进心，引发孩子更加优秀的表现。特别是对于那些特别内向，很少乐于表现自己的孩子，更要抓住契机，多加表扬，这样往往能激发出孩子的表现欲望，甚至性格都会变得活泼开朗起来。

以下为一些优秀父母的“口头禅”，这是现代亲子关系的最佳润滑剂。让我们一起学习，经常送给孩子吧。

1. 做得好！

2. 了不起！

3. 好主意！

4. 太好了！

5. 恭喜你！

6. 好棒啊！

7. 真是杰作！

8. 太奇妙了！

9. 进步很快！

10. 你很能干！

11. 我好爱你！

12. 继续试试看！
13. 我真的以你为荣！
14. 你快要做到了！
15. 那实在太好了！
16. 你想出好主意了！
17. 你真是个大帮手！
18. 你做得漂亮极了！
19. 我就知道你能做到。
20. 我真高兴有你这样的孩子！

## 二、表扬要突出细节

健全的孩子在父母的教育下，最后几乎都能学会说话、走路，这中间的奥妙是什么？无非就在于所有父母心灵深处都是绝对地相信自己的孩子，来源于父母给予孩子的肯定与支持。其实每个孩子的心灵深处最强烈的需求和所有成年人一样，即人性中最本质的渴求——渴望得到别人的赏识，赏识是孩子无形生命成长的阳光、空气和水。

在孩子看来，只要是父母认可的，就一定可以做，父母说行，孩子就会觉得行，父母觉得不行，孩子就不会做，这是因为小孩在成长的过程中缺乏自己独立思考的能力，而孩子只能依赖他们最为信任的父母。

表扬是一种肯定与鼓励的方式，有很多时机可以应用表扬的方法，比如孩子尝试独立做完一件事，父母要及时给予肯定与表扬，让孩子获得自信与成就感。但是表扬也是要讲究方法的，切不可泛泛而表扬，表扬一定要具体到某个事件或某个行为中来，而不是单纯地说“你真聪明”“你真棒”“你做得真好”。通过表扬要让孩子明白，自己好在哪里，为什么受到表扬，下次如何做可以更好。表扬得越具体，孩子越容易明白哪些是好的行为，越容易找准努力的方向。

例如，早上起床后，孩子自己把被子叠得非常整齐。如果这时父母只是简单说一句“你今天的表现不错”，虽然也是表扬，但效果一般，因为父母并没有指明他表扬的内容是什么。相反，如果父母换一句话：“宝贝都会自己叠被子了，妈妈为你感到高兴。”这样效果就会好很多。

具体而有针对性的鼓励，能够让孩子更好地明确自己的努力方向。比如孩子写了10个字，父母只是说：嗯，写得不错。而不具体说哪几个字写得不错，不错在哪儿，孩子就会以为自己所有的字都写得很好。如果每次都这样做的话，时间长了，孩子就会觉得自己永远是对的，别人都不如自己，变得自负而受不得半点批评。正确的做法是：我们可以说，这8个字写得不错，笔画写得到位，框架结构摆得好，但是那2个字比画有些潦草，结构还有点歪。那么，这些孩子就会知道这8个字好在哪里，那2个字不好在哪里，然后孩子就会通过自身的经验去改进。

赏识教育的理论告诉我们，对孩子要多赞扬、多鼓励，少批评、少责骂。经常对孩子赞扬、鼓励，尤其是当着别人的面赞扬孩子，能使孩子产生成功感和荣誉感，从而增强他们学习和做事的信心。

因此，我们应该把对孩子的赏识扩展到别人的面前，要善于当着别人的面赏识和尊重自己的孩子，让孩子充分感觉到你对他的重视和欣赏，从而激励孩子产生无穷的力量和信心。

一次，小东的爸爸请几位朋友来家里吃饭，几杯酒下肚，几个人开始谈论起各家的儿女，可是他们都是在夸奖别人的孩子，却没有一个夸奖自己的孩子。

这时，小东的爸爸非常兴奋地说道："你们都别互相吹捧了，我还就觉得我们家小东好，我这儿子既聪明又听话，还特别关心别人。就前几天，我干活累了，他还帮我捶肩揉背呢。儿子的小手捶在我的肩膀上，别提有多舒服了！"

说这话的时候，小东爸爸的几个朋友都用羡慕的眼神看着他，其中有一个朋友说："小东真是个好孩子，我们真羡慕你！"

"其实你们的孩子也都很好，只是你们光挑他们的毛病，却忽略了孩子的优点。"小东的爸爸对朋友们说。

小东在自己的房间里听到了爸爸和朋友们的谈话，心里高兴极了，他决心以后更加努力学习，不辜负爸爸对自己的赞赏！小东的爸爸在朋友面前，对儿子帮自己捶背等生活小细节进行表扬，爸爸的言语积极地鼓舞了儿子的行动，也让儿子感受到了爸爸的赞赏。

每个孩子都有自己的长处和短处，如果父母能及早地发现孩子的长处，帮助孩子发扬长处，能使孩子在取得成绩的同时，感觉到自己的优点所在，从而更加自信。反之，如果父母总是一味地不给予孩子赞赏，孩子的自信就会明显下降。

一天，苗苗和妈妈从街上买东西回来，恰巧碰到了邻居家的母子俩要出门，妈妈对苗苗说："这是李阿姨！"苗苗大方地问了一声："李阿姨好。"这时，邻居家的阿姨对苗苗的妈妈说："你家苗苗可真可爱，又漂亮又听话，不像我们家这小子，整天就知道吵吵闹闹，只会淘气，真是被他给烦死了。"

听完妈妈的话，邻居家的小男孩瞪大了眼睛看着妈妈，然后非常生气地说："妈妈！我怎么不乖了？"妈妈并没有顾及孩子的情绪，而是大声地说："你就是不乖，还顶嘴，整天就知道淘气，真烦人！"小男孩一扭头，自顾自地跑了。从此，小男孩像变了一个人，再也不像以前那么天真活泼了。

一次，他看到妈妈下班回来，便躲在椅子后面不搭理妈妈。妈妈说："乖孩子，过来亲亲妈妈！"小男孩不仅没有过去，反而非常怨恨地对妈妈说："我不乖，我不想亲！"

每个孩子都有自尊心，作为父母，应该清楚地认识到这一点。尤其在别人面前，孩子的自尊心更加强烈，当着别人的面批评和训斥孩子，将会大大地伤害孩子的自尊。孩子的大脑还处在混沌天真的状态，父母的一言一行将影响孩子的一切。当你漫不经心或火冒三丈地说孩子"笨"的时候，或者在公众场合贬低自己孩子形象的时候，就会让孩子形成一种错误的概念：我是天下最笨的孩子，我一点也不乖。孩子一次次地接受父母苛责，也就等于一次次地接受对自己的否定：我什么也比不上别的孩子。可见，父母的言语对于小孩的伤害有多大。

有些父母自己的自尊心往往比较强，而对孩子的自尊心却毫不在意，就算已经感觉到孩子受了委屈或伤害了孩子的自尊，也不以为然，认为小孩子有什么面子不面子的，甚至有时还有意给他们一点小伤害作为惩戒。其实，这种做法非常不明智，因为这不但不能激励孩子，反而会给孩子造成心灵上不可磨灭的伤害，甚至让孩子怨恨父母，造成亲子关系的紧张。

表扬孩子的态度必须是认真和真诚的。不能因为炫耀自己或者敷衍别人而故意吹嘘，夸大孩子的优点。

表扬必须有根有据。要根据孩子的平时表现来赏识孩子，不能因为赏识而赏识，凭空捏造事实，让孩子感觉你在作假。

父母不要在孩子在场的情况下，当众批评孩子如何不好，或者当着别的小孩说自己的孩子不好。记住，孩子永远是需要被表扬的，在别人面前贬低自己的孩子，只会让他自尊心受到伤害。当跟别人说起自己的孩子时，不管孩子是否在场，都要怀着赏识和尊重的心态去谈论他，应该说："我的孩子很棒，我很喜欢他！”经常把孩子的成绩和作品拿到别人面前欣赏，通过自己和别人对孩子的赏识和夸奖，激发孩子的上进心，你可以说：“看我儿子又得三好学生了！”“看我女儿的画多漂亮！”

## 三、及时给予孩子赞扬

当孩子做对某件事时，父母要及时地给予表扬。否则，时间一长，孩子会弄不清楚为什么受到了表扬，对这个表扬没有印象，更起不到强化好的行为的作用。孩子是渴望被表扬的，特别是在成长的过程中，他们的举动是非常希望得到父母的肯定的。

一个孩子拿着自己刚拼好的模型，兴奋地拿给正在加班的爸爸，嚷着要爸爸看。可此时爸爸不愿意放下手头的事情，看也没看直接对儿子说了句：“儿子，别闹，爸爸在忙呢！”儿子看见爸爸没有搭理，心灰意冷，安静地待在一边一个人去玩了。其实，此时，儿子无非就是想得到父母的一个赞赏或者表扬，让父母看一眼自己的成果，满足小孩心中的成就感。父亲失去了最佳表扬孩子的机会。

孩子是需要被表扬的，孩子的好习惯也是被夸出来的。

这是一位母亲的讲述：

那天去幼儿园接儿子时，老师告诉我儿子最近的表现不错，上课基本不与小朋友讲话了，而且还能积极举手回答问题。我听了心里真是高兴，因为儿子终于改掉了爱讲话的坏毛病。

可是，这种好的表现并没能保持多长时间，几天之后，老师又告诉我：“乐乐今天在课上不仅自己不认真听讲，还带动后面的小朋友一起讲话了。”

我强忍住心中的怒火，一回到家就斥责他：“为什么上课又开始讲话了？那些话有这么重要吗？前几天刚刚表现好一点，怎么就不能坚持呢？”我一连串的问话让儿子有些惊愕，站在那儿朝我干瞪着眼睛说不出话来。

晚上，我给他讲完故事准备睡觉，这时我又想起了他上课讲话的事，于是心平气和地对他说：“乐乐，以后上课的时候千万不能讲话，否则老师讲的内容你就会听不到，更不能找小朋友说话，这样也会影响他们学习的。”见儿子点了点头，我又继续说：“前段时间妈妈听老师说你上课不仅认真，而且还积极回答问题时，妈妈的心里可高兴了，妈妈知道，我们家乐乐是最棒的！”

这时，儿子瞪大了眼睛问我：“妈妈，你真的认为我前段时间的表现很好吗？”我郑重地点了点头，可儿子又问：“那你那时怎么没有对我这样说呢？我以为你不关心这件事呢。”

儿子的话让我感到很惊讶，仔细回想一下那天的情景，老师对我说这话时，儿子就在我边上，虽然我从不吝啬对儿子的表扬，但那天我好像只顾着高兴，对于儿子，仅仅是笑着摸了摸了他的头，对他的进步表现竟然忘了给予赞扬和鼓励。看来，儿子一直在等待我的鼓励，但自始至终都没等到，所以他这才放弃了努力。

所以从第二天起，每天放学我都会问他上课有没有讲话，有没有认真回答老师的问题。有时，儿子会主动承认上课时和小朋友讲话了，这时我就告诉他这样做不好，同时也说了一些相信他可以做一个上课认真听讲的好孩子的话；有时，儿子也会告诉我，老师表扬他问题回答对了之类的话，这时我会及时送上一些赞美与鼓励的话。于是没多久，老师再一次肯定了儿子的表现。

其实，孩子有时候需要的不只是父母一句赞扬的话，在他们的内心深处，是希望得到父母的重视和关心。所以，对于孩子取得的成绩，我们唯有表现出及时的关注与鼓励，这样，他们才会产生继续努力的动力。

生活中，父母总会因为各种原因，各种忙碌忽视了对孩子的关注，使得很多时候，因为缺少关注，因为缺少鼓励，从而错过了发现孩子兴趣的机会。

孩子的天性是自由而不受拘束的，这就需要大人来为他们的成长塑形。孩子在成长的过程中，需要父母在一旁进行指引。宁珂的小孩现在是小区里出名的艺术生，很小的时候，宁珂的孩子就喜欢拿着干净的碗筷进行敲打，起初以为是孩子觉得好玩，后来慢慢地听着，居然发现小孩的敲击中还很有节奏，于是，宁珂及时发现了孩子的节奏天赋并加以鼓励和培养，孩子现在成为家喻户晓的电子鼓高手。宁珂的经验告诉我们，只有专心专注孩子，对孩子耐心点，及时对孩子进行鼓励，总会发现孩子的天赋与特长。

随着生活节奏的加快和生活压力的增大，很多父母对很多事情的判断都只是看结果不看过程，对待孩子也是如此。如，孩子参加学校的投篮比赛，虽然很努力，却得了倒数几名，有的父母看到这个分数，只看结果，不看过程，对孩子进行批评。孩子受到批评，失去信心，觉得自己不是这块料，以后对这项运动的兴趣也不会太高。相反，聪明的父母会看到孩子在这个过程中所付出的努力和汗水，会鼓励孩子：“一次失败没什么，你比之前已经有很大的进步，继续努力，下次一定可以取得更好的成绩。”孩子听到这些话后，会更加用心，也会更加努力。因此，父母在表扬孩子时不仅要看结果，更要多看过程，多表扬孩子在取得成绩的过程中所付出的艰辛和努力。

## 四、表扬要适度

生活中的父母大体分为两类，一类是赏识教育的拥护者，他们任何时间都能看到孩子的闪光点，动不动就把“你真棒”挂在嘴边。另一类父母过于理智、过于冷静，担心过多的表扬助长孩子自负感，所以，通常当孩子特别高兴地分享他在幼儿园里做得很棒的一件事情时，父母的态度永远都是“好，可以，不错”等。

过多的、频繁的、不合时宜的表扬的确不利于孩子的成长，比如孩子好好吃了一顿饭，是应该表扬他的进步。但是，这是一个人的基本素质，是他应该做到的事，“肯定”就行了，完全没有必要用“了不起”之类夸张的语言。

但当孩子兴高采烈地分享他的劳动成果时，父母千万不要吝啬表扬。尤其是对年龄小的孩子，他们能做好一些“简单”的事已经很不容易了，而良好的习惯和惊天动地的成绩就是由这些“简单”的行为累积成的。

对孩子的表扬要中肯。表扬不能过度，过度的表扬，便会让孩子迷失方向，不清楚自己究竟在哪些方面好或者表现突出。长此以往，这种不合时宜的表扬不仅没有起到正确的激励作用，更会影响孩子的判断能力，模糊了孩子的自我意识，限制了孩子的发展。

表扬要把握一个度，过度的表扬，在一定程度上来说，会起到相反的作用。太过高调和夸张的表扬是无用的。“你好乖呀！”“你真是懂事的好孩子，你是爸爸妈妈的骄傲。”“哦，今天早上你表现得像一个天使！”对于小于5岁的孩子来说，这样“抽象”的鼓励毫无意义，他根本不明白他的哪些行为像“天使”，哪些行为又成了爸妈的“骄傲”。既然鼓励的目的是为了强化孩子的好行为，那么表扬应该越具体越好。我们会发现，一旦我们指出孩子的哪些行为“有进步”，孩子以后会遵循这些行为规则去做事情，他就会自觉自愿，我们的养育过程就会“省力而见效”。具体到某一个细节的鼓励往往是低调的，比如：“你今天早上主动帮妈妈铺床，我真高兴，谢谢。”“你主动帮妈妈摆放碗筷，下楼时主动搀扶爷爷，真不错！”低调而具体的鼓励听上去随意而亲切，可以明白地告诉孩子：“这是应该养成的行为，我们是一家人，互相帮忙，这很自然。”具体而低调的鼓励，听上去才不会很“假”。

相当一部分父母误解了“赏识教育”的基本原则，他们以为“赏识教育”，就是挖地三尺也要找出夸孩子的理由来，甚至认为，孩子本没有这些长处，你夸了他，他不好意思否认，自然就会朝这个方向努力。事情果真有这么简单吗？孩子对自己在他人心中的形象清楚得很，他会怀疑父母这样夸他是有他们自己的目的，“他们为了让我乖乖就范才这么说，他们很虚假”。为了表现“真正的自我”，孩子很可能得到的赞扬越多，就越顽劣。心理学家H·G·吉诺特发现，幼儿受到过分表扬，反而会引发反感和不安。一旦孩子发现父母的鼓励带有“哄骗”性质，他的抵触心理就越严重。

心理学家通过幼儿园中400名幼儿的行为心理调查发现，那些在3岁之前受到父母夸张式鼓励的孩子，进入集体生活后适应得很慢，容易情绪低落，人际关系也不佳。“因为超乎寻常的夸奖给孩子造成一种错觉，觉得自己就是最好的，或者自己做事永不会错。这样他受到老师和小朋友的批评时，会很受不了。”因此，在家受到无微不至夸赞的孩子，经常到大班快毕业时还没有喜欢上幼儿园，他也会时不时产生这样的困惑：“为什么我把玩具捡回抽屉里，妈妈就会夸我‘真了不起’，老师却会批评我没有把玩具一样样收进纸盒里呢？”家庭教育对孩子鼓励的“过分慷慨”，事实上与幼儿园的鼓励原则形成双重标准，这让孩子感到迷惑，从而更有可能乐意待在家中，而不愿意留在集体活动的场景中。一个在生活中听惯了好话的孩子，未来与伙伴的相处也将是艰难的，因为很明显，同龄孩子不会对他的点滴“好处”有父母一般热烈的鼓励性言辞。

过度的鼓励往往意味着过度的关注，而在幼儿园，老师要照管三四十个孩子，不会单单关注你的孩子，因此，在家中受到如影随形的密集夸赞的孩子，在幼儿园往往会有这样天真的发问：“老师，我把上衣穿好了，你还没表扬我呢，你为什么不夸我是天使？”“老师，洗手前我帮彬彬卷了袖子，你为什么不夸我‘真了不起’？”表扬当然会强化好行为，但如果孩子是为了赢得夸赞而去刻意表现，好行为依旧缺乏内在动力，好行为依旧是脆弱的。我们不得不承认，过多过滥的鼓励削弱了孩子责任感的形成，他甚至会因此变成一个“小两面派”，父母看得见的时候是积极和无私的，父母看不见的时候就变成唯我、自私和惰性十足。

这是一位母亲的讲述：

儿子上幼儿园那会儿，常拿回一朵朵小红花，说是老师奖励好孩子的。为争取更多的嘉奖，儿子往往自觉要求上进，让我们做父母的省了不少心。

所谓“重赏之下，必有勇夫”，受此启发，此后每逢他得到一朵小红花，我会对他实行“奖上奖”——再外加一件小玩具，务求鼓励成效更加显著。

面对如此“重”奖，儿子喜形于色自不在话下。打实施“政策”后，儿子果然更加勤快地拿回各种名目的小红花，表现着实令人刮目。他还不时把小红花、小玩具展示给小伙伴看，那神情、那气派，十分得意。当时，我心里也美滋滋的，觉得自己教育有方。

在这“先进经验”的启示下，儿子上小学后，我决定在以往思路的基础上，再进一步加大推行的力度。具体的做法也很简单，像儿子测验得了100分，我就会及时地奖励他10元钱。钱，无疑比小玩具更具刺激性和吸引力，儿子当时就乐得蹦起三尺高。可是，不久之后，我发现，当他再次拿到10元奖金时，却完全没了起初的兴奋感。我当时还琢磨：这是怎么了。

后来，当再次看到儿子漫不经心地接过10元奖金时，我当即表态说：“你期中考试拿到100分，我就给你100元。”谁想，早已将此话铭记在心的儿子，期中考试结束后，果然拿着考试卷子向我“领赏”来了。那时，我开始隐隐觉得这种变本加厉的金钱式鼓励法似有不妥，但一来怕在孩子面前失信，二来更怕挫伤他的学习积极性，所以，我还是勉为其难地给他兑现了100元。

然而，我担心的情况还是出现了。得到“鼓励”、尝到甜头的儿子，胃口越来越大，他的要求也不断加码，从原来期中、期末考了好成绩才有奖励，演变到即使是平时测验，也要以“资”鼓励，而且奖金最少不能低于100元。少了不要不说，还打滚撒赖；但若真的不给，也不知是不是故意示威，下次考试，他就准考砸给你看。现在，我是“作茧自缚”，进退两难啊。

过多的物质激励会生成“凡事先讲条件”的秉性。有的父母为强化孩子的好行为，经常投其所好地用孩子喜欢的玩具、食物、童车等来“笼络”他。这种“鼓励”行为偶尔为之是可以的，也会为亲子关系创造一番惊喜。但如果形成了习惯，反而会削弱孩子从做事的过程中获得快乐，可能让他养成做什么事情都会索要“奖品”，并讨价还价。比如孩子尝试着用小肥皂洗袜子，原本可能是因为这是一种“全新的游戏”“很有趣”，父母如果大惊小怪地为此奖励他一辆遥控汽车，也许孩子下次会为了再跟你要一辆玩具汽车而洗手帕，自由自在地与肥皂、清水玩耍的乐趣，反而在此功利的目的下大大地减少了。所以，记得不要将物质奖励与孩子的做事欲望挂钩。父母可以对孩子说一声：“你真能干，能自己做事情了，真让妈妈高兴。再说，洗袜子本身也很有趣。”这就够了。

表扬不可“以资”养资，这样只会增加孩子对于金钱的膨胀心。父母对于小孩的教育，一方面要进行适当的鼓励，不是说用金钱等物质解决的方式不行，只是作为父母一定要把控一个度。有赏必有罚，对孩子的某些不足之处设立赏罚制度，做得好的地方进行鼓励，做得不好的地方进行相应的批评与惩罚，这样才能让孩子在一个健康的环境下快乐成长。

没有赏识，就没有教育。赏识教育是回归，是父母对教孩子学说话、学走路那样一种心态的回归，是对教育本质的回归。我们要学会赏识孩子，不断寻找孩子的闪光点，给予足够的肯定和应有的赞扬。它能唤醒千千万万的父母，促进家庭教育的和谐，让更多孩子走上快乐成长的道路。

## 五、带着爱去表扬

中国家庭教育中有一个传统，就是吝于表扬，而泛于批评，赏识教育做得不是很到位。

中国的教育传统是“纠错”教育，潜意识认为人不适合被多表扬。如果表扬多了人就会翘尾巴，就会“忘乎所以”。所以，多年来，中国父母在孩子的教育中形成了一个传统——“多用食指，少用拇指”。

每个孩子都是优秀的，都有其闪光点。父母要多赏识孩子的优点，鼓励孩子的进步。赏识教育专家周弘主张要给予孩子积极的鼓励，他说：“无论什么人，受激励而改过，是很容易的，受责骂而改过，是不大容易的。小孩子尤其喜欢听好话，而不喜欢听恶言。如果父母总是用消极的办法来对待孩子，其结果，小孩子改过的少，而怨恨父母的多，即或不怨恨父母，至少也会有一点不喜欢父母。”赏识鼓励孩子，就是要给孩子肯定的教育，是承认差异、允许失败的教育，是充满人情味和生命力的教育。

海伦·凯勒是美国 19 世纪一位伟大的女性，她又盲又聋，6 岁半时一个字不会说，18 岁时却学会了 5 个国家的语言，轰动全世界。

一天，赏识教育专家周弘在看《海伦·凯勒传》时，无意中发现海伦的生日是 1880 年 6 月 27 日，脑子一闪，精神为之一振。女儿婷婷的生日是 1980 年 6 月 29 日，天下竟有如此巧合的事！他按捺不住心中的喜悦，箭一般地冲回家，兴奋地抓住女儿说：“婷婷，太好了，天大的好消息被发现了。我一直在纳闷，你为什么这么聪明，这么有灵性，原因终于找到了。搞了半天原来你是海伦的‘转世’啊！”“为什么这么说？”女儿不解地问。“你看，你的生日跟海伦相差整整100年，一天不差。”“真的吗？”婷婷瞪大了眼睛。“白纸黑字，一天不差。”周弘把书递给婷婷。婷婷连忙凑过来，一看，有点失望。“她是6月27日，我是6月29日，相差两天。”周弘不慌不忙地解释道：“据我了解，一天不差，海伦妈妈生她时是顺产，你妈妈生你时难产，刚好耽误了两天。”顿时，婷婷两颊飞红，两眼放光，仿佛海伦的血液在自己的血管里奔腾，海伦的灵魂在自己的脑海里游荡，感觉找到了！许多年后，婷婷自己讲，海伦给了她无穷的力量，小时候做事遇到困难时，就常常想象自己是海伦·凯勒。

孩子每天取得的进步都是巨大的。那些轻而易举能够做到举止良好的孩子，通常会因为每天取得的成就而获得父母的赞扬。心理学家经常这样指导父母：对各年龄段的孩子，要“抓住他们表现出色的地方”，然后给予评价。诚恳的表扬（而非不必要的恭维）可以引导孩子走上成才之路。

赏识，一定要由心而发，由爱而发，父母要学会爱，学会爱自己的小孩。家庭教育的本质是爱，没有爱，就没有教育。但是，没有爱不行，仅有爱不够。要爱，更要会爱。中国的父母最爱孩子，往往也是最不会爱孩子！错误的爱，就变成了害。只有学会了爱，才能奏响爱的旋律，才能爱满天下。

赏识的前提是爱孩子，但不是溺爱，对优点予以赞扬，对缺点也不能姑息迁就。每个孩子都有自己的独立人格，有自己的权利，父母要懂得发掘孩子身上不可估量的发展潜力。

总之，表扬也是一门科学，是一种技巧。科学的方法是父母对孩子要多一些平和，多一些赏识，以平常心对待孩子的成长，要遵循孩子的成长规律，积极加以引导，使之成才。

一些父母发现，孩子上小学时，父母可以摸着孩子的头，夸孩子乖、可爱、听话、漂亮、帅呆了……孩子都乐于接受；但到了中学，父母还用这种姿势、语气夸孩子，孩子往往会不接受，甚至突然间跟父母翻脸，弄得父母下不了台。很多父母不明白这是为什么。小学的孩子（尤其是小学低年级的孩子）大多还没有真正形成明确的对与错、好与坏的意识，他们从父母的笼统、含义不清的表扬中感受到的是父母的“肯定”和“疼爱”，所以，往往会照单接受父母这些“哄孩子”，甚至为讨孩子欢心而故意“戴高帽”式的表扬；但是，随着孩子的年龄增长，孩子慢慢对自己有了新的认识，孩子进入中学之后最显著的一个变化就是“成人化”，他们觉得自己已经长大成人，父母不应该继续把他们当孩子“哄”。此时父母就不能还像以前一样夸孩子，必须认识孩子的意识与思想都在发生着极大的变化。父母用爱，发自内心地去发现孩子的改变以及应该赞赏的地方。父母对孩子的赏识是建立在爱的基础上的，因为爱，孩子才会感受到被爱；因为爱，孩子获得赏识才更容易成长。

如果没有爱，随意表扬和吝啬表扬一样有害。父母对于孩子的爱有多少，孩子是最为敏感的。父母的一句言语都会让孩子看出是敷衍还是认真对待。赏识孩子，随意表扬与吝啬表扬，都是父母对孩子缺乏真正爱的表现，也表明对孩子的关心少。而另一方面，随着孩子的身体发育，心智成长，知识面拓宽，孩子已经形成了一些对人生、对社会、对老师、对同学、对父母的独立看法。孩子有了一定的辨别是非的能力，也比小学阶段更迫切需要得到成人（包括父母、老师）的肯定。然而，他们希望来自成人的这些肯定和表扬是中肯的、理性的、真诚的、发自内心的。到这个阶段，孩子的人生经验已经使他们有能力从父母说话时的表情、语气、姿态和语境中分辨出父母的表扬究竟是出自真心还是敷衍，甚至干脆就是欺骗！如果孩子得出的结论是后者，他们表现出的愤怒甚至胜于遭到父母的批评与不信任。因此，多表扬是对的，但不假思索地随意地表扬孩子和吝啬对孩子的表扬其实是同样有害的。家庭中，孩子的成长需要爱，更离不开爱。

无缘无故的表扬会让孩子觉得“无功受禄”“受之有愧”，或者认为父母一定别有所求。一位高中生说，他的父母平日属于那种“吝啬型”的人，即使他考试成绩全班第一，他们也不舍得说一句表扬话，只有在一种情况下才会舍得表扬他，那就是要求他做什么事的时候，比方说，去气站里拖液化气罐子，周末帮忙到菜场去照看摊子等，以至于以后一看到父母变了张笑脸走过来，用那些低俗的表扬夸奖他时，他就会产生条件反射，知道自己又要无辜地去接受什么“苦差事”了。这种有求于孩子的表扬不是表扬的“理由”。我们所说的理由，其实是指一种正确的导向。即通过表扬告诉孩子，什么是父母认为正确、孩子也做得很好，而且应该继续发扬光大的。通过这些“公开赞美”性的表扬，对孩子的正确行为进行“正面强化”，使其进一步明确前进方向。

曾有一位父母说，她实在找不到表扬孩子的理由。这是一些表现欠佳的孩子父母共同的观点。但是，出现这种情况，错依然不在孩子，而在父母。因为父母总是站在自己的立场上看问题，很少设身处地站在孩子的立场上看问题。父母如果换个角度，马上就能找到表扬孩子的理由。举个简单的例子：给孩子出了10道数学题，孩子只做对了7道，错了3道。按照常规思路，不仅找不到表扬孩子的理由，却找到了批评孩子的借口：“你看你，又粗心大意！

才 10 道题，你就做错 3 道题，这要在考场上怎么得了啊？你什么时候才能让大人省点心啊？”对于同样的情景，父母如果换个角度想问题，就可以找到表扬孩子的理由：“孩子，一共 10 道题，你做对了 7 道题，正确率达到 70%！太棒了！不过，要是细心一些就好了！没关系，我们现在再来消灭这 3 道题，消灭一道，你的正确率就达到 80%，消灭两道，你的正确率就达到 90%，消灭三道，孩子，你的正确率就达到 100%。”

其实和孩子沟通并没有那么困难，父母要根据孩子的年龄和性格，做出不同的反应。多多沟通，尝试以朋友的口吻和孩子交谈，其实，孩子还是很容易明白你的爱的。

# 第 6 份礼物：一种学习的能力

## ——家庭教育中最关键的素质

当今社会已经进入信息时代，竞争越来越渗透到我们的生活中。说到底，竞争其实就是人才的竞争。而人才及其知识、智慧、技能，是通过学习而获得的。

学习能力是家庭教育中最为关键的素质，也是孩子走向成功的基本能力之一。只有让孩子不断地学习，不断地进行知识的积累，不断地充实自己，才可能获得更大的发展。学习是孩子一生都要进行的活动，让孩子养成良好的学习习惯，这样才能获得真正的学习能力。

## 一、激发孩子的学习兴趣

无论做什么事情，学什么知识技能，没有兴趣就在无形中折损了一半的功效。兴趣是一种特别微妙的情绪，我们可以直接理解为爱好和喜欢。借助于这种独特的喜欢，孩子可以特别容易地集中精力，积极主动地去寻求一些自己感兴趣的真相或者理论实践等。心理学认为，兴趣是人们力求认识某种事物和从事某项活动的意识倾向，表现为人们对某件事物、某项活动的选择性态度和积极的情绪反应。

兴趣爱好的益处是多方面的，有的可以提升文化素养，陶冶情操，有助于人的身心健康；有的可以给人带来欢乐，使人保持乐观积极的心态，在生活中动力十足。兴趣爱好之所以能起到如此重要的作用，主要是因为它会使人在潜移默化中接受来自外界的影响，接受文化技能的熏陶，并养成良好的性格和行为习惯。只要是健康向上的兴趣爱好，都会对人产生积极的影响。

郭沫若先生曾经说过："兴趣爱好也有助于天才的形成。爱好出勤奋，勤奋出天才。兴趣能使我们的注意力高度集中，从而使得人们能完善地完成自己的工作。"放眼望去，很多艺术家、科学家都是从兴趣开始而做出成就闻名于世的。

19世纪后期的印象画派代表人物凡·高是大家都熟知的画家。他特别擅长描绘那些阳光下的色彩，人们甚至认为他似乎就是为了追求阳光而生的艺术家，可是大家似乎也都忽略了他对于艺术的狂热追求。凡·高从小就对艺术有着近乎疯狂的热爱，曾向莫奈、米勒、高更等诸多艺术大师学习，苦苦地追求着自己的理想，也曾穷困到要靠弟弟接济生活。病重垂危时的凡·高也放不下他热爱的艺术，在病痛的折磨中，依然坚持不分昼夜的创作，用生命在创作。凡·高对艺术的痴迷，已经到了常人无法理解的程度，使他在当时被人嘲笑为"疯子"，然而就是这样一个不被人理解的"疯子"，却高高地站在了艺术之巅的舞台，倍受后人的尊重与敬仰。

达·芬奇曾为了自己喜爱的艺术而多次不顾教会的反对连续解剖尸体，研究人体的内部构造；爱因斯坦在孩提时代就对指北针产生了浓厚的兴趣，正是这种浓烈的兴趣，加上后来的学习思索与追求，使他成为举世闻名的物理学家；魏格纳是德国著名的气象学家、地球物理学家、天文学家，也是大陆漂移说的创始人，他从小就喜欢幻想和冒险，为了给将来探险做准备，他攻读了气象学，一生中共四次去格陵兰探险……

从上面的诸多事例中我们不难看出，兴趣在绝大多数时候，往往是作为学习的原动力而存在的，正所谓“知之者不如好之者，好之者不如乐之者”，那么求木之长，必固其根本，欲流之远，必浚其泉源，想要让孩子学得更多，学得更快，学得更好，培养其兴趣是必不可少的。

陈宇华，曾就读于长沙48所子弟小学。后随父母由湖南到福建厦门就读厦门一中。后以厦门文科第一名的成绩保送到中国人民大学，两年后以当年大陆唯一的本科生被录取到美国斯坦福大学。毕业后先后就职于美国科尔尼咨询公司香港分公司、美国高盛投资银行香港亚太区总部、默多克新闻集团北京分公司。后创办华有德康信息技术有限公司。

和其他的孩子一样，陈宇华小时候也并不是特别爱好学习，陈宇华的父母后来回忆说。

后来大家都夸宇华聪明，父母倒觉得，宇华小时候和其他孩子的差别并不是很大，无论是在智力上，还是在对学习的兴趣上。

像大多数父母一样，在宇华一两岁的时候，父母就给她买了很多书，比如《唐诗300首》《幼儿数学》《十万个为什么》等，一有空闲的时候，就给她灌输，但是她并没有表现出多么大的兴趣。往往是父母一边讲，她一边玩，东张西望，心不在焉，根本不感兴趣：

“宇华，给爸爸背背昨天教你的那首诗，好吗？”

“……”宇华摆弄着玩具。

“鹅，鹅，鹅……”爸爸提醒道。

“……”宇华还是不理，把玩具举起来，突然说：“爸爸，我要好多好多的玩具！”

父母也没办法。父母很羡慕别人家会背诗的小孩，宇华连“鹅鹅鹅”都不会背。父母也不知道该怎么办，甚至有时候想，这孩子是不是有点笨呀？

那时候，父母邻居家有个小孩，就是爱玩，学习成绩很差。虽然管得特别严，但成绩一直就是上不去。她的父母气极了，就逼她学习，结果逼也不行，照样玩，就打她，谁知道打也不行，那小孩还挺倔，一边嚎叫，一边一个劲地喊：“我就不爱学！我就不爱学！打死我我也不学！”

听了这小孩的话，不光她父母生气，宇华的父母也生气：现在这些小孩，到底想干什么？学习条件这么好，还不爱学，他们爱什么！

宇华倒是挺喜欢小汽车的，整天拿着个小汽车摆弄。

“爸爸，汽车为什么有 4 个轮子？”一天，宇华举着小汽车问。

“4 个轮子才稳当么。”爸爸一边看报纸，一边随口说道。

“那三轮车为什么有 3 个轮子？”

“……有 3 个轮子，也就稳当了……”爸爸有些不耐烦，因为他正在看一条重要新闻。

“那自行车怎么只有两个轮子？”

爸爸放下了报纸，有些吃惊又有些尴尬地看着宇华，宇华正睁大眼睛看着他。父女对视了一分钟，爸爸才缓过神来。

从宇华乌黑但充满了疑问的大眼睛里，爸爸像是看到了什么！

“这不就是几何的几个基本原理么？”爸爸的脑子里像有个小火花跳跃了一下，当然，这只是实际生活中的几个小小的疑问而已——但正因为是实际的，不是比教学上的理论更鲜明、更活泼嘛！

爸爸知道该怎么做了，像是大梦初醒一般！

“好孩子，”爸爸一把把宇华拉到怀里，“来，爸爸给你讲！”

爸爸就用最浅显的话，认认真真地给宇华讲着。令爸爸感到特别高兴的是：这次宇华竟然一动不动，昂着脑袋，老老实实地听着爸爸的话，既不乱讲话，也不做小动作了，调皮、不爱学习、不会背“鹅鹅鹅”的宇华，现在多么像一个好学生啊！

这件事情给父母很大的启发，那就是：兴趣是最好的老师。以前听这句话，父母还不太相信。兴趣？她根本不去学习，哪里来的兴趣？她哪里知道学习的兴趣？难道，只是吃啊，玩啊这些兴趣？现在，父母明白了，兴趣不仅仅存在于课本中，课堂上，更多的是存在于现实生活中。

从此，父母也开始发现，宇华原来是个很爱学习的孩子：她总是不停地提问。

“爸爸，为什么天是蓝的？”

“妈妈，为什么海水也是蓝的？”

“为什么父母喝的水，洗脸的水，却没有颜色？”

以前，父母会觉得烦，总是要么胡乱说说，要么搪塞不理——其实，还有一个原因，有的东西父母也不知道。这是不是大人的虚荣心在作祟呢？看来得好好看看《十万个为什么》了。

后来，父母就把一切地方，都当作了宇华的大教室。

饭桌上——

“为什么不吃饭就会觉得饿？”“因为，人必须得吸收营养啊。像小树必须得浇水一样……”

玩耍时——

“为什么轱辘是圆的？”

“圆的才能转啊，方的就不行……”

散步时——

“为什么花是红的，叶子是绿的？”

“因为叶子里有叶绿素……爸爸也说不清楚，咱们回去再看看书好吗？”

总之，就这样，父母认真地对待宇华的各种问题，能解决的就解决，不能解决的，一面让她自己考虑，一面自己恶补各种知识，然后再告诉她。宇华的“求知态度”得到了认真的回答，求知热情也就更加高涨起来，不断地提问，也在不断地获得知识。

每次当孩子看着什么出神的时候，爸爸就轻轻地蹲下身，问：“宇华，你看到什么东西了？”

“那个星星是在水里吗？怎么在天上晃来晃去啊？爸爸。”这个问题有些奇怪。

爸爸望了望星空，明白了原来是天上的星星在闪，这个问题其实挺简单的，因为大气层的空气在流动，所以看起来星星在晃动。

但是给一个三岁的孩子解释起来是有困难的。

爸爸说：“这个问题很好，宇华，想象力很丰富啊。但是，天上哪来的水啊？那是天上的空气在流动，所以星星看起来是在晃来晃去的样子。”

宇华似懂非懂，爸爸也觉得这个问题太难了，就省略过去，不说了。

过了几天，爸爸带着宇华出来买东西，刚好路过一家早点铺，笼屉放在蒸锅上，下面的大炉子生着火，向外舔着火苗，鼓风机在底下“呼呼”地送风。爸爸站到了离炉子两米远的地方，并让宇华过来看，宇华什么也没看见啊。宇华看看爸爸，爸爸是微笑着对她使使眼色，意思说：“再仔细看看。”

哦，原来通过火苗附近的空气看过去，对面的东西都是在抖动的，那个在喝豆浆的叔叔的背部都有些模糊不清了。

“这是什么原因啊？”宇华心里暗暗地问自己。

“宇华，想起来那天你说星星在晃动的问题了吗？”爸爸拍拍孩子的肩头。

“哦，就是这样的，空气被火烤热了，流动起来，看过去后面的东西就在那里晃动了。”

宇华恍然大悟，原来是那个问题，爸爸的意思就是星星附近的空气在流动，星星看起来就在晃动了。

“那么，爸爸，天上的大火炉在哪里啊？”

爸爸有些愣了，这个解释起来就复杂了，于是笑笑说：“宇华，难倒爸爸了，以后自己多多看书，来告诉爸爸吧。”

“那个大火炉是不是太阳啊，爸爸？”宇华充分地发挥自己的想象了。

这个问题讨论起来就无穷无尽了，但是散步聊天给了宇华很多学习的乐趣。后来，爸爸对妈妈说，“还是你来带段时间吧，我觉得自己上街是满脑子的问题了。”

妈妈哈哈大笑起来，宇华通过这样的散步的确学到很多东西，特别是养成了对事物细致观察的习惯。

宇华的好学好问，很合爸爸的脾气，虽然爸爸在生活上给她立下了很多规矩，但是在知识探索上，非常开通，从小开始就注重培养孩子多方面的兴趣，随心所欲，到后来，宇华对书法、音乐、体育和文学都有涉猎。

特别是在知识探索上面，爸爸是个非常开放的人，首先他自己就是个知识分子，深知科学求真的目标，所以，对于孩子提出的问题总是饶有兴趣地回答。

宇华在爸爸这种态度的鼓励下，对科学知识的追求日益强烈，在一定程度上决定了自己的专业方向。

对未知的探索、对新知识的渴求，和我们旅游爬山一样，登得越高就看得越多越远，从而充满着获得知识的愉快。当孩子尝到这种乐趣后，即使管得严些，孩子也容易接受了，因为孩子从中感到了快乐。

学习是一个苦差事，如果只是一味地苦读，尝不到一点收获成功的回报，时间长了势必会厌倦。所以，对孩子的点滴进步和成功，我们都应看到并给予适当的表扬或鼓励，哪怕是一句“今天很不错”的话。让孩子体验到成功的快乐，从而自己激励自己再下苦功夫去争取更大的成功。

要帮助孩子在奋斗中不断瞄准新的目标。带孩子登山，我们总会经常指着前面某一处说，加把劲爬到那里再歇一会儿。每次作业，每次考试，每次寒暑假，父母都应该帮助孩子定出努力后能完成的目标。如：今天作业争取八点前做完，这次考试力争平均分数达到80分，比上次高2分等。让孩子学习有目标，有奔头，这样不仅能让孩子把完成目标的压力转为动力，更能让孩子从努力超前或超质量完成目标中体验到成功，为以后攀登更高的人生目标打好基础。不过在目标设置中一是要防止要求过高，孩子努力了也完不成；二是不能随意在孩子已完成目标后再加码，让孩子感到我努力了反而会有更多的任务在等着我，与其这样，不如慢慢做。

很多时候，我们也不太容易发现孩子到底喜欢什么，兴趣何在，或者有的孩子根本就对什么都提不起兴趣来，这就需要我们打开孩子封闭的空间，让他们多看，多听，多接触，并经常让孩子去做一些事儿，学习一些东西，时间长了，也许你就会发现孩子在某几个方面已经燃起了浓厚的兴趣，或许还是个天才。

鼓励孩子勇于尝试，多加练习。生活中，我们常常会看到有些人说自己对所有事情都不感兴趣，据调查，对某项活动缺乏兴趣的人，往往是怀疑自己在某些方面缺乏对应的能力，怕做不好，惹人笑话，于是乎干脆说成是没兴趣，不爱好。事实上，只要敢于尝试，亲自动手去做，也许就能消除这些疑虑。如果再勤加练习，慢慢尝到进步的甜头，兴趣爱好也就随之产生了。

协助孩子选择一两种兴趣爱好，并且稳定持久地进行下去。现在大多数孩子都不知道自己究竟喜欢什么不喜欢什么，或者是喜欢的太多太杂而精力过于分散，这种情况必然会导致孩子要么处于极度迷茫无所适从的状态，要么就是样样通、样样松的状态。不论孩子到最后偏向于哪一个方向，无疑都是我们不愿意看到的结果，这就必然要求我们在考虑到孩子本身的兴趣爱好的同时，兼顾孩子的思维习惯、身体状况以及家庭经济因素等诸多客观条件，以一个成年人的理性判断去帮助孩子选择他能够稳定持久地进行的一两种兴趣爱好，学习并钻研下去。当然如果多方面条件都允许，孩子也可以多有几种兴趣爱好，但是不论选择的到底有多少种，都应该有明确的中心概念，即最主要的那一个，切不可朝秦暮楚，见异思迁。

课外活动的实践，可以使孩子切身感受到知识的不足，需要进一步学习。如孩子对数学没有兴趣，可以鼓励孩子参加数学兴趣小组，多做数学趣味题，就会激发孩子学习数学的兴趣。当选定了几个兴趣爱好之后，接下来要做的就是给孩子寻找一个有益于其学习进步的环境。加入社团，就是说要让孩子加入到一个拥有共同兴趣爱好的团体之中。比如说，喜欢书法的可以加入书法协会，喜欢篮球的可以加入篮球俱乐部，喜欢音乐的可以加入乐队等。找到同类的社团组织并加入，一方面有益于孩子和拥有共同兴趣爱好的人相互交流相互学习，增加孩子在其兴趣领域内的专业知识，提高水平，另一方面也可以使孩子在众多拥有共同兴趣爱好的人中间，相得益彰，强化孩子的兴趣爱好，使其更容易长久地坚持下去。

## 二、激发孩子的想象力

想象，是心灵之花。每个孩子都有自己独特的想象空间。爱因斯坦说："想象力比知识更重要。因为知识是有限的，而想象力概括着世界上的一切，推动着进步，而且是知识进化的源泉。"将自己的孩子培养成具有创造能力的人才是父母的共同心愿。对于孩子来讲，充分发挥他们的想象力便是为日后的创造奠定良好的基础。大多数的父母都知道，瓦特发明蒸汽机，牛顿发现万有引力，飞机、飞船的发明都是基于想象。如果没有想象，创造就无从谈起。由此可见，想象和创造是密切相关的。

人在过去认知的基础上，对没有经历过的事物进行构造的能力就是想象力。想象力是人类所特有的高级认识，是人类将头脑中现有的客观事物的认识重新组合成为新事物新形象的意识过程。许多事物都是想象的结果，比如神话故事以及故事中的人物等。

虽然说神话故事和神话人物是由想象力虚幻出来的，是不真实存在的，但他们总归是由客观现实中存在的事物拼凑组合而来的，不是自由创造，也不是无根无缘的空想。比如说《山海经·海外西经·形天与帝争神》载："形天与帝至此争神，帝断其首，葬之常羊之山。乃以乳为目，以脐为口，操干戚以舞。"这里记载的刑天被天帝砍了头以后，以两乳为双目，用肚脐作口，操持干戚舞动。从科学的角度看来，这是完全不可能的事情，是完全由想象力编撰的故事情节，但是不可否认的是，刑天还是正常人类的样子，有头颅，有两乳，有双目、肚脐和口。而且刑天即使作为天神，被砍了头颅之后还是要看东西的，所以他以双乳为目，叫喊时还是需要有口的，于是他才以肚脐为口。这些情节无一不是根据客观现实的人类来展开想象，从而虚幻出来的。

想象建立在广泛的见闻、丰富的经验和渊博的知识基础之上，就有了更加充足的理论支持，使想象出来的形象或者说结论更具有合理性，这就是我们常说的推理判断。依托于大量的客观实际和丰富的理论经验，我们可以对事物的发展方向或者对未出现的事物展开想象，前者构成了我们生活中必不可少的推理过程，从一张试卷的解题计算，到一个案件的取证侦查，推理无处不在；后者则构成了推动我们这个世界向前发展最直接的创造力。

虽然说想象和知识有着千丝万缕的联系，可是知识也只是作为激发想象力的前提而已，二者并不是同时存在相得益彰的。有的人虽然知识渊博，但思想僵化，见解和观念也比较陈旧，并不能充分利用自己的知识开展想象，沦为了知识的奴隶。法国生物学家克劳德·贝尔纳说："构成我们学习最大障碍的是已知的东西，而不是未知的东西。"

发明家爱迪生没有读过多少书，知识基本上是靠自学得来的，但他凭借着丰富的想象力，充分利用自己的知识进行创造性的想象，并付诸实践变成创造发明。据统计，他一生的创造和发明达 2000 多项，其中为专利局正式登记的就有 1000 多项。仅仅在 1882 年一年之内，他平均每三天就有一项新的发明问世，而与他同时代的很多知识学者，却一生默默无闻。

在西方世界看来，想象力远远比知识重要得多。有这样一个故事：

1968 年，美国内华达州一位叫伊迪丝的 3 岁小女孩告诉妈妈，她已经认识礼品盒上"OPEN"的第一个字母"O"，这位妈妈很吃惊，问她是怎么认识的。伊迪丝告诉妈妈是她的幼儿园老师薇拉小姐教的。母亲一纸诉状把薇拉小姐所在的劳拉三世幼儿园告上了法庭，理由是该幼儿园剥夺了伊迪丝的想象力。因为她的女儿在认识"O"之前，能把"O"说成太阳、足球、鸟蛋之类的圆形东西，然而自从劳拉三世幼儿园教她识读了 26 个字母，伊迪丝便失去了这种能力。她要求该幼儿园对这种后果负责，赔偿伊迪丝精神伤残费 1000 万美元。最后的结果出人意料：伊迪丝的母亲胜诉了。

这位美国妈妈为了保护孩子的想象力，不惜大动干戈将幼儿园告上法庭，而美国的法官又能如此判决，十分难得。

《人民日报》曾有过这样的报道，说中国儿童的想象力状况令科学界陷入忧虑。教育进展国际评估组织对世界 21 个国家的调查显示，虽然中国孩子的计算能力世界第一，但创造力在所有参加调查的国家中排名倒数第五。

这是 2009 年教育进展评估组织的调查结果。这结果不禁让我们发出感叹：是谁扼杀了孩子的想象力和创造力？问题究竟出在哪里？传统的应试教育难辞其咎！在我们的学校教育中：一直在教孩子寻找标准答案，束缚了孩子们的思想；在我们的家庭教育中，父母不允许孩子有异常的想法，慢慢地扼杀了孩子的想象力。

一个经典的案例是这样的：在课堂上，老师提问"雪化了是什么"，有孩子回答“雪化了是春天”。结果是这个答案被老师打上红叉，只因为它与标准答案不同。数学无疑是精确的，而语文可以是模糊的。雪化了是水，没错，但雪化了也可以是春天。

还有一个经典的案例：一个孩子在美术课上画了一个绿油油的太阳，结果被老师纠正过来，因为太阳本该是红红的。可是人教版一年级语文《四个太阳》为孩子提供了文字依据：“夏天的太阳绿绿的；秋天的太阳金黄的；冬天的太阳红红的；春天的太阳多彩的。”

孩子的想象力是无处不在的。父母一定要开放自己的思维，放开孩子的手脚，可以取得事半功倍的效果。

不要给孩子规定唯一正确的答案。答案的唯一性在很大程度上限制了孩子的自由思维，使他们从一开始就没有了想象的动力，会在他们的潜意识里种下诸如“答案只有一个”这样观点的种子，把孩子的想象力扼杀在了摇篮里。当然，这只是针对可以有想象空间的含糊问题和认识，如果是数学、物理、化学等一系列的自然科学，真理有且只有一个，但是你可以尝试让他们想出其他的推理方法和计算公式。

不要以自己的是非观点对孩子最初的想象指手画脚、品头论足。别动不动就告诉孩子什么是好主意什么是坏主意，这绝不是一种积极培养他们独立思维的好方式。父母要懂得好事多磨的道理，给孩子们时间，给他们的想象留有一定的空间和时间。

有的父母觉得自己的孩子淘气，经常弄坏东西，只要一发现就明令禁止，甚至施以暴力。其实也许他们只是好奇心旺盛，想看看这些东西的里面是什么样的，想探个究竟而已，如果这些小家伙的好奇心都被你的威吓和暴力给折服了，你还期待未来他们敢去发明创造么？其实我们不妨帮帮这帮小家伙用正常的方式拆装一些东西，满足一下他们小小的好奇心和求知欲，也可用这短短的时间增进一下家人的感情，何乐而不为呢？

大多数父母都在强调“不要让孩子输在起跑线上”一类的论调，然后就四处搜刮来一些现成的知识，灌输给“起跑线上”的孩子。结果孩子是记下来也背下来了，也似乎什么都懂了，可是却失去了对未知世界的探索兴趣。

培养孩子的想象能力，可以试着从以下几个方面入手：

改变固有的思维定式，拓展新思路。想象力最大的敌人是接受现实，形成了自己固有的思维定式。人一旦有了自己习惯的一套思维方法，就很难再从其他的方向去看问题、想事情了。

从生活的每一个细节开展引导。要从生活中的小事入手，脚踏实地，引导他们从简单的玩具联想到模型的实物，再从实物联想到实物具体的功能，然后再联想到为增加物品的多用性而大胆创新。

多接触新环境、新事物，增长见闻。注意观察客观世界是开发智力和想象力的最有效途径。让想象力在孩子幼小的心田里滋生并茁壮成长，就必须有丰富的客观积累作基础，积累的经验越多，解决问题的思路就越广。

多对孩子的作品提出问题，并要求他们解答。我们经常看到许多孩子的作品，可每次欣赏完以后，很少有人对这些作品提出疑问。提问可以激发他们的想象力，比如，问孩子为什么要那样剪纸，也许下次他们就会换一个方式去剪纸，剪出更加精美的图案。

陪他们根据现有的物品和游戏，多创造些新的玩法。买来的新玩具在一定程度上虽然可以满足孩子玩儿的欲望，也可以使他们学到新的东西，获得对客观世界更多的认识，但是也在一定程度上限制了他们展开想象的机会和空间。创造新事物固然重要，但有时创造一些已存在的东西，或者开发已存在东西的附加价值，也可以刺激他们的想象力和创新意识。

要始终保持孩子开放式的思想。在一个靠固定答案获取高分的时代，保持思想的开放性是异常困难的。知识是你已经知道的东西，而想象力使得知识不断增长。正如爱因斯坦的理论，想象力可囊括世界。

要让孩子明白，重要的是过程而不是结果。鼓励孩子努力创造的同时，一定也要让他们理解创造的过程并重视创造的过程，不要片面强调最后作品的重要性。我们需要教给孩子的，是让他们明白，一个成熟的发明创造，只是偶然一次成功的探索，积累在创造过程中的经验教训，才是走向成功结果的宝贵财富。

如果孩子头脑非常灵活，逻辑思维能力又比较强，也可以尝试通过借助观察，采用对熟悉形象的反向联想、细致观察后的发散联想和转换角度的观察想象等多种方式进行想象练习。

## 三、给孩子一双观察的眼睛

我们通常把通过眼睛获得信息的过程称之为观察，这种观点未免过于狭隘。真正意义上的观察应该是由人体的感觉器官即眼睛、耳朵、鼻子、舌头、皮肤共同进行的，它们分别对应了人的视觉、听觉、嗅觉、味觉和触觉，只有这些感观共同协调配合，才能更好地完成一个完整的观察过程。其实人体的感观应该不止这几种，比如说平衡感、方向感等，都不同程度地参加了观察过程，在实际的观察行为中发挥着重要作用。

许多科学家在总结成功的经验时，都特别强调观察的重要性。“观察、观察、再观察”是著名生理学家巴甫洛夫的座右铭，他告诫学生：“应该先学会观察，观察。不会观察，就永远当不了科学家。”著名教育家夸美纽斯曾经这样说道：“一个人的智慧，应从观察天上和地下的实在的东西而来。同时，观察越多，获得的知识越牢固。”看来，想要对孩子进行科学意识思维的培养和训练，观察是最基础的课程。

观察是培养、训练思维能力的有效方式之一，是在现实生活中获得成功不可缺少的前提。因为观察活动一般情况下是不可能独立发生的，人在对事物和现象进行观察活动的同时，大脑必然进行着紧张的思维活动，通过观察所获得的信息在大脑中进行初步分析、加工、整理、总结和计算，这一系列的思维活动对正在生长发育中的孩子来说，是极为重要的。

据有关调查结果显示，人的记忆力85%靠眼睛，11%靠耳朵，3%或4%靠触觉和嗅觉，这意味着人的记忆力基本上是由这些感觉器官来促进和强化的。人们在进行有目的的观察活动时，要对通过观察活动所得到的信息进行记录、分类、比较，有时还需要通过语言文字进行描述，这些活动都能对大脑皮层中的记忆神经突发生良性刺激和强化，从而有效地锻炼增强孩子的记忆力。

如果说孩子理性思维的养成和知识水平文化素养有着紧密的联系，那么观察活动则更为直接地促成了孩子的理性思维，因为观察活动使孩子更为直接地接触自然和社会，更有益于孩子智商和情商的提高。通过对人和事物的观察，还可以使孩子学会如何为人处世，锻炼孩子的社交能力。

不论是科学研究，还是行文写作，观察都是第一手信息的采集过程，是至关重要的。在引导孩子进行观察活动时，是有一定的方法和规律可循的。

观察是聪明的眼睛，没有敏锐的观察力，就谈不上聪明，更谈不上成才。观察可以激发求知欲，观察可以增进人们对知识的理解，观察可以使人获得更多的信息量。观察是一个人认识事物的重要途径，是智力活动的基础，是完成学习任务的必备能力。

人类获取知识最主要的渠道是视觉和听觉，而视觉的摄入量又远远大于听觉。名人成功的经验无不和他们重视观察、善于观察和有较强的观察力有关。

光学家白春礼教授之所以对光学感兴趣，也完全得益于小时候的观察。一个偶然的机会，他淘气地用瓶子压住了一只蚂蚁。于是，他吃惊地看到了一只特大号的、比平常大几倍的蚂蚁。他很吃惊，便问父母，父母说这是凸镜放大的原理。这种有趣的光学现象激起了白春礼的好奇心，激起了他对神奇的光的兴趣。此后，他经常找来相关的书籍看，最终成了全国著名的光学专家。

事实上，无论从事什么样的职业、什么样的工作，都必须具有良好的观察力。观察可以激发求知欲，观察可以增进人们对知识的理解，观察可以使人获得更多的信息量。观察实在是一个人最基本的能力。所以，著名生物学家巴甫洛夫在自己的实验室中贴上“观察、观察、再观察”这一座右铭，时刻提醒自己不要忘记观察。细致是培养观察的基本要求，准确是观察习惯的根本，全面是观察的基本原则，发现特点是观察的目的。

但现实生活中，有许多父母不注意培养孩子的观察力，没有把观察力的培养放在应有的位置上。这样最大的弊病就是抑制了孩子思考能力的提高。培养孩子观察的习惯，对发展孩子的智力是十分重要的。任寰，7岁写诗，9岁发表作品，10岁出版第一本诗集，12岁加入河北省作家协会，18岁考入北京大学中文系，已出版诗、文集7部，发表各类文章近500篇，多次获国际、国内文学奖。任寰小时候不爱说话，这与她从小患过敏性哮喘有关。每次住院、打吊针、输氧，她也不多话。这种生活，使她自然形成了善于用眼睛观察、用耳朵听话的习惯。任寰爱好写作。当作家的父亲任彦芳以自己的切身体会教她自觉地学会观察和思考，发展她的观察和思考能力，并让她开始记日记。任寰上小学二年级时，父亲有意识地培养她观察描写大自然。上小学三年级时，又教她注意观察人物，观察人的心理，进而观察思考社会和人生。《10岁女孩任寰诗文选》就是她观察生活、思考生活的结晶。著名诗歌评论家谢冕称她的诗具有思辨性。在这本诗文选里，有她的观察手记、人物速写等。

有一次，父亲带她到公园玩。临行前就告诉她：你要注意观察事物的特点，越细越好，回来写篇日记。这样，到了公园里，任寰就非常注意观察花、鸟、草、虫等。任寰本来好奇心强，求知欲旺盛，父亲很好地利用了孩子这一天性，经常带领孩子到大自然中去，让孩子在尽情地玩耍之中，观察万物的悄然变化。去看春天的绿芽，夏日的鲜花，秋季的果实，寒冬的落叶，去听蝉鸣鸟唱。这些都引起任寰的兴趣和思考。同时，任寰的父母在平时也注意指导孩子观察，开阔孩子的眼界，充实孩子的知识和生活。比如，让任寰观察家里养的花草、小鱼，晚上带任寰观察星空，讲讲简单的星系。白天观云，看到云的流动，讲一讲“云往东，一场空，云往西，披蓑衣”等谚语的简单道理等。任寰的父母经常引导她走向社会、走向大自然，接触生活，观察世界，扩大眼界，鼓励她遇事多问几个为什么，启发孩子思考问题。这为任寰后来的成功有极大作用。

巴甫洛夫说过，在你研究、实验、观察的时候，不要做一个事实的保管人。你应当力图深入事物根源的奥秘，应当百折不挠地探求支配事实的规律。这就是说，巴甫洛夫主张观察不但要准确，而且还应达到能透过现象看本质、力图深入事物奥秘的程度。观察能力达到准确无误并透过现象看到本质的功夫，并非一日养成。比如，普通人认为是白色的墙壁，在画家的眼里却可能是红色的、黄色的、蓝色的……博物学家能一眼认出动物、植物的种类，检测员则能从建筑物的外形上识别其不同的结构……

牛顿的孩提时代，对各种事物都喜欢仔细地观察，而且都力图透过现象看本质，把不懂的地方彻底弄明白。夜晚，牛顿仰望天空神往那眨着眼睛的大大小小的星星。心里想，这星星月亮为什么能挂在天空上呢？刻卜勒说，星星、月亮都在天空转动着，那它们为什么不相撞呢？刮大风了，狂风卷着沙石，人们都躲进了屋子里。牛顿却冲出屋子，独自在街上行走。一会儿，随风前进；一会儿，逆风行走。他要实地观察顺风与逆风的速度差，到底有着何种本质的差别。像牛顿那样，观察能力较强的孩子，观察问题也能透过现象看本质。比如，有的孩子写作文“我的妈妈”，他不仅注意到了妈妈的音容笑貌、言谈举止这些现象，还能通过这些现象，发掘出妈妈的内心世界。有的孩子观察大自然的景色，不仅注意到花草树木、气温云彩以及鸟类的活动、土壤的变化，还能从这些变化中找出哪些景色是春天到来的象征，哪些景色是寒冬来临的预兆……父母在鼓励孩子勤于观察的同时，还要注意帮助孩子善于观察。著名哲学家黑格尔认为，培养观察力的最好方法是教他们在万物中寻求事物的“异中之同，或同中之异”。

观察的目的要明确，态度要积极。观察是一种有目的的观看、感知活动。试验证明，课堂学习中，如果课前学生明确本次课的目的，学习效果就良好，如果不知目的，效果就是盲目地跟从老师“信天游”。因为有明确目的就能带着任务去观察、去聆听。

有人做过这样的实验：一个老师带着六个小学生到一家餐馆去吃饭，找了一个靠门口的地方入座。老师对学生说，等一会儿另一位老师会来找我们，你们几个留意进出餐馆的人。十分钟后，老师问学生：刚才餐馆一共进来了几个人？他们都长什么模样？学生们回答都是某某老师没有来。但到底进来多少人，什么模样没有一个学生能回答清楚。这时老师又说："现在大家再观察十分钟，回去以后以《食客》为题写一篇作文。"后面十分钟学生观察都比较仔细。在作文里不但写出了这段时间里来就餐的人的外貌、性别等，还写出了人物的性格特征。这说明，观察有无目的，其结果大不一样。

孩子对观察任务的了解直接影响观察的效果。观察目的越明确，孩子的注意力就越集中，观察也就越细致，越深入，观察的效果也就越好。孩子在观察中，有无明确的观察目的，得到的观察结果是不相同的。比如，父母带孩子去公园，漫无目的地东张西望，转半天，回到家里，也说不清看到的事物。如果要求孩子去观察公园里的小鸟，那么，孩子一定会仔细地说出小鸟的形状，羽毛的颜色，眼睛的大小，声音的高低等。这样孩子就能有的放矢地去观察，从中获得更多的观察收获。

明确目的就是要弄清观察什么，为什么要观察这两个问题。观察者的态度积极与否，对观察能力影响极大。一个人如果有强烈的事业心和积极学习的态度，那么，大自然、工厂、农村中的万千事物对他来说就是一本宽广无垠的"活书"，其中处处有数学、物理、化学等知识，处处有使人惊讶和值得观察思考的奥秘。反之，他可能对一切事物都态度冷漠，视而不见，充耳不闻，观察力势必陷于迟钝。

观察前的准备要充分，思维要跟上。特别是有关知识的准备，以便让孩子看得懂；同时要激发其求知欲，培养其观察兴趣。兴趣是最好的老师，有了浓厚的兴趣，就会主动去认识事物。父母可以引导孩子观察他最熟悉的、最喜爱的、特征比较明显的、容易辨认的事物，激发孩子积极观察的强烈愿望。

观察能力强可以促进知识的获得，而丰富的知识又可以提高观察能力，捕捉到不易发现的重要现象，并能使观察不停留在感性认识的低级阶段。例如打开盛放浓盐酸的玻璃瓶盖子，看到瓶中冒出白色的烟雾，如果不懂得盐酸有关知识，就可能得出"盐酸挥发出白色气体"的错误结论。只有懂得浓盐酸的相关知识，知道挥发出的氯化氢气体本是无色的，之所以变白，是因为吸收了空气中的水而形成了白色的酸雾。这样，观察才能正确反应物质变化的本来面目。

在观察过程中，对出现的各种现象，应多问几个为什么？对观察中出现的每一种变化，都要彻底弄通弄懂，使这些感性认识通过思考上升为理性认识。例如看见金属钠被泡在煤油中保存，如果不去思考，对这一现象就说不出所以然来。如果积极思考，问一问为什么不能放在空气中，能不能放在水里保存等问题，就会联想到金属钠金属活动性极强这一特性，掌握钠的一系列性质。

激发孩子的观察兴趣，及时满足孩子的观察愿望。孩子只有对事物产生了兴趣，才会用心观察，并在观察过程中逐步提高观察能力。否则，他就会“视而不见”“听而不闻”。因此，父母应注意选择一些新奇的、具有吸引力的事物作为观察对象来激发、培养孩子的观察兴趣。比如，父母和孩子一起在户外散步，听到林中的鸟鸣，可以对孩子说：“听听，这是什么声音？是什么东西在叫啊？”并提议：“去看看。”这样可以唤起孩子的好奇心，激发孩子的观察兴趣。若孩子对事物表现出了一定的观察兴趣，要及时满足孩子的观察愿望。要与孩子一起仔细地观察，津津乐道地谈论有关话题，耐心地解答孩子的提问等。

观看要细心，而且要准确。有这样一个故事，说一个化学教授曾做过一个精彩表演：他拿了一个装有煤油、蓖麻油和醋的混合溶液的玻璃瓶。伸进一个指头沾了沾，然后把指头伸进嘴里，好像用舌头尝混合液的滋味似的。然后把瓶子递给他的学生，让他们照着做。

这些学生照老师的样子，果真一个个都尝了起来，不是蹙眉皱额，就是呕吐不止。可见，他们尝的绝不是什么美味。这位教授哈哈大笑说：“我是在考你们的观察能力，看你们观察仔细不仔细，我伸进瓶子里的是中指，而伸进嘴里的是食指。”学生们一个个面红耳赤，羞愧难言。但从此，这些学生都非常注意观察了。这说明，观察时，要专心致志，对事物的形状、位置、变化过程等每一个细小的地方都应该准确无误地反映到大恼之中，这样才能获取科学的知识。

观察方法要科学，还要有恒心。观察过程中，培养孩子学会合理的观察顺序。告诉孩子如何看，先看什么，再看什么，指导孩子抓住事物的主要特征进行观察。比如父母带着孩子去动物园看大象时，就可边看边提出一系列问题让孩子回答，如大象的身体大不大？牙长在什么地方？鼻子有什么特点？鼻子是干什么的？等等。只有经过父母有意识的启发，孩子才能学会正确的观察方法。教给孩子用多种感觉器官参加观察活动。例如，色彩、形状、声音、气味等，需要让孩子看一看，摸一摸，听一听，闻一闻，有时甚至要尝一尝，只有这样用多种感觉去亲自感受，才能使孩子获得更好的观察效果，留下丰富深刻的印象。观察过后，要求孩子口述观察结果。这一要求会大大促进孩子观察的积极性，并使观察过程变得更仔细更认真。

观察要留笔记，记录要真实。对观察到的现象要认真地记录下来，以便进一步研究。因为观察到的感性知识不见得立刻能上升为理性知识，原因可能是知识和能力的问题，也可能是观察到的感性材料还不够，需要继续积累。所以要及时记录下来，便于以后有可能继续进行观察和研究。另外，观察时，各种现象数据很多，光凭记忆不可靠。应记下来避免遗忘，以便将来准确地使用这些观察结果。记录一定要真实，不能凭主观想象乱修正。有的学生在实验时不尊重观察的结果，任意修改，人为地制造“数据”，这是一种极不严肃的学习态度。

观察要排除主观因素介入。观察的主体是人，而人是有感情的，往往会把自己的感情移入到观察对象上。这种现象在文学家、艺术家的创作观察上是很普遍的。例如看花鸟，杜甫在《春望》诗里看到的是“感时花溅泪，恨别鸟惊心”；在《江南春绝句》里看到的却是“千里莺啼绿映红，水村山郭酒旗风”。作为文学观察，这两句结果都不失为独具匠心。科学的观察则要求客观、真实，不能透过有色眼镜去观察，否则就会失真。当然，客观的观察有时也需要想象，如果不借助想象力，也难以达到观察的目的。为了使观察客观、真实，在科学观察中要注重发挥各观察器官的作用，要善于用眼睛看状态、颜色，用耳朵听声音，用鼻子嗅气味，然后得出综合印象。观察复杂事物还要善于抓主要特征，排除干扰，不被假象所蒙蔽。

鼓励孩子多提问，让孩子见多识广。观察力的高低与孩子视野是否开阔有关。孤陋寡闻的孩子，缺少实践的机会，观察力必然受到影响。看到同样一种现象，有的孩子能说出许多，有的孩子却说不上几句，这是什么道理呢？这与孩子知识学习的情况有关。知识学得扎实，道理融会贯通，观察问题就比较深刻。可以说，观察力基于知识与经验，而知识与经验的丰富与提高又会反过来促进孩子观察力的发展。

既要注意观察，又要与思考相结合。观察力是感知与思考的结合。在培养孩子观察的同时，还应引导孩子在观察中积极思考，把观察过程和思考结合起来。科学家看到某种奇特现象，也是要经过一番思考才能有所收获的。接收信息而不处理信息就没有创造。当父母的应该教育孩子养成观察与思考的习惯，只有这样，才能使孩子的观察能力一天天敏锐起来。

给孩子一个正确的观察方法。观察的主要方法有：

整分合观察法。就是先整体观察，然后再从不同的角度进行观察，观察事物的各方面、各种特性，最后再观察它们之间的联系，从而对事物有一个整体的认识。例如要想掌握人体解剖知识，就应当首先观察人体的整体形状；再将人体结构分成各大系统，分别进行观察；各系统再分为各个器官分别进行观察；然后观察各器官、各系统之间的位置和联系；最后再回到对人整体的认识。

对比观察法。就是改变两个相同事物当中一个的存在条件，看它会发生什么样的异常变化。比较是一个鉴别的过程，只有通过比较才能提高孩子的观察能力。比如，让孩子观察其他孩子的绘画作品，并同自己的作品进行比较，肯定好的方面，指出不足之处。例如观察种子的发芽情况，同样湿润的种子，一部分放在常温下，一部分放入冰箱中控制低温，结果发芽时间不一样，我们就可以获得该种子发芽时间与温度变化的有关知识。

动静观察法。动态观察指按先后顺序或方向位置观察物体的变化；静态观察指按物体的颜色、形状等进行观察，建立基本数学概念，理解数学法则。父母要指导孩子学会动静结合观察法。

反复观察。对于某一动作可让孩子进行重复观察，这种方法可以强化孩子大脑皮层形成暂时性的联系，并能使各个暂时性联系之间相互贯通，逐步形成动作的连贯一致。反复观察能形成孩子对事物的整体认识，并掌握复杂的难度大的各个环节。

顺序观察。事物的发生一般都有一个先后顺序，如植物的生长。让孩子认识一个事物发展的全部过程，建立一个完整的概念，使孩子养成按顺序观察的好习惯。让孩子有顺序地观察，能使他们有条理地思考，达到思路清晰、言之有序，逻辑思维能力增强。一般来说，观察是由近及远或由远及近；从上而下或从下而上；从左到右或从右到左；先中间后四周或先四周后中间；由表及里或由里及表等。

重点观察。在事物完整的发展过程中，必定有一个环节是主要的，如植物生长是其从生到死过程中的最主要的环节，这个环节是重点观察的对象。这些训练对培养孩子抓主要问题，抓中心环节，掌握大局都有好处。

定位观察。让孩子通过定位观察来培养兴趣，如引导孩子读书，父母可以给孩子做示范，让孩子从正面反复观察，还可以让孩子从不同的角度观察，这种方法能引导孩子对读书产生更大的兴趣。

分类观察法。即根据观察对象的特征分别进行归类观察，如观察燕子、麻雀，虽两者形状、颜色不同，生活习俗也有差异，但都属鸟类，从而归纳出鸟类的共同特征。

记录观察材料。要求孩子养成及时记录观察的习惯，避免宝贵材料忘掉、漏掉、变形。记录要完整：要把来龙去脉原原本本记下来，不能虎头蛇尾、支离破碎，杂乱无章、随意颠倒。尤其不要凭空捏造，是什么就记什么，要准确真实，不然的话，观察就失去意义了。

观察还要有恒心，有时要坚持重复、长期地观察，因为有很多事物发展很快，观察的速度跟不上，还没有观察清楚就消失了。所以做实验时，要一再重复，直到观察的结果明确、可靠为止。有的事物发展过程很慢，周期很长，这就需要进行长期的观察。例如遗传学家孟德尔做了八年豌豆的杂交试验，观察了八年相对性状的遗传现象，才发现著名的分离规律和自由组合规律。

## 您注意培养孩子的注意力吗

以下各题选 A 得 1 分，选 B 得 0 分，最后分数相加与答案对照。

1. 您如何放置孩子的物品？

   A. 各样东西基本有各自的固定地方，等孩子需要的时候再拿出

   B. 随意放在孩子的房间里

2. 您每天给孩子固定的看电视或是看书的时间吗？

   A. 有　　B. 没有

3. 孩子玩耍的时候您总是陪在他身边吗？

   A. 不是，有时让他一个人玩耍　　B. 是的，一般都有大人陪伴

4. 当孩子对一件玩具失去兴趣想要换新玩具时，您会：

   A. 陪孩子研究一下这个玩具还有什么玩法

   B. 给孩子换玩具，直到他喜欢为止

5. 孩子正在专心地看书，而吃水果的时间到了，您会：

   A. 不打断他，先让他看完，然后再吃水果

   B. 打断他，让他吃完水果再看

6. 您给孩子做过安静型游戏吗？比如穿纽扣、看书、搭积木等。

A. 经常有　　　　B. 不一定，看子喜好

**答　案**　（仅供参考）

◆ 0～2分

您不太善于培养孩子的注意力。如果您认为孩子的注意力不好，很大程度上都是您的行为造成的。孩子的注意力不是天生的，是需要长期培养的。首先需要给孩子制定一个有规律的作息表，让孩子一天的活动能够动静结合，而不是任由孩子的性子。其次，您需要提供给孩子一个适宜的、安静的环境，环境不能太乱、太嘈杂，让孩子养成一定的行为规范。然后就是需要有效的训练，刚开始的时候，孩子可能很难配合，千万不要着急，更不要骂孩子，慢慢地来。

◆ 3～4分

您比较注意培养孩子的注意力，但还需要检查一下，还有什么地方做得不够。塑造良好的注意力有几个要素：环境、生活习惯、家长的引导方式。您觉得哪些方面做得不够，及时纠正过来，会收到良好的效果。

◆ 5～6分

您非常注意培养孩子的注意力，并且以身作则。在您的培养下，孩子的注意力也会比较优秀。需要提醒的是，如果您是3岁以下孩子的家长，不能用大孩子的标准来要求3岁以下的幼儿，太长时间的专注对于3岁以下的幼儿来说是非常困难的，对孩子的身心健康也是不利的。

## 四、让孩子学会思考

人有两件宝，双手和大脑。双手会做工，大脑会思考。在人的一生中，永远离不开，也不能停下来的，是思考。思考决定方向，没有了思考，也就没有了方向。

思考开始于进行思考的主体对某事物即被思考事物的矛盾或者对某事物的目的。其过程包括对思考对象的扩大了解、找出问题、分析矛盾、思考解决办法等递进式过程。思考的本质是对语言文字的运用，对有名有实的东西，可以在大脑虚拟出来的意识空间里进行重现，然后才能开始各种思考过

程，最终再转化为语言或者文字表达出来；那些没名没实的东西，意识空间里是重现不出来的，思考过程也就无从说起，更别说要形成语言文字表达出来。也就是说，人的意识是客观世界的反应，意识思维过程也必须依托于客观实在而存在。

其实思维和思考差不多，都是大脑在意识空间里的自由活动过程，是制造出来的抽象的名词，不过思维是整理成型的思考，是将只言片语的思考，零散的智慧碎片拼凑组合起来的一个系统的思想集合。

在这个充满危机与冒险的世界，我们所缺乏的往往不是做事的技能，而是揭发事物本质的好奇心和动力，缺少对固有模式和对一切现象的怀疑。日常生活中我们总会遇到各种各样的问题与麻烦，当麻烦来了，问题出现了，大多数人的第一反应是要找出一个解决办法，一个可行性的方案，然后我们去按照以往自己或前人做过的模式去做，套用先前的解决办法。可是这样一来，问题能否得到彻底解决？我们自己的头脑是不是失去了其存在的价值了呢？

其实只要我们自己动动脑，也未尝不能想出一个好的解决方案来，只要认真思考，想明白问题的所在，看清了问题的本质，解决问题的办法自然也就有了。也就是说，通过思考问题本质的过程，便可以导出正确的结论。

由此看来，我们解决问题的根本就是逻辑推理和思考能力。逻辑推理和思考能力不仅仅能让问题迎刃而解，而且我们一般常说的先见之明、直觉等也是从这些逻辑推理和思考能力中诞生的。所以想让孩子在未来的人生中具备独立解决问题的能力，对人对事儿都有自己的见解，那么从现在开始锻炼孩子的逻辑思维能力，是极其必要的。

伟大的物理学家爱因斯坦所说："学会独立思考和独立判断比获得知识更重要。"他还说："不下决心培养思考习惯的人，便失去了生活的最大乐趣。"有的父母把一切事物都安排得十分妥帖周到，从来就没有什么事需要孩子自己去考虑、去想办法、去解决、去处理，长此以往，会扼杀孩子的思考能力，更谈不上解决问题的能力了。父母要培养孩子独立思考的习惯，给孩子创造一个思考的空间。

如果说，想象力给孩子的思维插上翅膀，让他在文学艺术领域畅飞的话；那么空间数理逻辑将给孩子带来探索自然科学领域的无限乐趣。分析的头脑、有条不紊的逻辑推理、大胆过人的谋略，无一不是从这里而来。因此，当我们说一个人是成功的，成绩是卓越的时候，他的身上一定汇集了这两方面发达的思维能力。

下面来看一看张肇牧的故事。肇牧十分喜欢做实验性游戏，当听爸爸妈妈说，要做有趣的实验游戏时，肇牧非常高兴。与往常一样，由爸爸说，他动手。

“肇牧，从你的玩具中，找出两个同样大的杯子，一个比杯子大的碗或者是锅都行。”

肇牧将三样东西拿来了。“爸爸，您看行吗？”爸爸满意地说：“行。你用锅装些水来，并且将水分别倒进两个杯子，要求两个杯子的水要一样多。”肇收按示意进行。然后爸爸问肇牧：“你看两个杯子的水，是不是一样多呀？”肇牧左看看右瞧瞧，说：“啊，是一样多。”“你将一个杯子的水倒进锅里，你再看看，是锅里的水多呀，还是杯子的水多？”谁知肇牧不假思索地给了爸爸满意的答复：“一样多。”“为什么？你看锅里的水这么少，杯子的水那么多，怎么是一样多呢？”肇牧从容地说：“爸爸你看，这是两个同样大的杯子，我倒进的是同样多的水，然后再把这个杯子装的同样多的水倒进了锅里，因为锅比杯子大，所以看起来锅里水像少些，其实它们一样多。”

谁能相信，这是一个年仅 4 岁 10 个月的孩子对液体容量守恒定律回答得如此肯定，而且思维清晰，语言表达准确、完整！

当普通人拘泥于一种思维方式而没有任何创新时，优秀人物表现出一种独特的思维方式让人们惊讶。但是正是这种独特的逆向思维方式给人带来了无数的成功机遇。正如牛顿看到苹果落地会感到惊讶一样，这种思维能力将人的思考引向深处。而这种思维能力应该在童年时代加以培养和鼓励，因为孩子总是喜欢做出不同凡响的事来吸引大人的注意，要利用孩子这种心理来引导他们。

有一类问题，答案总是很明确，要求运用某些知识回答，这个问题的正确答案往往是唯一的。还有一类问题，就是可能有多种答案的问题——有时问题在开始时并不十分明确。其实日常生活中遇到的大量问题都属于这种类型。解决这类问题，除了要努力明确问题外，还要打破平时习惯想法的束缚，将自己的思想从不同途径、不同角度扩散开去考虑问题，这叫“发散思维”；而问题的答案，往往是很多个创造性的设想，并且不能绝对地说哪个设想最好。

上小学二年级的时候，数学教学正进入直式运算阶段，学生们都能按照老师的要求，从低位向高位顺序运算，唯独肇牧别出心裁从高位到低位进行逆向运算，经老师指出后，他竟顽固地一意孤行。

爸爸妈妈问他时，肇牧振振有词："左边算到右边是爸爸妈妈想出来的窍门。"

听这么一说，爸爸妈妈意识到，肇牧虽然违背规律进行运算，却透露出一种萌芽状态的独创精神。于是爸爸妈妈在对他的"找窍门"给予充分肯定之后，循循善诱地告诉他，对自己周围的事物要多方位地观察，对思维结果还需验证，验证的标准就是看它的实际效果。然后，爸爸妈妈与他一起分析逆向运算的弊端。最后，他心服口服地忍痛割"爱"了。

孩子总是要长大的。父母要充分尊重孩子的主体地位，让孩子从小树立主体意识，从各方面给予他"参与"的机会。

小学三年级一次数学考试，肇牧对其中一道题有异议，爸爸妈妈马上去见数学老师，父母和老师一起鼓励孩子要有勇气，大胆叙说，据理力争。当确定孩子的异议是正确的时候，爸爸妈妈进而告诉他即使书本也有不正确的地方。他们并不认为"听话"是好孩子的唯一标准，他们要求孩子对父母和老师也不要一味服从和依赖。

正是由于小肇牧举一反三的能力，同时培养了小肇牧的思维、判断和推理能力。

这对孩子形成独特的个性，表现有创新意识的思维、举动很重要。父母不能因为孩子小，需要成人照顾而把他看成是成人的附属品，要受成人支配。孩子也是一个完整、独立的个体，应该允许他有自己的世界，有自己的空间。有句话说："什么样的父母，教出什么样的子女。"

父母在努力启发孩子创造力时，不要忘了同时培养自己的创造力，使父母成为能欣赏创造力，并能与孩子创造力互动的主力。因此，不必在孩子与孩子间制造竞争压力，也不必为了培育创造力，将家庭生活弄得紧张、沉重；更不必一改常态，变成严肃又过分认真的父母。真正成功的创造力培养者，是能与孩子一起学习、一起成长，像个挚友般地倾听孩子的心声，知道何时给他掌声，何时扶持孩子一把。

父母在与孩子相处与交谈中，要经常以商量的口气，进行讨论式的协商，留给孩子自己思考的余地，要给孩子提出自己想法的机会。父母可根据交谈内容经常发问，如："这两者有什么关系""你觉得怎么做会更好？""你的想法有什么根据？"等问题，以引起孩子的思考。对于已上学的孩子，可采用启发式，诱导孩子逐步展开思考。当孩子在想问题时，父母不要太热心、太性急，而应该留给孩子足够的思考时间。尤其不要轻易直接地把答案告诉他们，孩子答错了，可用提高性的问题帮助他们思考，启发他们自己去发现和纠正错误。

如何培养孩子良好的思维习惯？有如下建议：

要培养孩子有爱动脑筋、独立思考的习惯。在学习过程中，要努力培养孩子爱动脑筋的好习惯，预习、听课、复习、作业、考试的各个环节都要勤于思考、独立思考，要多问几个为什么，多想几个怎样办。做到不依赖、不等待、不偷懒，不断增强好奇心，增加求知欲，增强独立性。

要培养孩子敢于提问、大胆质疑的习惯。课前、课后都要敢于并善于提出各种各样的问题，不断地解疑，并学会于无疑处生疑。疑是思之始、进之由；疑就是矛盾，就是问题。疑孕育着创造。

要培养孩子有一边听讲、阅读、练习，一边思考的习惯。有的同学不会把“听、看、做”与“想”紧密地联系起来，从而影响思维能力的发展。所以，父母要注意培养孩子一边听讲一边思考，一边阅读一边思考，一边练习一边思考的良好习惯。

鼓励孩子发表自己的意见。调查显示，在民主、平等的家庭氛围中成长的孩子，敢于发表自己的意见，思维比较活跃，分析问题也比较透彻。而在专制的家庭气氛中成长的孩子，则不敢畅所欲言，容易受父母的暗示而改变主意，或者动摇于各种见解之间，或者盲从附和随大流，这就影响了其思维独立性的发展。因此，父母要鼓励孩子敢于发表自己的看法，培养孩子的探索精神。许多孩子都有较强的好奇心，每当见到一个新事物，总想更深入地去了解，往往会不自觉地摸一摸、问一问。许多父母对孩子的这些行为很是烦恼，经常批评孩子甚至恐吓孩子，其实，这些都是孩子喜欢探究和旺盛求知欲的表现，父母的批评会挫伤孩子思维的积极性。正确的做法应当是因势利导，鼓励孩子的探索精神，并启发孩子“异想天开”。例如，让孩子突破常规的思维模式，从另一个角度去思考问题，孩子就会发现平时盛饭的碗可以用来当乐器，这就是“发散思维”或“求异思维”。这种发散性的思维模式可以让孩子在学习时不盲目听信，解决问题时善于从多方面考虑，从而提高孩子的学习兴趣和思维能力。

孔子说过：“学而不思则罔。”这句话说明了学习与思考的关系，它强调了思考的重要性。当孩子脑中有疑问时，他们便开始一连串地问：“为什么？”父母如果正确引导，不压抑他的好奇心，孩子的求知欲必定会越来越旺，因为孩子的好奇正是探究新奇事物的开始。翻开历史，可以发现几乎所有的科学人才都有超出常人的强烈好奇心，如居里夫人、爱迪生、达尔文等，他们都是从幼年时期即有相当强烈的好奇心。

常常听到父母抱怨自己的孩子不爱动脑筋，懒得思考。不知道各位父母有没有问过自己，在孩子成长的过程中，你给孩子思考的机会了吗？如果不能确定，那就从下面这些方面检查一下自己吧：

经常对孩子说："你想想看吧！"

多给孩子出难题。

当孩子遇到困难时，不要立即给他最后的帮助。

当孩子解决难题时，要承认并夸奖他做对的部分，而不要指出他的错误。

不让孩子做过多的检测题。

当孩子自言自语时，别干扰他。

不用高压手段来说服孩子。

孩子所画的画，不管画得多糟，一定要问他画的是什么。

买玩具要让孩子自己选择。

一次让孩子做两件以上的事。

当物品缺乏时，让孩子想想有无代用品。

尽量不用答案是"是"或"不是"的问题来对孩子提问。

不管孩子问的问题如何荒唐，你都要认真地回答。

对孩子所提的问题，即使你全盘了解，也不要给他百分之百的答案。

用"如果"来反问孩子所提出的问题。

孩子想说而说不出时，你不要帮他说出来。

注意教导孩子使用连接词。

对孩子的奇想要加以评价。

不要打扰孩子正热衷或专心的事，即使到了该睡觉的时间。

对孩子的"新发现"，要率直地表示惊奇。

教孩子做事时，要同时用语言解说。

和孩子玩"后来呢？"的游戏。

让孩子尽情表达。当孩子做出某项决定时，你可以问他："除此之外，还有没有别的方法？"

如果您有哪些方面还做得不够的话，那就赶快从现在开始，多给孩子一些思考的机会吧！

培养孩子的创造性思考的方法。可以从以下几个方面努力：

培养孩子打破砂锅璺到底的习惯，鼓励孩子凡事常问个为什么。父母要不厌其烦地给予正确回答。对孩子的提问努力表现出兴趣，与孩子一起去思考，去寻求未知的答案，孩子提出问题的欲望就会不断增强。

不阻止孩子进行探索性的行为活动。如孩子为了看个究竟，拆卸了玩具和物品，大人不要生气、谴责。

倾听孩子有意义的“瞎说”，允许孩子有“稀奇古怪”的想法。如遇到交通堵塞的时候，孩子向你描述他要造一种带翅膀的汽车，如何在天上飞过去时，父母要鼓励其新奇的想法。

欣赏孩子的自由绘画，多给孩子一些启发式指导。如孩子画汽车，可以问他，汽车是开在田野里还是大城市里？车上有几个人？司机是男的还是女的？

要让孩子有单独玩耍的时间和空间。孩子在自己房间专心入迷地玩耍时，不要随意打断。

# 第 7 份礼物：一种高贵的人格

## ——家庭教育中最根本的核心

人格是有主观意识的自我控制力，是具有明显倾向性的一种比较稳定的心理特征，表现为一个人整体的精神面貌。同时，人格也是每个人所具有的区别于他人的独特的思维方式和行为风格。

在当今社会，一个人所受的待遇，基本上都和他自身的人格修养有一定的关系。一个具有人格魅力的人，必定是广泛受人尊敬与爱戴的。因此，让孩子在未来的人生中被人接纳、受人欢迎，父母要塑造孩子高尚的人格，让孩子具有独特的人格魅力，是家庭教育中最根本的核心。

## 一、自我肯定

自我肯定，一般又称为自我暗示，是人们在心理上给自己进行的一种积极向上的、具有肯定和认可意义的暗示，这种心理暗示能够在人的潜意识中激起人内心深处的正能量，诱发人们自身积极良好的心理状态，抵制负面的消极情绪的产生。如果我们能在现实生活中，经常给自己施加肯定的心理暗示，那么我们日常的行为习惯、生活态度等，都会不同程度地发生改变，想问题做事情也都能更加充分地相信自己的能力，甚至可以发掘出自己更深层次的潜能量。

对自卑情绪严重的孩子来说，他心中的自我肯定往往是脆弱的，飘摇不定的，因而极需要得到外界经常不断的强化。强化孩子的自我肯定方法很多。如：可让孩子为自己记一本“功劳簿”，让孩子每周花几分钟时间写出（或画出）自己的“功劳”，并告诉孩子，所谓“功劳”，并不一定非得是了不起的成就，任何小小进步，以及为这种进步所做出的任何小努力，都有资格记载入册；也可为孩子准备一些小奖品（如画片、玩具、小人书等）——每当孩子做出了一点成绩，或一件令他自己感到自豪的事，就可以获奖；还可以教孩子学会以“自言自语”的方法不断对自己做出赞扬，每天早晨让孩子双手伸出大拇指，大声说出：“我最棒！”开始充满自信的一天。

培养孩子的自信，首先要从培养孩子的自我意识着手，让孩子发现自己的自我意识存在，并逐渐喜欢上自己的意识，从而肯定自我。想让孩子喜欢上自己，给他们灌输人无完人的道理是必须的。人从生而为人，来到这个世界上开始，就有可能携带有先天的缺陷，这些先天而来的不足是无法选择的。大多数的孩子都会因为这种无法选择的先天不足而讨厌自己，封闭自己，最后逐渐丧失了自信。这时候，我们就很有必要跟孩子好好聊一聊，给他们讲一讲。

先天的东西，意味着所有人都无法选择，它的出现，是所有人都抗拒不了的，我们唯一能做的，只能是接受现实。接受现实不代表接受这种消极的自卑心理，而是接受客观的不足。既然先天的不足是无法选择的，而且不是我们自己造成的，那么为了这些不是自己行为导致的结果而悲伤叹息是不是就不值得了呢？这世界上有太多的人不够美丽，也不够富有，那么所有人都应该为这些外在的东西而感到自卑么？答案当然是否定的，所谓“塞翁失马，焉知非福”“失之东隅，收之桑榆”，一些方面的不足，必然会使得另外的某一方面超乎常人，比如视力不好的人，往往听力和触觉都要比常人灵敏得多，又或者听力不好的人，视力和嗅觉也一般会特别强。任何人都不可能要求爱因斯坦成为世界名模，也没有人会想要卓别林去发明电灯照明。

对于这些先天可能存在不足的孩子，父母可以讲一些励志故事给他们听。曾记得有个故事的大概意思是这样的，人们出生之前，都曾是摆在上帝那里的一个苹果，而那些生下来就伴随着某种缺陷或不足的，往往都是因为上帝太过于喜欢这个苹果了，所以忍不住尝了一口。这个故事的意义在于把孩子原有的担忧和顾虑转化成一种独特的优越感，让人深受启发。

那些先天就存在不足的孩子尚且可以走出阴霾，那么受后天影响而造成孩子缺乏自信的，自然更可以重新建立自信。

孩子后天形成的缺乏自信，无非是在与周围环境的比较中产生的。周围的一切都可以是让孩子感到自卑从而缺乏自信的原因。曾有这样一段诙谐幽默的调侃：

我从小就有一个宿敌，他学习好，体育好，长得好看又懂事儿，后来考上了一所好大学，毕业找了一份好工作，经济稳定收入高，后来又交到了一个漂亮温柔的女朋友，有了一段完美的爱情和婚姻。这个宿敌的名字就叫作“别人家孩子”。

这个段子听起来幽默好笑，但确实耐人寻味，道出了所有人的心声。仔细想一想，我们是否也在孩子面前有意无意地夸耀过这个“别人家孩子”呢？是否给孩子的大脑中灌输进了这种攀比的意识呢？也许我们是出于好意想让自己的孩子超过那个“别人家孩子”而说出的这样的话，但孩子的心灵却就有可能因为这样的话而受伤，他们会直观地认为爸爸妈妈喜欢的是“别人家孩子”而不是自己，原因是这个“别人家孩子”比自己优秀，孩子的自卑感就在我们这样的夸耀下而悄无声息地滋生了。

以下是一位女孩子的亲身经历：

我在上小学的时候，有几个一起玩的小伙伴，其中有一个特别好学的孩子，基本上每次考试成绩都比我好，妈妈便以此为口实，说我不如那个小朋友，这种情况延续了八年之久，直到初中毕业，我的成绩高出那位小伙伴许多，以超过分数线 46 分的成绩考上了重点高中。可是这并不是故事的结局，后来我由于种种原因没能去重点高中读书，转而去了一所小县城的普通高中读书，而与我家一墙之隔的邻居家孩子则就读于我所放弃的那所重点中学，而且成绩不错，大概有年级前十名的好名次。于是乎妈妈又一次有了指责我的口实。三年之后，我以超过那位邻居20多分的成绩考上大学，貌似噩梦终于告一段落了，可是后来，大学毕业又到了找工作的季节……

我将这段经历说出来，并不是为了让大家效仿我的母亲，因为时至今日，虽然我长大懂事了，也超过了那些往日的“别人家孩子”，但却依然对此耿耿于怀，心存芥蒂，不为别的，只为了我在自卑感中煎熬度过的十余年的美好青春。

其实，不论对于哪一种孩子，自我肯定无疑是增强自信心最好的办法。

自我肯定，可以是大声说出来给自己听的豪言壮语，也可以是流露于笔端给自己看的字字珠玑，还可以是默不作声给自己品的心灵鸡汤，总之不管是何种形式的肯定，都是能激励自己奋发向上的精神力量。

如果孩子因为缺少锻炼，没有展现自己的机会而导致缺乏自信，可以教他们对自己说“我有足够的精力来锻炼自己，有足够的时间来等待机会，更有足够的能力和智慧来完成我的工作，实现我的价值”。如果孩子是因为自己与周围人对事物的看法不一致而缺少坚持的自信，可以教他们对自己说“在我所认知的世界里，这无疑是最科学最正确的论断”。如果孩子是因为对自己的出身或地区、学校、学科、专业有自卑感，可以教他们对自己说“在我所从事的领域，我是优秀的”。如果孩子是因为受家庭或他人的保护太多，在实践操作中显得经验不足而缺乏自信，可以教他们对自己说“经验是经过长期实践而总结出来的理论，只有实践才能获得真知，勇于实践才是王道”。

在建立自信的过程中，自我肯定固然重要，但也不能忽视犯下的错误，要始终以客观公正的眼光看待自己，实事求是地进行自我肯定，否则自我肯定就会盲目地自我夸大，失去其本来的意义。

在自我肯定时，人们往往会存在一个时态误区，即对过去的自己进行肯定或者对未来有怎样的愿景等，例如我原来有怎样怎样的成绩，过去如何如何的辉煌，以后会有怎样怎样的生活，日子会如何如何的美好等。前者是对过去的肯定和回忆，俗话说“好汉不提当年勇”，这种做法只能凸显出当事人现在过得如何邋遢不堪；后者对未来的期盼实际上是对自己撒了一个谎，给自己点起一个奋斗的希望，指明一个前进的方向而已，这种说法就连当事人本人都能明显地感觉到这是一个谎言，一个典型的唯心论调。或许真的有人会坚持住这个谎言并付诸实践坚持到底，实现意识反作用于物质的哲学原理，但这种人毕竟是少数。由此看来，在自我肯定时，现在进行时无疑是最合理最有效的时态，强调现在进行时，会使当事人更直观地感受到精神力量的存在，增强自信心，提高自信的程度，比如“我现在很快乐，很幸福”。

如果在自我肯定中掺杂进悲观消极的情绪，很容易想象预期的效果。比如说，“我再也不这么糊涂地混日子了”，这话看起来态度是挺积极的，可是不觉得哪里不妥么？没错，不妥的地方在于激励自己的同时又掺杂进了自己的弱点，等同于强调了一遍弱点给自己听，那么心理上会认同哪一个态度呢，是积极的“再也不”，还是消极的“糊涂地混日子”呢？不论最后认同的是哪一种态度，影响到自我肯定的效果是毋庸置疑的。所以自我肯定一定要在最积极的情绪下进行，以激扬饱满的热情为辅，才能起到最好的效果，发挥最大的功用。

一般来讲，自我肯定的措辞越简单明了，所起到的作用也就越直接有效。首先，用词简洁明了，减少了思维的反应时间，使意识在第一时间就获取到了最直接的刺激信息，即肯定的正能量；其次，使用简洁的词汇，会使人在潜意识的支配下主动寻找最有效的词汇勇于进行自我肯定，使之加深印象。比如“我能行”“我真棒”等简洁明了的话语，往往能最直接反映出肯定的意义，从而使自我肯定达到更优质的效果。

在进行自我肯定时，要尽可能多地制造出一种相信的感觉，让自我肯定的内容仿佛真实存在一般。因为自我肯定进行时，往往是在主观意识里对自己强加的一种心理暗示，并不一定是真的客观存在，这就会影响到自我判断力的选取。一个拥有超强判断力的人是很难被这种强加意识所蒙蔽的，但是如果自我肯定成为能被当事人自己都明确感知到的谎言，那么自我肯定便也失去了其存在的意义。所以，尽可能制造出能让自己相信的自我肯定。“你哪来的这份自信？”“不知道，我只知道，如果我自己都不相信我了，那还有谁能相信我？”这段对白是谁跟谁说的，在什么环境下说的，出自哪里引自何处，我已经记不清了，我唯一能记住的，就是这两句平实的对白。

### 您的孩子是否有足够的自信

以下各题，认为“是”记1分，认为“不是”记0分，最后分数相加与答案对照。

1. 孩子一旦下定决心做一件事情，即使没有人赞同，仍会坚持到底。

2. 孩子认为自己是个好学生。
3. 孩子受到批评时不会很难过。
4. 对来自别人较为属实的赞美，孩子不会持怀疑态度。
5. 孩子觉得自己各方面能力比一般人强。
6. 孩子对自己的外表比较满意。
7. 孩子在同龄人之中是个受欢迎的人。
8. 孩子认为自己比较有魅力。
9. 孩子有一定的幽默感。
10. 孩子懂得搭配衣服。
11. 危急时，孩子比较冷静。
12. 孩子擅长与别人合作。
13. 孩子很少羡慕“别人家的孩子”。
14. 孩子很少勉强自己做自己不愿意做的事。
15. 孩子不喜欢任由他人来支配自己的生活。
16. 孩子认为自己的优点比缺点多。
17. 孩子很少跟他人说抱歉。
18. 孩子希望自己具备更多的才能和天赋。
19. 孩子喜欢坚持自己的主见。
20. 孩子每天照镜子超过三次。
21. 孩子的个性比较强。

## 答案 （仅供参考）

◆ 15～21分

说明孩子对自己信心十足，明白自己的优点，也清楚自己的缺点。不过，如果孩子的得分接近30分，别人可能会认为他很骄傲自大，家长不妨告诉孩子在别人面前要谦虚一点，这样才会有好人缘。

◆ 8～14分

说明孩子对自己颇有自信，但是孩子对自己产生过怀疑，在某些方面或多或少会缺乏安全感。家长不妨教导孩子，坚信自己的优点和长处，注意发挥自己的才能，扬长避短。

◆ 0～7分

孩子对自己不太有信心，过于谦虚和自我压抑，因此经常受人支配。家长要教育孩子学会欣赏自己，尽量不要去想自己的弱点，这样才会得到别人的尊重。

## 二、给孩子信任

孩子的自信源于父母的信任。无论孩子犯多大的错误，父母都应该相信孩子，并告诉孩子：只要改正错误，就还是好孩子。尤其父母不要夸大孩子的错误，随意给孩子定性。信任是相互的，只有父母信任孩子，孩子才会相信父母。

杨文杰正是在父母的信任中一步步走向成功的典范。

杨文杰是同龄人中的佼佼者，似乎命运对他特别恩宠，他14岁考入中国科技大学少年班，在大学毕业的同时通过了托福和GRE考试，获得了赴美国读研究生深造的机会。

杨文杰的妈妈说：在杨文杰的成长过程中，作为父母，他们似乎并没有给予杨文杰多少特殊的照顾。他们在杨文杰心智发展的最初时期，注意对他的引导教育，使他早早地形成了良好的接受各种知识的好习惯，在他接受正规的社会教育后，他们则不必在他爱不爱学习、学习成绩好坏上操心，甚至可以在他上小学和上中学学习知识的关键时期，父母离开他出国工作。在父母的眼里，杨文杰只是家庭中的一般成员。父母在杨文杰很小的时候就十分注意平等地对待他。杨文杰与父母的交流是建立在自愿的基础上，交流中父母几乎没有对杨文杰发号施令。在父母面前，杨文杰没有什么不敢讲的，只要他愿意，父母就会像同事间探讨问题那样听他从头至尾地把事情说完。在杨文杰小的时候，父母听完他对某件事情的陈述后，会告诉他把这样的事情讲述更清楚、更简练的表达方式，当杨文杰大点后，父母只是就事论事地谈出自己的观点。他们从没有否认过杨文杰对问题认识过程中的观点，在琐碎的生活中，他们对杨文杰所施加的影响是自己对工作的兢兢业业、生活态度的严谨和努力进取的求知精神。

一般的父母都很重视孩子的学习问题，杨文杰的父母则很少过问。他们更相信通过自己的所作所为、一言一行，为孩子树立榜样，鞭策孩子求上进，不断取得进步的重要性，通过自己的具体言行，让孩子去体会作为学生对待学习的态度。

杨文杰的妈妈回忆起他们夫妇轮流出国或同时出国的那段日子时这样说："也许是我们在无意中创造了有益于孩子个性发展的生活和学习环境。杨文杰虽然是个独生子，但并没有享受到特殊的生活待遇，也没有从父母那里得到现在独生子女能得到的一切。而更多的时候是父母同时出国或轮流出国工作，留下他独立地生活。这样的家庭背景，无形中给杨文杰提供了一个要依靠自己去实现自己心中目标的生活环境。"

长期的学习和生活的独立，使杨文杰在心理上比同龄的孩子显得成熟，对事物的分析能力也强于班里的其他同学。杨文杰的妈妈介绍说：

小学期间他就表现出对学习非常重视，非常认真。没有父母陪伴的家庭生活是孤独的，但是杨文杰的心全部放在了书堆里，他在书中找到了寄托和安慰，只要有书他就没有孤独感。在广泛的看书学习中，他的知识范围在逐渐地扩大，知识的积累使他能从容地对待上课老师教的那些知识。

杨文杰上小学五年级的时候，他所在班级的老师接到中学招收少儿实验班的简章后，就向学校的领导极力地推荐杨文杰。杨文杰得知这一消息时并不理解少儿实验班的具体含义，只知道要通过考试才能被录取。很巧，杨文杰的母亲那一段时间正好回国，便带着杨文杰来到了少儿实验班的报名处。细心的母亲虽然对孩子的学习水平还了解得不具体，但是她在孩子学习的环境中看到孩子身边的图书内容就已经明白了孩子在学习上的努力程度。她没有给孩子提什么要求，也没有在孩子面前多说报考少儿实验班竞争激烈的困难，而是问孩子："你考不考？"当杨文杰对母亲说："试试吧。"母亲才在父母推荐的一栏中填写了自己对孩子的推荐理由。

经过筛选，杨文杰终于实现了自己的愿望，以10岁的年龄、小学五年级的学业水平，考取了中学的少儿实验班。

孩子考上了少儿实验班后，母亲又要出国工作了。刚入学时，由于杨文杰不够住校的条件，所以住校的申请没有被批准。在父母都出国工作的情况下，杨文杰每天自己料理生活，自己管理自己的学习。过了一段时间后，一次偶然的机会，老师发现他放学后并不急于回家，就随意地和他聊起来，这时才了解到他的特殊家庭情况，随后解决了他的住校问题。

住校后，他的学习时间更充裕了，与同学之间的交往也更多了。在小学阶段，他的学习能力和学习水平是没人能比的，到了少儿实验班后，就有些一般了。第一次摸底考试卷子发下来的时候，杨文杰都不敢相信拿在手里的卷子是自己答的，他从来没有得过这样差的成绩。然而他对自己始终充满信心，他认为，只要努力，自己在班里的情况是不会差的。父母在出国时给他留下的嘱咐是：你有现在的成绩是你自己努力换来的，你要想达到新的目标就还得继续努力。杨文杰看到身边的同学一个个不仅聪明好学而且还很努力，他就更不敢怠慢了。他除了认真利用时间掌握老师课堂上讲授的知识外，还尽可能地提前学习一些知识，做好预习。在自学中他不断地与同学交流，在与同学相互的学习中他的学习水平提高到了一个更高的层次。

少儿实验班 4 年的学习时间不算长，但他在这不算长的时间里学习到了同龄人要学习 7 年的知识。面临少儿实验班毕业，杨文杰开始了对人生的又一次选择。这次母亲有机会参加了一次家长会，会后很不好意思地对老师讲："孩子考大学的事请老师多操心。没有办法，我又要出国工作了。过一段时间，杨文杰的父亲就要从国外回来，遗憾的是我和他的父亲碰不上面，一切由老师做主。"面对报考志愿这样重大的问题，杨文杰参考老师的意见由自己做主报考了中国科技大学，这一年他刚好 14 岁。接到中国科技大学的复试通知时，他的父亲回国了，父亲陪他一起到合肥参加了少年班的复试，结果他如愿地考上了中国科技大学少年班。

我们从杨文杰的父母对孩子的信任这一案例中，我们可以看到，父母的信任对孩子有多么重要。就是因为信任，才培养了杨文杰的自信，使他奋发进取、积极向上，成就了人生。当然，这种信任，也意味着压力、鞭策和鼓励。这是触发杨文杰心灵的动力之源。

父母给孩子的最好礼物就是信任。因为信任，孩子感到自己在父母心中的地位；因为信任，孩子有了自主选择的权力；因为信任，孩子感到了自己的责任。同样，因为信任，孩子会相信自己，以后才会相信别人。可以说，成功的父母，是从信任孩子开始的。

日常生活中，我们发现，孩子对父母有特殊的信任，他们往往把父母看成是自己学习上的启蒙老师，德行上的榜样，生活上的参谋，感情上的挚友。他们也特别希望能得到父母的信任，像朋友一样和父母平等交流。他们认为，只有父母是最值得信任的，也是最真实、可靠的。

家庭教育中，父母的信任让孩子感到他们与父母处于平等的地位，从而对父母更加尊重、敬爱，更加亲近、服从，他们的心里话也乐于向父母倾吐。

这既增进了父母对孩子内心世界的了解，又使父母教育孩子更能有的放矢，获得更好的效果。

如果父母对孩子持不信任或不够信任的态度，就无法了解孩子的愿望和要求，孩子的自尊心和自信心也必然会受到伤害，他们对父母的信赖也势必减弱。这样，家庭教育的效果也会相应减弱。

有个女孩已经离开学校一年半，以前的同学将要进入初三阶段的学习，她却待在家里接受父母婴儿般的照顾。

追溯她的成长经过，发现她有一个非常幸福的童年，这种幸福的生活是她享用了爸爸妈妈的劳动资源获得的。因此，在万般宠爱的呵护中，她几乎丧失解决问题的能力，在升入初中的几个星期里，从与新同学的交往到适应新学校的环境，就把她累得晕头转向，无暇以对。后来，她干脆拒绝上学。

在与其父亲交流中获知，小学六年，这位女生都是在母亲迎来送往的保护中度过，尽管她们的家离学校只有 10 分钟的路程。但是，这位母亲根本不信任女儿可以自己与同学一起上下学，怕她穿过十字马路会被汽车撞倒，单独走路会被骗子拐卖……就这样担心到现在，真正让他们承受的是青春期的女孩，已经寄居在家荒废学业的痛苦结局。

父母信任孩子，做孩子的朋友，能够激发孩子内心的动力，让孩子体会到被尊重和认可的快乐。他们会在父母充满信任和友谊的目光与言语中，自己从摔倒的地方爬起来，一步一个脚印地走向成功，实现自己心中的理想。

不久前，在一次“给孩子最好的礼物”亲子征文大赛中，上海作者孙于蓝的文章《信任，父母给孩子最好的礼物》，让人读后很受启发——

当我还处在青春期的时候，我狠狠地对母亲说，你要信任我，如果你信任我，我会做得最好给你看，那时候，我十五岁。

十年后，当我硕士毕业，回头去看走过的十年的时候，突然想起青春期的那个细节。往事须臾，十年后的我现在拿着稳定的工资，有一个爱我的男友，等待着和他步入婚姻的礼堂。父母的信任，是给我最好的礼物。

我是个自尊心很强的孩子，到了读硕士的时候，每个月竟然也有了 3 千元到 4 千元的收入，这些都离不开母亲对我的信任。记得很小的时候，她和我说，钱是要一点一点积攒下来的，如果你不是很会赚钱，那么你只有好好存钱。

我是个大手大脚的孩子，上大学的前几年，每月拿着父母的几百块零花钱，加上学校的补贴，还有零星的稿费，生活无忧无虑。但是突然有一天，母亲告诉我，除了住宿费（硕士是公费的，不用出钱），我们将不再给你提供零花钱，如果你要用钱，那么，请你自己去解决自己的零花钱，我们很信任你。

我一愣，点了点头。不赚钱的时候，拿着父母的钱觉得自己很富裕；但是一旦断了经济来源，却发现自己好像找不到北了，怎么赚钱，去哪里赚钱，这些问题在我的脑海中纠缠了很久很久……

终于，我找到了自己的第一份工作——家教。老实说，我实在是一个懒惰的孩子，家离大学也就 1 个小时的车程。后来开通了地铁，本科时的一大半日子都在家里度过，身边的许多人都做家教，只有我，笃悠悠地吃遍了学校后门所有的小饭店。终于，在读研一的时候，我开始了我的家教旅程。

好在本科学的是师范，一开始我教的是中学语文，微薄的收入还是无法解决我平时的开销，只是孩子的笑脸和频频点头，让我觉得教师的心灵十分充实。突然有一天，我问自己，你除了教语文，还有什么其他特长？我是凭兴趣做事的人，本科的时候，我考过了英语口译，也通过了日语 2 级，两门语言的特长几乎渐渐被我忘却，突然，我恍然大悟，在一个偶然的机会下，我开始教起了外国人汉语，美国人、日本人、韩国人都成为过我的学生，我的视野渐渐被打开了，对外汉语的教学也让我的钱包渐渐丰厚起来。我发现，有的外国人不仅仅需要汉语学习，一些日韩国家的学生还需要英语辅导，而我的英语也不错，于是我又接下了教英语的任务……

教学是相长的事情，除了教书，我渐渐发现了自己的不足，由于以前讲课的经历不多，所以和人沟通的方式也要重新学起，日语和英语的学习尚有发展的空间，于是，我一边学着一边教着，渐渐地，我忘记了父母不再给我零花钱这件事，甚至偶尔也会买些礼物给爸妈，让他们有着小惊喜……

一眨眼，我终于要结束七年的大学生活了，也凭自己的能力顺利找到工作。在毕业典礼的晚上，我带着毕业证和学位证回家了，母亲交给我一个信封，打开信封的时候，我愣住了，信封上写着“零花钱”，里面是一张三万元的存折，母亲说：“这几年，我们都没有给你零花钱，但是每个月都帮你存了钱，现在，我们把零花钱交还给你。因为我们信任你，我们认为女儿会努力计划自己的人生，所以一横心，三年没有给你一分钱。我们的女儿果然没有让我们失望！”那时候，我的眼睛湿润了……

想起很多年前，我的那句大话，“你要信任我，如果你信任我，我会做得最好给你看”，父母的信任是给孩子最好的礼物，带着这份礼物，我信心满满地走入了社会，成为一名社会人。感谢父母，感谢他们的信任，让我在生活的道路上，越走越坚定！

正是父母的信任，让这位女孩自信地走向成功。

信任，也要言行一致。父母不能只是在嘴上对孩子表现出信任，还要表现在行动上，尤其对于那些学习成绩不理想的孩子，父母更要特别注意这个问题。因为任何孩子都希望自己是最棒的，有些孩子成绩上不去，屡遭挫折，心里很压抑，心情十分烦躁，他们多么希望父母说几句鼓励的话，以减轻心里的负担。如果父母不理解孩子此时的心情，偏要在孩子身边一遍遍唠叨此事，即使父母的用意是好的，但招来的也是孩子对父母的反感，而且会因此伤害孩子的自尊心，导致孩子自卑、怯懦、缺乏进取的勇气，甚至厌学。

相反，如果父母对孩子有足够的信任，即便孩子遇到了困难，他们也能够充满自信，积极发挥主观能动性，有效地进行自我调整，把困难转化为促进自己努力进取的动力。这不仅有利于激发孩子的学习兴趣，保持良好的学习情绪和心理环境，提高孩子的学习效率和学习成绩，同时也锻炼了孩子的自主性、创造性以及对自己和他人负责的能力。

作为父母，如果还没有和孩子建立起平等、互相尊重的朋友关系，双方不妨现在就坐到一起，开诚布公、推心置腹地进行沟通和交流，把彼此的想法告诉对方，这样才会更好地消除隔阂，化解代沟。这样父母慢慢就能体会到，和孩子做朋友是一件非常有趣、快乐的事情。

其实，对一个孩子的信任，就像相信一颗种子一样，只要给它水分，一定会开出花朵，结出果子。要知道，相信是一种生命状态。我们要相信孩子是一颗种子，相信孩子一定会按照一定的自然规律去发展，就不会那么焦虑并把自己的焦虑传导给孩子，就会让孩子去发展自己。如果我们不相信孩子会长成一个成人，扭曲的观念会渗透到孩子的教育中，破坏他们的自然发展，使他们的身心受到伤害，甚至为他们带来一生的痛苦。

## 三、培养孩子坚强的意志品质

众所周知，坚强的意志是人们在从事有目的活动中排除干扰、克服困难、战胜挫折、抵制诱惑、实现人生远大目标的重要保障。居里夫人说："人如果没有毅力，将一事无成。"意志薄弱的人，大多贪图安逸，只讲享受，不能吃苦，不想付出辛劳。他们做事无恒心，往往浅尝辄止，遇到困难、挫折，就灰心丧气，于是就退缩、逃避。有的不能坚持到底，或半途而废，或功亏一篑，都以失败告终。有的受失败的打击，走向人生的低谷，或一蹶不振，或沉沦或轻生。

人生就像一座高山，需要坚强的意志带领我们登上山峰。古人曰："锲而不舍，朽木不折；锲而舍之，金石可镂。"可见，坚强的意志对于人生有着极大的作用。莎士比亚曾经说过："我们的身体就像一个园圃，我们的意志就是这园圃的园丁。无论我们插蓖麻，种莴苣，栽下牛膝草，拔起百里香，或者单独培育一种草木，或者把全国种得万卉纷呈，或者让它荒废也好，或者把它辛勤耕耘也好，那权利都在于我们的意志。"也从某种角度上说明了人生需要坚强的意志。

人生之路到处布满了荆棘，有着各种各样的挫折。如果没有坚强的意志，永远无法获得成功；而一个意志坚强的人，即使遇到挫折和失败，也不会停下来，他也因此获得了真正的人生，从而走向成功的彼岸。

让我们来看看古代"学弈"的故事：两个孩子一块儿听老师讲下棋的知识，两个孩子都很聪明，但是听讲情况大不相同。一个专心致志，只听老师讲解，任何事情也干扰不了他；而另一个心里总想着有大雁从天空飞过。想着用箭把它射下来炖肉吃。结果，前一个学得非常出色，后一个学得稀里糊涂。同样是聪明的孩子，为什么出现两种结果？是意志品质不同。前一个孩目的明确，自觉性强，自制力强，能够坚持到底。

随着生活条件的不断提高，再加上独生子女的增多，现代家庭中的孩子往往娇生惯养，意志薄弱，主要表现是娇气：吃东西挑挑拣拣；稍微不舒服就不上学；经常找借口逃避体育课；做一会儿作业就喊累；一遇到困难就退缩；干点儿家务就嫌脏怕累；受点儿委屈就哭鼻子；做事没有坚持性，常常半途而废；自己控制不住自己，自制能力差。这些都与家教方式有着密切的关系。如果只从意志坚强与否这一方面来看，一般来说，农村孩子要强于城市孩子，穷人家的孩子要强于富人家的孩子，多子女家庭的孩子要强于独生子女，残缺家庭的孩子要强于完整家庭的孩子。

意志品质不是天生的，主要靠后天的教育培养。一个小孩子，幼儿和小学低年级会表现出意志品质的初步状态。小学三四年级开始，意志品质的各个因素发展很快。因此，必须从小抓紧意志品质的培养，一点儿也不能放松。

如果我们仔细观察周围，就不难发现，社会上那些成功的人士，都具有坚强的意志，而一个内心脆弱、经不起挫折的人，是很难取得大的成功的。因此，从小培养孩子坚强的性格，孩子在成长的过程中，就能比一般人更有勇气去迎接困难，挑战困难，战胜困难。

1944 年，在德国的某个农庄，一个婴儿刚出生 3 天，就从罗马尼亚传来了他的父亲战死在前线的消息。年轻的母亲几乎被打倒了，是孩子的啼哭让她从绝望的边缘站了起来。她抱紧孩子，决定不管生活多么艰难，都要把孩子抚养成人！

孩子是这个苦命母亲的全部希望。在经济极端困难的境况下，母亲找了一份当清洁工的工作养活儿子。那时，经常有法院的人来拘捕欠资的人，其中也包括这位不幸的母亲。

一天，已经 10 岁的小男孩站在家门口，看着母亲又被人强行带走，就高声地喊着："妈妈，总有一天，我会用奔驰车去接你回来！"

这个小男孩做到了。他在恶劣的生存环境下，成长为一个坚强而有力量的男人，并一步一步地朝前走，直到坐上了德国总理的宝座。

这个小男孩就是今天家喻户晓的德国前总理施罗德。

每个人的成长经历都不一样，有的人顺利，有的人经历九死一生，但不管这个过程到底是平坦还是崎岖，一个人的地位和身价更多地取决于他是否有坚强的性格，是否有一颗百折不挠的心。

在孩子成长的过程中，如果父母对孩子一味溺爱，处处充当"保护伞"，这样孩子就会变得娇生惯养，依赖性就会越来越强，在挫折和困难面前就会手足无措。因此，我们可以这样说，过分庇护孩子，从表面上看是爱孩子、关心孩子，实际上是害了孩子，因为没有经过磨难和挫折的孩子，有可能永远长不大，当他们的抗挫力为零，没有坚强的意志和毅力时，他们独立生活的能力也会为零。

生活中，那些注重培养孩子坚强性格的父母，本身也大多是意志坚强的人，而孩子在父母良好言行的影响和好的教育方式的正确引导下，也会成为一个意志坚强的人。

居里夫人是著名的科学家，整天沉浸于繁忙的研究工作中，但是她丝毫没有因此而放松对女儿的教育，特别是在培养她们坚强的意志方面，居里夫人颇费心思。为了培养孩子坚强的性格和顽强的意志，在第一次世界大战爆发后不久，居里夫人就把大女儿带到战争前线救护伤员，哪里最危险，哪里就有她们母女的身影。1918 年，居里夫人又要两个女儿留在正遭到德军炮击的巴黎，并告诉她们在轰炸的时候，不要躲到地窖里去发抖。

在居里夫人的言传身教和正确引导下，她的孩子也都成长为意志坚强的人，而且坚强的性格对她们的事业有极大的帮助。后来，居里夫人的大女儿也像居里夫人一样，在科研的道路上，凭着坚强的意志，取得了巨大的成绩，并获得了诺贝尔物理学奖。

由此可见，成功者之所以成功，很大难度上取决于他们具有坚强的性格。

那么，父母如何培养孩子坚强的意志呢?

从小事入手，给孩子独立锻炼的机会。根据孩子的年龄特点、智力、能力的发展程度，鼓励、培养孩子自己动手的习惯，引导孩子独立完成力所能及的事情。逐步培养孩子战胜困难的信心。当孩子表现出独立行为时，哪怕是微小的一点儿进步，父母也应及时给予鼓励，使他们看到自己的成绩，树立起“我也能行”的信心。

摸清孩子意志品质方面的薄弱因素，有针对性地采取教育措施。每个孩子都有一定的意志力，只是强弱不同，如果具体分析，其强弱的具体环节不一样，要从孩子实际出发，找准弱点。比如那些做事情虎头蛇尾的孩子，看起来很让人头疼，却能够很快确定目标、确定行动，而弱点在于坚持性和自制力上。对待这样的孩子，在确定目标之后，要打预防针，提醒他一旦干起来，就要克服困难坚持下去。在行动过程中，则要帮助孩子正视困难、克服困难，加大自我管理的力度，不断地激励他。在接近目标时，尤其要讲“行百里者半九十”的道理。有几次这样的过程，孩子的薄弱环节就会得到扭转。

要求孩子凡事都要坚持到底，要干就要干好，直到成功。父母不可溺爱、娇惯、放纵孩子。无论做什么事情，如果不能坚持到底，只能半途而废、难以成功。不能坚持往往是使孩子丧失意志的根本，对于意志薄弱的孩子，父母尤其应当注意帮助孩子克服。培养孩子坚强的性格，是一个被很多父母忽略的问题，因为他们认为“坚强”二字只适用于成人的世界，而孩子只要成绩好，爱学习就行了。其实，有这样的认识是不正确的。坚强的性格不应只属于成人，也应该属于孩子。在孩子的世界里，他们同样要面临很多困难与挫折，如果没有坚强的性格，那么孩子就很难有与困难、挫折做斗争的勇气。

意志的自觉性，作为意志品质中最首要的因素，其最根本性的东西，就在于确立目标，任何合理可行的目标都是由意志的自觉性提出的，那么对孩子进行确立目标的培养就显得尤为必要。目标的合理可行，是要考虑到客观环境和主观意识等多方面因素的，它不同程度地受着来自于各个方面的制约，所以我们必须教给孩子科学的世界观、人生观和价值观，才能使孩子正确地确立目标，找到正确的奋斗方向。只有帮孩子树立起正确的“三观”，才能使孩子正确处理好个人利益与集体利益、眼前利益与长久利益之间的关系，使孩子拥有更崇高的理想并鼓舞他们奋发向上。在这一方面，可以通过培养孩子的行为动机，从小处着眼，帮助他们找到奋发向上的理由等方式来鼓励孩子确立起自己的目的。要注意的是，这里所说的是帮助他们找到理由，而不是给他们创造理由，这两种方式绝对是两个概念：前者是尊重孩子的意志，承认他们的意愿，能保护他们强烈的热情；后者是通过我们的主观意识决定而强加给孩子的，这也许并不是他们的初衷或者根本与他们的意愿背道而驰，这样极有损于孩子自我意志的发展。

不妨多创设模拟些情境，使孩子在实践中获得真知。这些情境模式，可以是我们虚拟出来仅供孩子练习使用的，也可以是真实发生的问题状况而故意把决策权交到孩子手上的。总之，让孩子去想去做，多想多做，让他们自己见证自己的决策及结果，才能使他们在思维定式和开创新思路之间，找出和谐统一的点，开辟出一条适合于自己的道路。

加强孩子的耐力和毅力培养，保持他们坚韧不拔的拼搏精神，踢碎挡路的绊脚石。耐力强调持久，毅力强调坚定，二者相结合，必定是无往不克的。耐力是衡量一个人长时间坚持某件事的指标，是对身体素质和意志精神的双重概括。身体素质上的耐力，可以使孩子在人生的拼搏与奋斗中有一个坚实的身体基础，这是承载生命最基本的东西；意志精神上的耐力，则关乎着孩子在人生拼搏与奋斗中的精神信仰，决定着他们在精神层面所能前行的距离。毅力是一个人的“心理忍耐力”，是指人在面对挫折与困境的时候所能承受的压力，强大的毅力能保证人不会在面对恐惧和冷漠、感到沮丧和失败时不会被巨大的压力所击溃，一鼓作气地奔向成功。

## 四、尊重孩子的选择

孩子的成长需要一定的空间。培养孩子的独立自主的能力，父母要尊重孩子的选择，放手让孩子去做。

虽然孩子是父母生命的延续，但是，他们更是他们自己。让孩子长成他们自己的样子吧。

1996 年，美国有一位身无分文的青年，他特别看好电子商务，并下决心在这个领域发展自己。那么资金的问题如何解决呢？他首先想到了父母，当时他父母有 30 万美元的养老金。当他向父母说明了他的用意后，他的父母只商量了一会儿，就把钱交给了儿子，并说道："我们对互联网不了解，更不知道什么是电子商务，但我们了解、相信你——我们的儿子！"这位青年就是当今个人财富达105亿美元、大名鼎鼎的亚马逊书店的首席执行官——贝索斯。

不能说贝索斯的成功完全归功于他的父母，但他父母所起到的作用确实非常重要。除了先期的资金支持外，更为重要的是他们对贝索斯的信任以及给贝索斯带来了无穷的精神力量。

为人父母，总是希望孩子成才，在激烈的学习、工作竞争中有一席之地，这都是人之常情。正是出于关心孩子，不少父母处处"戒备"，这也不行、那也过问，结果往往引起孩子的逆反心理，可谓事倍功半。

巴甫洛夫是俄国生物学家。当年，巴甫洛夫打算放弃神学改学生理学时，父亲并没有因为儿子违反自己的初衷而斥责他。相反，父亲十分尊重他的兴趣与新的选择。

"你在教会学校毕了业再转学吧！"父亲建议说。

"我不能浪费时间了，爸爸，我有很多事情急需知道。"巴甫洛夫低声而肯定地回答。

"你急需知道些什么呢？"

"我特别想知道，人体的构造是怎样的。"

"你想当医生，是不是？"

"不是。"巴甫洛夫摇摇头。

"那你为什么要知道人体的构造呢？"

"为了帮助人。为了使人类变得更健康、聪明而又幸福。"巴甫洛夫热烈地回答。

"你很有胆量，你的想法更是勇敢。你能实现你的理想吗？"父亲关切地问。

"我已经下定决心了，爸爸，我会下苦功夫的。"

父亲明白儿子的话是经过深思熟虑的，于是立即站起来，高声说："好吧，我祝你成功！"

一个穷教士家庭培养出了科学巨人！除了重视文化教育外，更重要的是尊重孩子的兴趣，因为"热爱才是最好的老师"。

父母要相信孩子能够分辨是非，在信任的基础上，融洽的关系就容易建立，开展持续健康的家庭教育就有很好的保障。

很多年前在美国的一所大学，有个学生突发奇想，决定退学创办一家软件公司，与他一起中止学业的还有他的一个同学。很多年过去了，这个异想天开的学生成了世界首富，他所创办的微软公司也成为拥有市值三千亿美元的上市公司。他就是大家所熟悉的比尔·盖茨。

现在大多数的父母对孩子不是不关心，而是关心太多。孩子参加高考，父母诚惶诚恐。孩子填什么志愿，考哪所院校，选择什么专业，父母无不参与。更可笑的是父母总喜欢把自己的意愿强加给孩子。做父母的如此这般煞费苦心，孩子却未必领情。而有些父母就比较聪明，管一阵子后便“由他去”，倒是收到意想不到的效果，孩子不但按父母说的做了，还会教别的孩子这样做。这是教育的艺术。

有位为富不仁的富商积累了相当多的财富，但是其恶名早已远播，几乎所有人都知道他的奸诈与吝啬，也因如此，镇子上没有人看得起他。他为此苦恼不已，每日寻思如何才能得到众人的敬仰。某天在街上散步时，他看到街边一个衣衫褴褛的乞丐，心想机会来了，便在乞丐的破碗中丢下一枚亮晶晶的金币。谁知乞丐连头也没抬起来一下，仍是自顾自地捉虱子。富翁不由得生气起来：“你眼睛瞎了？没看到我给你的是金币吗？”乞丐仍是不看他一眼，答道：“给不给是你的事，不高兴可以要回去。”富翁大怒，意气用事起来，又丢了十个金币在乞丐的碗中，心想他这次一定会趴着向自己道谢。却不料乞丐仍是不理不睬。富翁几乎被气得要跳了起来：“我又给了你十个金币，你看清楚，我可是有钱人，好歹你也尊重我一下，道个谢你都不会吗？”乞丐伸了个懒腰，懒洋洋地回答：“有钱是你的事，尊不尊重你则是我的事，这是强求不来的。”富翁急了：“那么，我将我的一半财产送给你，能不能请你尊重我呢？”乞丐翻着一双白眼看他：“给我一半财产，那我不是和你一样有钱了吗？为什么要我尊重你？”富翁更急起来道：“好，我将所有的财产都给你，这下你可愿意尊重我了？”乞丐大笑：“你将财产都给我，那你就成了乞丐，而我成了富翁，我凭什么来尊重你？”

故事中这个睿智的乞丐可谓是字字珠玑，不因他人的附加价值来衡量人的品行，同时也道出了尊重的真谛——你有什么是你的事儿，尊不尊重你，是我的事儿。尊重，不是金钱能够买来的。

尊重自己的选择，是对自己人生最大的负责，一个连自己的选择都不能贯彻到底，从一而终的人，即使再有头脑，再有能力，在生活中，在通往成功的道路上，在面对问题和选择时，都将成为徒劳。因为尊重同信任一样，人首先要学会尊重自己，才可能赢得他人的尊重。

尊重孩子，一定要先学会接纳孩子，包容他们的不足。如果您总感觉到孩子的不足或者对孩子失望，那么首先就有必要反思一下自己，看看自己是不是本身就对孩子带有一种批判的眼光，无时无刻不在挑孩子的错误。如果有的话，请马上放下有色眼镜吧，因为这种批判性的眼光会使您过多地指责孩子，同时也会使孩子感到巨大的压力存在。

孩子也是具有不可随意损坏的人格的，批评孩子要注重方式和方法，就事论事，尽力保全孩子的面子。在孩子犯错误时，我们批评指责的时候，要尽量控制在没有外人在场的情况下进行，保证孩子的名誉不会受到损害。除此之外还要针对错误的本身而进行指责，不可扩散到孩子身上。比如在批评孩子时说“这么简单的事情都做不好，你这个笨蛋”明显就没有“你今天所做的事情很糟糕，令我很不愉快”可行有效。

要尊重孩子的合理选择。只要是合理的选择，在可以被允许的范围内，都是应该给予同意和尊重的，而孩子也会同时感受到来自于父母的尊重。父母也可以直接提出一些合理性的选项来供孩子选择，然后同意他们的答案，孩子也会从中感受到父母的尊重。比如我们可以问孩子：“你觉得今天穿什么样颜色的衣服会更好看呢？”这样的问题，所给出的任何答案都是在可行范围内的，也就必然存在合理性和可执行性，所以父母完全可以无条件地给予孩子批准和肯定。

在某些时候，孩子的选择判断并不是准确和科学的，甚至可能造成非常严重的后果，这时候就必须由父母来立刻阻止他们继续坚持选择和付诸行动，并要求他们无条件地服从自己的判断选择。父母在这种紧急情况下的制止行为，一般都会表现得过于武断独裁，会使孩子非常不愉快，感觉父母侵犯了他们，对他们不够尊重，但事实上并非如此，如果您不想让孩子误解您的好意，请向他们解释说明吧。

尊重孩子对于养成孩子的健康人格是非常重要的，但是必须注意的是，尊重孩子的选择并不是一味地、无条件地妥协尊重，如果对他们的无理要求和错误的选择也为了表现尊重而尊重的话，这就不能称之为尊重了，而是放纵，是对孩子的不负责，也是对我们自己的不负责。

# 第 8 份礼物：一套有效的规则

## ——家庭教育中最关键的准则

俗话说："无规矩不成方圆。"父母为孩子制订合理的规则，立出合理的界限，是将孩子培养成可方可圆的"大器"的关键之一。

树木要长成可用之材，需要园丁时常修剪。教子如育树，要使孩子成材，也离不开父母的修修剪剪。而规则，就是修剪的标准。因此，有效的规则是家庭教育中最关键的准则。

## 一、用规则给孩子成长设定界限

对家庭来说，规则叫作“家规”；对学校来说，规则叫作“行为规范”；对单位来说，规则叫作“制度”；对社会来说，规则叫作“法律”。一个没有“规则意识”的人，在家里就会以“自己的意识”为行为准则，这样的孩子在学校不愿意按照行为规范去行事，在单位不愿意遵守制度，在社会上不愿意遵守法律！也许，在家里没有规矩父母还能够容忍，但如果不遵守法律，“国家机器”是不会容忍的。因而，父母要从小培养孩子遵守规则的意识。

有些父母不愿意为孩子制定规则，因为他们太爱孩子，不希望孩子因为有规则而感觉到被控制。有些成人总是从自己的角度来考虑问题，认为自己受他人强迫和约束的感觉很糟糕，由此推及孩子，以为孩子面对这种情况也是同样的感觉。但是父母应该明白的是，孩子的心智等各方面还不是很成熟，在很多时候是很乐意听父母管教的。

父母必须为孩子定规则、立界限的原因有很多，最重要的原因是规则会帮助孩子发展对自身行为的控制力。“小树不剪不成材”，孩子的自控能力也是从被控制中发展出来的。所以孩子需要把父母对自己的要求转化为自我要求才能获得自控能力。随着时间推移，对孩子行为的控制则由外部（由父母或者其他成年人提出的规范）转移到内部（孩子的自我要求）。

有两个同样 9 岁的孩子，在拜访朋友家的时候，一个孩子能够安静地坐在餐桌旁，吃完饭后说一声再起身；而另一个却做不到。其原因很可能是第一个孩子在家里一直就被父母要求这么做，养成了好习惯；第二个孩子的父母并没有给他制定这方面的规则。换句话说，孩子从父母那里得到的规范会形成他对自身的规范。

奥巴马夫妇曾对两个女儿——当时 10 岁的玛利亚和 7 岁的萨沙制定了几条看似简单，但操作性极强的家规：

1. 不能有无理的抱怨、争吵或者惹人讨厌的取笑。

2. 一定要铺床，不能只是看上去整洁而已。

3. 自己的事情自己做，比如自己冲麦片或倒牛奶，自己叠被子，自己设置闹钟，自己起床并穿衣服。

4. 保持玩具房的干净。

5. 帮父母分担家务，每周 1 美元。

6. 每逢生日或是圣诞节，没有豪华的礼物和华丽的聚会。

7. 每晚 8 点 30 分准时熄灯。

8. 安排充实的课余生活：玛利亚跳舞、排戏、弹钢琴、打网球、玩橄榄球；萨沙练体操、弹钢琴、打网球、跳踢踏舞。

9. 不准追星。

美国总统奥巴马在芝加哥的时候，有时会用小奖励的方式鼓励女儿做家务，当女儿每周完成她所做的家务事后，奥巴马会给女儿 1 美元的奖励。女儿要做的家务事包括自己整理床被、摆好餐桌的餐具、吃过饭洗碗、清理游戏室、将玩过的玩具摆放好等。即使在白宫，奥巴马的两个女儿也必须自己整理床铺、设定闹钟。奥巴马夫妇认为从小养成自力更生的习惯可以让她们长大后不至于以为一切都是理所应当的。制定清晰而一致的规则，可以培养孩子的责任心和明辨是非的能力。规则是很有用的，但是还要保持一定的灵活性，允许有理由的通融。玛利亚和萨沙知道，她们的意见会被考虑，但这并不意味着她们在所有事情上都有平等的发言权，并且她们也不应该有。

经历军训的人都知道，那方如豆腐块的被子形状是足以让人心底纯净的。你大可以将被子卷起堆在一角，它不会影响你的起居生活，但如果从小就没有洁身自好的品性，将来如何自重、自爱？对于女儿，这是尤其需要培养的。在富养女儿的时代，也许我们都要有奥巴马的清醒意识，别培养个懒丫头，世上只有懒女人，没有丑女人。真是个懒丫头，也就是个丑丫头了。所以富养的同时要记住让她自己学会整洁。当然凡事都是要有度的，真要像《红楼梦》里的妙玉那样，也过于洁癖了。

奥巴马夫妇认为，从小处着手，有助于培养孩子的责任感和自觉性。培养孩子健康的生活方式，不等于扼杀孩子的自由和爱好。在不越界的情况下，孩子可以做自己喜欢的事。

孩子不是生来就具有自我管理的能力。只有当父母要求他们遵守已经制定的规则，期望他们有正确的行为，对他们能做什么、不能做什么设立界限时，孩子才能培养出自我管理的能力。

不要担心孩子会因为规则的限制和约束感到压抑。为孩子立规则、定界限是父母的重要职责，也是父母必须掌握的关键点。

有些父母不够严格，这通常是出于两个原因：第一，父母在执行规则的时候，孩子总是抵抗，此时放弃规定要比说服他们遵守规定容易得多；第二，父母受不了孩子长时间和父母怄气而妥协。但是无论是什么原因，在规则面前对孩子妥协，让孩子占了上风，就会产生不良的后果：第一，孩子会慢慢认为，只要他坚持哭闹、哀求、生闷气，父母最终会妥协，于是，只要遇到他想做的，就会用这种方法来迫使父母同意；第二，妥协会让孩子认为父母的规定并不重要。父母必须让孩子知道，某条规则是因为对他的成长很有帮助才制定的。因此，只要制定了规则，就必须要严格执行。

在孩子成长的每一个阶段，父母都要为孩子制定规则，并要求孩子遵守规定。但是，你会发现，孩子在每个阶段都会尝试突破这些规定。经常会出现这样的情况：如果你不让婴儿爬出规定的范围，他就会哇哇大哭；如果刚学会走路的孩子到了超市但你不给他买东西吃，他就会在收银台前哼哼唧唧；学龄前儿童会抱怨你约束他看电视；青春期的孩子则会什么事都和你争辩一番。但是负责任的父母不能因为孩子的哭闹和暂时的抱怨而妥协让步。为人父母的职责之一就是要保证孩子做那些对他们有利的事情，因为父母比孩子更理智，考虑问题更全面。所以，只要你的规则定得合理，就要严格执行。

父母都不希望自己是孩子眼里的独裁者，说什么就是什么，不管对错都要执行。所以，给孩子立的界限一定要公平合理。公平合理，即制定的规则适合孩子的年龄，在孩子的不同年龄阶段，灵活调整规则的内容。所以，要经过深思熟虑，制定符合孩子年龄特征、有一定目的的规则。父母要经常检查给孩子定的规则是不是依然合理。当孩子长大了，规则就不再适用。比如，孩子小的时候你要求他放学之后立即回家；但他大一些，可以自立的时候就应该放宽限度，因为放学后他想和小朋友一起玩耍一会儿，就可以回家稍微晚点。在合适的时机改变规定，会给孩子展示你的规定建立在公平合理的基础上，表明这不仅仅是父母说了算。这一点很关键，因为孩子只有觉得公平合理，才能心甘情愿地遵守执行规则。

在给孩子立规矩的时候，一定要让孩子参与制定，更要简单易懂，信号明确。之所以让孩子参加家规的制定，是为了避免他们有被逼迫的感觉，产生抵触规则的情绪，而且有些时候，他们的建议是很实际很适用的。立规矩时还必须要遵守的原则是简单易懂和信号明确，小孩子的理解能力和自我控制力都比较弱，如果制定了复杂难懂的规矩，他们非但遵守不了，甚至连规则的内容具体是什么都可能不知道，所以，简单易懂、信号明确都是为了保证孩子能够比较容易地理解并遵守规则，有令则行，有禁必止。

如果孩子们在执行定制的家规、恪守着每一则条款时，却看到爸爸妈妈为所欲为，他们会怎么想？是的，他们只能觉得这家规只是针对他们、为他们量身定制的单向条款，长此以往，您还能指望孩子严格执行家庭中的规则吗？那么为了让孩子消除这种心理，最好的办法就应该是父母以身作则，树立榜样的力量。先从父母自身做起，认真遵守家庭规则并长期遵守，给孩子立一个标杆，让孩子学着遵守家庭规则。可以尝试从一些家庭生活中的一些小习惯入手，如按时作息，卫生习惯，礼貌习惯等，要求孩子做到的，自己先要做到、做好；在社会生活中的要求，如交通规则等，父母在带孩子出行时就要自觉遵守，讲公共道德，遵守公共场所秩序，以自身行为去影响孩子。

小测试

## 您的孩子自控力如何

以下 1 ～ 12 题认为“是”记 1 分，认为“否”记 0 分；13 ～ 20 题认为“是”记 0 分，认为“否”记 1 分。最终得分相加与答案对照。

1. 孩子碰触烫的东西能很敏捷地缩回手。
2. 孩子的四肢能够伸展自如，不僵硬。
3. 对于孩子熟悉的任务，孩子能很快地完成。
4. 在游戏活动中，孩子身体表现很灵活。
5. 在很饿的情况下，孩子也能等家人都坐好了再一起吃饭。
6. 孩子宁愿放弃一部分玩的时间来多学一种乐器。
7. 孩子能够保持较长时间地思考一个问题。
8. 跳舞时，孩子的动作很协调。
9. 对于较难的问题，孩子会花更多的时间去思考，然后再动手做。
10. 做作业时，孩子总是想清楚了再动笔。
11. 孩子基本每天都觉得很高兴，情绪比较稳定。
12. 面对一个难题，孩子能很快做出解答。
13. 看到别的伙伴有新玩具，孩子一定要父母也给买一个。

14. 孩子玩耍时通常一直玩到累得筋疲力尽为止。
15. 吃饭时孩子总是先把自己喜欢的吃完，最后剩下很多不喜欢吃的饭菜。
16. 孩子生气时，常常忍不住发火。
17. 父母如果不答应孩子的要求时，孩子常常会大哭大闹。
18. 孩子认为花时间学知识，是为了得到父母的表扬。
19. 当有两样东西孩子都喜欢但只能选择一样的时候，孩子会很难做出选择。
20. 孩子一高兴起来就很难平静下来。

## 答 案 （仅供参考）

◆ 16～20分

孩子自控能力非常强，大脑发育水平很好。孩子具有很好的控制自己的行为、情绪以及认知活动的能力。

◆ 11～15分

孩子具有较好的控制自己的行为、情绪以及认知活动的能力。孩子具有很好的运动能力，可以完成一些精细运动；具有很好的情绪控制力，能很好地控制自己的情绪，不会出现过分偏激的情绪体验；具有很好的思维控制力，能够准确地估计出自己完成一项思维活动所需要的时间或步骤，具有比较成熟的自我控制力。

◆ 6～10分

孩子较为缺乏控制自己的行为、情绪以及认知活动的能力。孩子可能是较为缺乏高级活动的能力，不能很好地完成一些精细运动；或是较为缺乏情绪控制力，不能较好地控制自己的情绪，有时可能会大哭大闹，产生偏激情绪；或是较为缺乏思维控制力，不能比较准确地估计出自己完成一项思维活动所需要的时间或步骤。

◆ 0～5分

孩子缺乏控制自己行为、情绪以及认知活动的能力。孩子或是缺乏高级运动的能力，不能完成一些精细运动；或是较为缺乏情绪控制力，不能控制自己的情绪，经常大哭大闹，产生偏激情绪；或是缺乏思维控制力，不能估计出自己完成一项思维活动所需要的时间或步骤。

## 二、给孩子定规矩是父母的天职

自从家里的“小宝贝”学会走路，能和爸爸妈妈对话之后，他们就变得越来越没有组织和纪律，越来越“没规矩”了。

父母也渐渐发现，“没规矩”的孩子都有一种特殊的本领，那就是给父母制造麻烦。小家伙总是说话没大没小，还经常和同龄的小朋友发生“肢体冲突”；他们不爱干净，就像一只脏兮兮的“小花猫”；他们也不爱学习，总是把老师惹得火冒三丈；他们甚至会在好奇心的驱使下，把自己吃饭用的勺子扔进马桶里……父母永远无法像天气预报那样，准确地预测孩子下一秒钟又会做出什么让人头疼的举动。父母为此伤透了脑筋，在为孩子的“没规矩”行为“埋单”的同时，也在考虑是否应该让自家的“小淘气”学点规矩了。

没有规矩，如何能成方圆呢？也许有的父母正在努力尝试，希望自家的孩子从小就学会说“请”“谢谢”等礼貌用语，希望自家的孩子能和其他小朋友和睦共处，并且懂得分享和谦让。然而，当父母一次次的努力付之东流之后，才发现给孩子定规矩并不是简单的“1+1=2”。面对这种情形，大多数的父母都选择了放弃，他们将希望寄托于未来，总是用“孩子长大自然会明白这些规矩”来自我安慰。父母的这种“乐观”思想，当然不值得提倡，因为孩子的智商、情商都是在幼年时期发展起来的，规矩意识也是如此。

如果一个孩子没有在年幼的时候形成良好的规矩意识，那么必然会对孩子将来的成长和发展造成障碍，也必然会给父母及周围的人带来诸多的困扰。

3 岁的王晓宇就是这样一个“没规矩”的孩子。他长得像个小天使似的，十分惹人喜爱，但他却是家里的“小淘气鬼”。

平时，王晓宇最大的“爱好”就是拿着画笔乱画，客厅的地板和墙壁上经常留下他的“大作”，父母也常常为此大发雷霆。然而，当王晓宇听到父母愤怒地喊“停”时，只是疑惑地看了看父母，然后在回复一个灿烂的微笑之后，又继续埋头自己的创作。

父母感到十分无奈，他们不止一次地向王晓宇解释，虽然他画得很漂亮，但是画画的地方选错了。可是淘气的王晓宇根本不把父母的话当成一回事儿。

王晓宇不仅在家里为所欲为，在幼儿园里也是一个人见人怕的“捣蛋分子”。不管是在课堂上，还是自由活动时间，幼儿园的老师总是很警觉地注视着王晓宇的一举一动。因为他常常会用拳头“突然袭击”跟他年纪相仿的小朋友，偶尔还会咬人。对于自己喜欢的玩具，王晓宇通常不需要经过别的小朋友允许，就“自觉”地抢过来玩耍，有时候弄坏了，连一句“对不起”都没有。正因为如此，王晓宇的父母时常会接到幼儿园老师打来的“投诉”电话，或者说王晓宇不遵守课堂纪律，或者说王晓宇咬伤了其他小朋友……总之，只要幼儿园里有“不和谐”的事件发生，肯定和王晓宇脱不了关系。

王晓宇的父母也很揪心，一方面，他们希望王晓宇能够自由自在地成长，不要有太多的束缚和限制；另一方面，他们又为王晓宇“没规矩”的行为而苦恼。事实上，他们也曾经尝试过给王晓宇制定一些规矩，只是没有起到什么好的效果，后来便放弃了。现在，他们最大的心愿就是王晓宇快快长大，明白事理就不会这样没规矩了。然而，王晓宇父母真的能够达成所愿吗？

我们都知道，规矩和秩序是社会公共生活中的基本准则。如果一个孩子没有从小养成良好的规矩意识，那么他就不会明白自己行为处世的界限，也不知道如何自律、如何对自己的情绪和行为负责。没有规矩不成方圆，给孩子制定规矩是父母的职责。可是，现实中的许多父母都像上面故事中王晓宇的父母那样，为了孩子的成长“自由”，却忽视了规矩意识的培养。父母可能并不知道，缺乏规矩意识会给孩子的成长带来诸多负面影响，甚至会影响到孩子将来的学习、工作，乃至一生的幸福！

父母都是爱孩子的，可是如果只知道一味地“疼爱”，却不忍心去管教孩子，这样的父母也是不称职的。人们常说“养儿不教是为贼”，管教孩子是父母的职责，永远也不可推卸。正是因为爱孩子，所以父母才更应该去管教孩子。管教和制定规矩都是出于父母的拳拳爱意。

规矩意识的养成并不是一蹴而就的事情，也没有统一固定的是非界限，那么父母应该如何在生活中培养孩子的规矩意识，使孩子的个性与社会相融合呢？

帮助孩子理解规矩。父母要培养孩子的规矩意识，首先应该让孩子懂得为什么需要这样一条规矩，它与我们的生活有着什么样的联系，它能够给我们带来什么样的益处。父母可以和孩子一起玩捉迷藏的游戏，告诉孩子不可以偷看，必须将眼睛蒙上，待在一个指定的地点。如果孩子私自偷看或者离开指定地点，父母就可以借机告诉孩子：不遵守规矩，游戏就不能够顺利进行！以这样的方式让孩子理解规矩，比一味地灌输或者强制制定规矩更容易让孩子接受。

科学合理地给孩子制定规矩。父母在给孩子制定规矩的时候，千万不能“一手包办”，而应该尊重孩子的个性发展，让孩子获得充分的自由和被尊重的权利。父母可以给孩子一定的“发言权”，让他们将自己认为“正确”的规矩提出来，然后通过讨论，制定简单易行的规矩。比如孩子经常吃饭不认真，父母就可以通过讨论让孩子知道粮食的来之不易，以及吃饭不认真的“危害”，从而制定规矩：吃饭的时候一定要认真，不要把米饭撒到餐桌上。这样制定规矩，不仅保证了父母与孩子的愉快互动，还增强了孩子对规矩的认识和理解，提高了孩子的自觉性。

和孩子一起遵守规矩。我们时常听到一句话：“父母是孩子的镜子，孩子是父母的影子。”在日常生活中，父母的一言一行、一举一动，都在无形中给孩子潜移默化的影响。因此，在家庭生活中，父母给孩子制定的规矩，比如按时作息、卫生习惯、礼貌习惯等，父母要求孩子做到的，自己首先应该遵守；在社会生活中，比如横穿马路要走斑马线，过十字路口要看交通指示灯，父母都应该自觉地遵守，讲公共道德和秩序，以自身行为去影响孩子，要记住，身教永远重于言教。

对于能够较好地长期遵守规则的孩子，父母应及时给予表扬和奖励，这样能激发孩子继续遵守规则的动力和信心，有利于孩子养成遵守规则的习惯。至于表扬和奖励，应该是多种多样的，不能仅仅局限于物质上的奖励，还可以是语言上的表扬激励，也可以是表情上的微笑肯定，总之，只要目标明确，方法是多种多样的，殊途而同归。

让孩子明白没能按照要求遵守规则的，必须承担相应的责任。孩子毕竟是孩子，自我控制能力有限，为了预防其放弃遵守规则，我们就需要提前给孩子打预防针，给孩子讲明违规的责任和后果。这个预防针可以是语言上的描述，也可以是带孩子去看比赛，比如足球赛中违规会处以黄牌警告，累计三次会红牌罚下等，让他们亲眼见证对违规者的惩处。

偶尔故意放任孩子做出一些违规的事，让他们受到违规后的制裁，然后进行说教，引导孩子重新开始，遵守规则。很多时候，规则意识的形成还需要孩子付出一定的代价才能逐渐地从他律走向自律，适当地让孩子违规，并任由事件自然发展，让他们接受一些违规后的恶果，是非常有必要的，这样更能加深他们对违规的认识。这时候父母再晓之以理，动之以情，说理引导相结合，从而让孩子更加注重自我控制，严格遵守规则。不过要注意的是，这个方法具有局限性，放纵孩子去做的违规的事，一定要是后果不太严重，不能造成重大损失和人身伤害的，否则就得不偿失了。

## 三、让孩子从小学会遵守公共准则

我们生活在有秩序的社会生活之中，社会的运行是有一定规则的，这就是大家都必须遵守的公共准则。这些准则是一切活动的保障。

社会是由众多成员集合而成的，社会生活必须遵守共同规则。人们活动的动机、目的往往不同，如果各行其道，社会就会混乱不堪，陷入毫无秩序的彼此冲突之中。例如在十字路口车杂人多，由于车辆各行其道，红灯停绿灯行，穿梭有序，有条不紊，道路畅通无阻。相反，如果没有交通规则，或者人们不遵守交通规则，南来北往东行西去，各不相让，汽车、自行车、行人挤成一团，那么谁也别想通过。现代社会，公共生活领域不断扩大，人们相互交往日益频繁，公共准则在维护公众利益、公共秩序、保持社会稳定方面的作用日益突出。

现代社会人的根本立足点就是对公共准则的遵从。据《全国首次城市独生子女人格发展与教育调查》材料披露："88.4% 的独生子女具有攻击性倾向，表现为喜欢报复、易怒、好取笑别人等。"青少年时期是人生的起步阶段和道德形成的重要时期，这一阶段的教育对他们一生怎样做人具有决定性的影响。而且中学生逐渐增加了独自外出的机会，到公共场所活动就要遵守准则。

人们应该遵循的所谓准则，大致可分为人与人、人与社会、人与自然之间的关系。基本准则有的是不成文的，通常被称作"道德"，是人们相处的法则；有的体现在《中华人民共和国治安管理处罚条例》等法规中。不遵守公共准则的行为没有犯罪那么严重，最多是"不良行为"，但是不熟悉、不遵守公共准则，表明不能良好地适应社会生活，会给社会、他人，最重要的是对本人造成不良影响或者危害。

小杰是家里的独生子女，从小在家"霸道"，父母亲友都宠着他。有个学期父亲有机会去国外进修一段时间，妈妈也跟着去了，把他托管在年迈的爷爷奶奶家，他有了许多独自活动的机会。

第一天，小杰和一帮男生跑到一个社区花园里去踢球，踩坏了花草，还险些撞倒了婴儿车，最后被几个居委会的老太太赶走了。接下来小杰一直表现莽撞，过马路骑飞车闯红灯；拿着妈妈留给他的存折去取零用钱时不排队，不听劝阻，最后被保安请出了银行……

规则意识的养成不是一朝一夕的事，也没有整齐划一的是非界限。父母需要在生活情境中帮助孩子逐渐形成明确、统一、灵活又具有可持续发展的规则意识，使孩子的个性和社会性相得益彰，从而在社会中获得幸福的生活和感受。

让孩子对公共标识形成本能反应。联合国教科文组织对“文盲”下的新定义有三层：第一是不识字的人；第二是不认识公共标识的人；第三是不会用计算机的人。“禁行”“勿吸烟”“勿喧哗”等表示各种含义的公共标识充满着社会生活的各个角落。使青少年明白社会公德代表社会的共同利益，是全体社会成员对生活的共同要求。青少年作为社会成员的一部分，也应当遵守社会公共生活准则。作为孩子，在正常的家庭教育下一般都已经具备基本的公共标识识别能力和自觉遵守的习惯。如知道红灯停绿灯行，不要随地吐痰，在电影院里也知道不要喧哗。但青少年容易激动，自制能力差，父母要经常提醒孩子，使遵守社会公共生活准则成为他的本能反应，并培养孩子对一些较复杂的公共标识的识别能力，引导孩子遵守基本的公共生活规则，如对人尊重、平等，对他人的困难、疾苦和不幸遭遇富有同情之心，热情、乐于助人、有人道主义精神，并养成这样一个良好的习惯。

在社会生活中要讲秩序、讲礼貌、讲卫生、遵守社会公德、扶正祛邪、爱护公物、保护环境等。在家庭生活中也应该遵循相关行为准则，处理好长幼、邻里之间的关系。人与自然应和谐相处，要保护动植物，不乱吃野生动物等。纠正小错，例如排队，在所有的公共场所，只要有两个以上的人要做同样的事情就要自觉地排成一队，人与人之间保持足够的距离，不加塞，遵守先来后到的原则。和孩子一起去银行时，注意告诫孩子要遵守“一米线”，不要挤到柜台前和正在办业务的人身边。到邮局寄东西，哪怕只有两个人，孩子如果抢先去寄，也要告诉他注意先来后到，人多人少都要有这个意识。还有如随地吐痰、乱扔杂物、践踏花草等行为，虽说不上大恶，但也绝不可等闲视之，要及时纠正孩子的不良行为。

当孩子自觉遵守社会规则的时候，父母可用微笑、点头给予表扬和赞许，表示对孩子良好行为的赞同。父母之间的态度及要求一致。多讲遵守规则的好处，也讲清不遵守规则的危害，让孩子明白，规则无处不在，一定的规则才能保证人们正常的生活。

# 四、遵纪守法

国有国法，校有校纪，家也应有家规。针对孩子和家庭实际，制定一些家规，并让孩子遵守，这对孩子养成遵纪守法的习惯是很重要的。

法国思想家、教育家卢梭说过这样一段话："人生当中最危险的一段时间是从出生到12岁。在这段时间中还不采取摧毁种种错误和恶习的手段的话，它们就发芽滋长，以致以后采取手段去改的时候，它们已经扎下了深根，以致永远也把它们拔不掉了。"

我国南方有一座近600万人口的城市，有一年分4批判处了172名罪犯死刑，其中18～25岁的年轻罪犯115名，占被处死人数的66.9%。为什么这么多的年轻人走上了"断头台"？调查研究表明，他们违法犯罪均起于少年时期，30.5%曾是少年犯，61.5%少年时犯有前科，基本都有劣迹，从小就有不好表现。这些孩子走上犯罪道路，有多方面原因，家庭有不可推卸的责任。据分析，这些孩子大部分所处的家庭环境是：1.不懂得如何教育孩子，管教无方，法制教育更谈不上；2.对孩子百依百顺，有求必应，在115名孩子中，独生子和老小占77.4%．父母溺爱至极，使孩子从小为所欲为；3.父母思想意识不健康，自身就缺乏法制意识，甚至家人中就有违法乱纪现象；4.家庭感情不和，父母离异，孩子缺少家庭温暖。

另一方面，由于法制观念淡薄，因无知而违法犯罪的情况也屡有发生；而因缺乏法律意识，在自身受到侵害时不会运用法律武器保护自己的也不乏其人。

令人痛心的事实告诉我们，孩子从小就缺少法制教育，后果是不堪设想的。法制教育需要学校、社会、家庭协同进行。

遵纪守法必须从小培养。陈军的父母都是工程师，他是家里的独苗，简直成了"小皇帝"，娇生惯养，从来都是说一不二。父母处处唯命是从，真是"顶在头上怕摔了，含在口中怕化掉"。

眼看"小皇帝"一天天长大，上三年级了，还让父母背着去上学。这时候，父母才感到这样下去会把他宠坏，将来难以成材，急需改变一下爱的方式。

可以说，父母的感觉并不为迟。可是，他们由一个极端走向了另一个极端。父母两人在一起商量教子良方，反复酝酿，决定从经济上严加限制抓起。

这天下午，“小皇帝”要买一只气枪，父母没答应。又一天，他捂着肚子，要钱去买哈密瓜吃，得到的是两只白眼。再一天，他要玩遥控飞机，伸手去爸爸口袋里掏钱，被打了一巴掌……

一连几件事，他们严格地“控制”着儿子，连一些正当的要求也不肯满足他。“小皇帝”一下成了“阶下囚”，心里的委屈层层叠加，终于爆发了：趁父母不在，撬开柜子，摸出 5 张 100 元钞票，到街上吃喝玩乐去了。

父母并没有觉察这一切，只见儿子不再像从前那样伸手了，心里暗自得意：倒是严点好，这孩子还懂父母心。

有了“成功”的前科，“小皇帝”再无顾忌，一个月不到，柜子里的钱都被他拿走了。父母终于发现了儿子的“秘密”，顿时火冒三丈，对其大打出手。儿子对父母态度的变化难以理解。

饱尝了皮肉之苦的“小皇帝”开始对父母疏远了，常常饿着肚子也不回家吃饭，全靠一帮小哥们儿的资助糊口，并开始把手伸向了别人的腰包……

不久，他因行窃数次被当场抓获，只是被偷者见他年纪小，没忍心对他大动干戈。他却想：马有失蹄，人有失算，挨两巴掌，听几句骂，痛苦是暂时的，算不了什么！他终因“一发而不可收”最终走向了犯罪的道路。

爱孩子，是每个父母的本能。但是，良好的愿望只有通过正确的教育方法来实现，这些鲁莽和粗野的行为，只能使孩子产生逆反心理。

父母要积极配合学校对孩子进行遵守《中、小学生守则》《中、小学生日常行为规范》的教育，要让孩子明确这些守则和规范是学校集体的行为准则，每个学生必须遵守，切不可任性。如果孩子违反了校规、校纪，要及时进行批评教育。

当前，学校开设了“法律常识课”，但不少学生还不能联系实际运用。父母要把那些同孩子生活直接相关的法律常识与实例结合起来进行教育，让孩子避免以下几种违法行为：1. 扰乱公共秩序；2. 违反交通规则；3. 侵犯公民人身权利；4. 损坏公共财产等。孩子懂得了社会规范人人都须遵从，明确了哪些行为是违法的，其法制观念就会逐渐加强，减少违法犯罪行为的发生。

国有国法，家有家规。针对孩子和家庭实际，制定一些家规，并让孩子切实遵守，这对孩子养成遵纪守法的习惯是很重要的。家规制定后，父母要率先示范，以自己的行为影响、教育孩子。

对孩子不要溺爱，不要放任。溺爱、放任会造成孩子唯我独尊，不懂规矩，甚至为所欲为的行为习惯。时间长了，会养成恶习，置国家法律于不顾，干出违法乱纪的事情来，到那时后悔就晚了。

注意孩子言行中的不良苗头，防患于未然。平时多观察孩子的表现，如果发现了不良苗头，及时沟通，了解情况，采取适当措施，预防孩子走向邪路。哪些现象值得注意呢？学习成绩突然大幅度下降，无心学习；情绪反常，烦躁、闹脾气或沉默寡言、忧心忡忡；花钱很多很随便，来路不明；经常有不熟识的人来找，不按时回家；对异性特别感兴趣，偷偷看黄色书刊、录像；经常把刀子、棍棒带在身上等。父母不要忘了观察孩子，要做有心人。当然，也不可随便怀疑孩子，要多动脑，慢开口。

教育孩子懂得运用法律武器保护自己的合法权益。在我们的大众传媒中，经常报道运用法律武器保护合法权益的案例，这是对孩子进行法制教育的活教材。应该跟孩子一起看、听、讨论，树立保护自身合法权益的意识。如果亲戚、朋友或自家的人合法权益受到侵害，应鼓励受害人积极行动，寻求法律的保护与支持。这个过程对孩子的教育最直接，也最有效。

# 第 9 份礼物：一份轻松的幽默

## ——家庭教育中最智慧的艺术

幽默，对于生活来说，就像是一剂润滑剂。在平淡无奇的生活中，幽默总是能够调节气氛，让人保持一种愉悦，在枯燥苦闷的环境下，为我们带来欢乐。幽默是人们愉悦的来源，幽默是人类交流中最大的乐趣，幽默同样也是家庭教育中最智慧的艺术。

## 一、家庭中需要幽默

恩格斯认为，幽默是具有智慧、教育和道德上优越感的表现。列宁也说："幽默是一种优美的、健康的品质。"在现代社会中，幽默实在是一种丰富的养料，可惜在很多家庭中人们尚未认识到它，或者忽略了它。

中国传统的家庭教育往往严肃多于宽容，父母与孩子的关系往往弄得非常对立。其实，风趣幽默的教育更能触动孩子活泼的天性，它不仅能使孩子免去在大人面前的拘谨，还能使孩子在轻松的笑声中受到启迪。

有个 4 岁的孩子因为痴迷于武侠电视剧，天天打打杀杀的。一天，孩子又在商店里看中了一支新式玩具步枪，缠着要买，而家中的武器玩具早就堆积如山。爸爸说："儿子，你的军费开支也太大了，现在是和平时期，咱们裁减点军费如何？"孩子"扑哧"一声笑了，从此，"军费"支出大幅缩减。

苏联著名诗人依尔·斯洛夫也是一个用幽默教子的高手。有一次，诗人回到家，见一家人慌作一团，诗人母亲正在打电话向医院请求急救。原来诗人的小儿子舒拉为出风头，别出心裁地喝了半瓶墨水。诗人明白，墨水不至于使人中毒，用不着惊慌，这正是教育舒拉的好时机。于是，他轻松地问："你真的喝了墨水？"舒拉得意地坐在那里，伸出带墨水的舌头，做了一个怪相。诗人一点不恼，从屋里拿出一沓吸墨水的纸来，对舒拉说："现在没办法了，你只有把这些吸墨水的纸使劲嚼碎吞下去了！"一场虚惊就这样被诗人一句幽默冲淡了，并在家人的嬉笑中结束。舒拉原想以此成为家人的中心，但未能如愿。此后他再也没有犯过类似出风头的错误了。

由此可见，严厉的语言，严肃的面孔，让教育如同冰刀霜剑，容易刺伤孩子的心灵。父母不妨巧用幽默，让教育变得平和亲切，容易接受。

据调查报告显示，在 3 岁前得到父母疼爱与照顾的孩子，经常会表现出比较好的幽默感。孩子的认知与语言能力发展到相当的程度后，"幽默感"才有了发展和培养的基础。当他听到或看到某件有趣的事时，经过判断后，就会发出哈哈的笑声。

家庭中适度的幽默给予每个人心理上的影响很大，它使生活充满情趣。幽默能缓解矛盾，使人们融洽和谐。对夫妻之间来说，幽默有许多好处：其一，夫妻间幽默是一种有安全感的表现，会使双方感到愉快和满足。其二，夫妻间幽默是一种成熟人格的表征。它使人笑谈而不事讥讽，轻松而不露狂喜，遇险而不惊慌失措。其三，幽默能使双方的讨论不致流于争吵，是不当沟通方法的一剂解药。其四，幽默能使双方度过许多不顺心的困境，净化情绪气氛，消除郁积的紧张和压力，使家庭生活充满欢乐、温馨、和谐的气氛。

父母都希望自己的孩子能洒脱地面对生活、学习及将来工作中遇到的问题，而帮助孩子开发幽默感，营造家庭中的幽默气氛很重要。

有位母亲在儿子 6 岁的时候，一天，丈夫因单位加班，夜里很晚才回来。丈夫问她儿子几点睡的，她说："晚上 9 点就睡了。睡前我给他讲了一个笑话：馒头和面条打仗，馒头被面条狠狠地打了一顿，打得遍体鳞伤。馒头心想，有朝一日，我一定要报仇。一天馒头看见方便面了，不分青红皂白地把方便面一顿痛打，方便面带着哭腔说：'我俩无冤无仇，你干吗要打我呀？'馒头气呼呼地说：你以为你烫了发，我就不认识你了？'"丈夫听到这儿，哈哈大笑，把儿子笑醒了。只见他穿着小内裤从他的房间跑来，爸爸说："臭小子，你以为你不穿外衣我就不认识你了？"如果类似这样的对话在家中经常出现，那么，家庭的气氛就比较活跃、轻松，孩子也变得更加幽默了。其实在与孩子的交流中，父母能从孩子身上也获得许多幽默和智慧。

以下是一些家庭生活中的幽默片段，让平静的生活变得生动快乐。

爸爸带儿子去打针，打完针儿子问爸爸："为什么打针前要用棉球擦我的屁股？"爸爸说："棉球上有酒精啊，把屁股擦醉了就不疼了。"儿子继续说："可是我还疼啊。"爸爸说："那是因为你酒量太大。"

有一次，小宇磕在鞋柜上了，脑袋鼓起一个包，哭个不停，爸爸跑过来，端详着他的脑袋，对小宇说："小宇，你这回成大头儿子了，今天下雨不用打伞了。"小宇扑哧就乐了。

有一天很晚了，爸爸发微信问妈妈和儿子什么时候回家，妈妈在手机上约完滴滴快车后给爸爸发微信："我和儿子在打滴滴，应该很快就到家了。"爸爸回复："好的，你俩别把滴滴打坏了。"

爸爸正在休息，儿子跑过来问爸爸一道作业题："爸爸，这道填空题我不会填。"爸爸说："我帮你填。"儿子大喜："爸爸，你真好！"爸爸拿过作业本问儿子："说吧，填什么？"

儿子胆战心惊地回到家，对老爸说："爸，今天考试我只得 60 分！"爸爸愤怒地骂道："下次再考这么少，就别叫我爸！"过了几天，儿子考试回来后，对老爸说："对不起，哥！"

类似这些家庭小趣事天天都会发生在我们身边。幽默是家庭中最为突出的艺术，是生活波涛中的救生圈。如果孩子处于一个快乐的成长环境中，渐渐地，孩子也能在这种快乐的环境下感受到快乐，学会幽默。

汤姆·霍瓦德 17 岁时就长得和他父亲一样高了，因而每逢他想和朋友们晚上外出时，就借霍瓦德先生的衣服穿。

霍瓦德先生每次发现他儿子穿着他的衣服都很生气。

一天晚上汤姆走下楼准备出去，他爸爸在客厅里叫住了他。他上下打量着汤姆穿的衣服，然后很恼火地说："你系的领带是我的吧，汤姆？"

"是的，爸爸，是您的。"汤姆回答道。

"那件衬衫不也是我的吗？"他爸爸接着问道。

"是的，衬衫也是您的。"汤姆回答道。

"而且你还扎着我的皮带！"霍瓦德先生说。

"是的，我扎着您的皮带，爸爸，"汤姆回答道，"您不希望您的裤子掉下来，不是吗？"

还记得曾经一时火爆南北的电视剧《家有儿女》，剧中的人物故事之所以让我们记忆那么深刻，主要还是剧中的故事情节与精彩的人物对话时常会让我们捧腹大笑。

**片段一：**

刘星：爸妈，要是有个人死乞白赖地非要找你们去跟他谈谈，你们去吗？

夏东海：谁要找我们谈谈啊？

刘梅：病人？

刘星：不是，是……我们班主任……

**片段二：**

刘星：妈，你能给点资金吗？

妈妈：干吗？

刘星：（摸头发）我想把这玩意染成绿的，再交一个女朋友。

妈妈：你敢——

刘星：为什么小雪就能找狂野男孩，我就不能找我的野蛮女友啊？

妈妈：你要敢找野蛮女友，你就会发现你有一个又狂野又野蛮的老妈！

**片段三：**

小雨：妈妈，我要吃冰淇淋。

妈妈：又吃？这么胖了还吃。

小雨：美国的小孩就天天吃冰淇淋。

妈妈：所以美国那么多胖孩子，你呀，就欠你们老师也带你们去跟山区儿童手拉手去。

小雨：什么意思啊？

刘星：意思就是……不让你吃冰淇淋。

**片段四：**

一家人吃晚饭，刘梅端上有特制秘方的小肉饼。

刘星一边往大伙的碗里放饼，一边说：老妈一个我一个，老爸一个我一个，小雪一个我一个，小雨一个我一个，我再来一个！

刘梅：合着这么多肉饼我们一人一个，剩下的都是你的了?!

……

这些生活的点点滴滴，给我们带来无限的欢乐，而这正是幽默的魅力所在。

在日常生活中，父母要有意识地运用幽默的方法去教育孩子。幽默的方法不仅可以培养孩子的幽默感，而且往往可以保护孩子的自尊心，产生较好的教育效果。例如，从孩子刚刚满月时，你就可以与孩子玩找妈妈的游戏，用一块手绢挡住自己的脸，然后迅速拿开手绢，露出自己的脸，孩子就会冲你笑。等孩子大一些，你就可以躲在房间的角落，让孩子来寻找你，孩子会在寻找的过程中获得快乐。在教育孩子的过程当中，父母应该尽量避免生硬的命令。使用幽默的语言会让孩子感到快乐，而且会更愿意听从你的教导。比如，许多孩子在玩玩具时，往往比较兴奋，能够一口气玩上半天甚至一天。但是，在玩完后，孩子们却很少会主动去收拾整理玩具。这时候，父母最好不要说："快把玩具收拾起来！要不以后就不让你玩了！"可以使用幽默一些的语言："玩了这么长时间，你肯定累了吧？问问这些玩具是不是也累了？要不，你把他们送回家吧，让他们好好休息一下，明天再跟你一起玩好不好？"相信孩子会用一种同理心去感受，并会主动地收拾好玩具的。

在家庭生活中，父母可以经常给孩子讲一些幽默故事，让孩子在不断的熏陶中逐渐培养起幽默感。据说有一位年过半百的贵妇人，非常喜欢打扮，每天总要花好多时间来打扮自己。但是，由于年纪实在有点大了，再多的打扮也掩盖不住她的实际年龄。有一次，贵妇人遇到了大名鼎鼎的萧伯纳，她兴奋地让萧伯纳猜她的年龄。萧伯纳一本正经地说："看您洁白的牙齿，只有 18 岁；看您蓬松的卷发，不会超过 19 岁；看您忸怩的腰和涂满胭脂的脸庞，顶多 14

岁吧！”贵妇人听了萧伯纳的评价，非常高兴，她激动地问道：“亲爱的萧伯纳先生，那么请您精确地估计一下，我到底像几岁？”萧伯纳说：“几岁吗？那很容易，只要把刚才三个数字加起来就是你的真实岁数了。18 加 19，再加上 14，你应该是 51 岁！”幽默的萧伯纳把周围的人都逗乐了。

有一位母亲把这个故事讲给了 9 岁的孩子听，孩子听完哈哈大笑。有一次，一位漂亮的阿姨到家里来做客。孩子对阿姨说：“阿姨，我看你好年轻呀！”阿姨问：“是吗？怎么个年轻法？”孩子说：“从你的背影看，你好像我的姐姐；从你微笑的脸庞看，你好像我们班上的女生。”一句话把阿姨给逗乐了。事实确实如此，孩子听多了幽默故事，自然能够模仿、吸收幽默故事中的幽默因子，也会逐渐变得幽默起来。值得注意的是，跟孩子说笑话或表演滑稽的动作时，要考虑孩子的年龄。因为大人认为好笑的语言或动作，孩子不见得有同感。但孩子认为好笑的语言或动作，大人要陪孩子一起笑，虽然从大人的角度来看也许不见得好笑。

幽默要适时适地，要看具体对象，同样一句幽默的话，对甲来说是中听的，但对乙来说就未必中听了。家庭中每个成员都会有不顺心的事，成员之间的交往犹如一台机器，机器的转动部分需要经常注入润滑油，以防摩擦生热而损坏；幽默在某种意义上讲，是人与人交往中的润滑剂，使用得当，它可以使家庭生活中少一分苦恼，多一分快乐，少了争吵多了和谐，使夫妻之间、父母与子女之间摆脱困境，消除烦恼，缓解矛盾，减轻压力，稳定家庭成员之间的情绪，使心理更加健康。

在家庭中，幽默是父母与孩子沟通的有效方式。世界上有人拒绝痛苦，有人拒绝忧伤，但绝不会有人拒绝笑声。在教育孩子时，父母如果经常能做到寓教于乐，再顽皮、再固执的孩子也会转变的。幽默表面上只是一种教育手段，实际上它贯穿的是一种乐观精神，一种坚信明天会更好的执着，反映了教育的人文本质。幽默是父母与孩子沟通的有效方式。

幽默，在家庭生活与家庭教育中应该有其一席之地。幽默，使人感到滑稽有趣或可笑，而又比较含蓄。它通过影射、讽喻、双关等修辞方法在善意的微笑中，揭露生活中的讹谬和不通情理之处，其中包含着对自身及所处世界的独特认识和体验。在戏谑中含着庄严，愚钝中流露出智慧。看似平淡，实则不凡；好像庸俗，实则高雅。它凝聚着特有的人生体验，令人拍案叫绝，在笑声中领悟道理，笑对人生。不仅能使人得到娱乐，使人轻松愉快，而且能使人消除不安情绪，有益身心健康，还可增加感情交流，缓和紧张气

氛，起到安全阀或润滑剂的作用。比如哲学家苏格拉底在家里正和学生们谈话，忽然听到脾气暴戾的妻子的吵闹声，便笑着说：听到雷声，暴风雨就要来了。便使大家不觉得尴尬了。又如有人在家里不小心摔倒了，他笑着对家人说：马失前蹄！大家便跟着轻松地笑了。孩子不小心把墨水瓶打翻了，墨水洒在一张白纸上，孩子害怕了，妈妈说：这是一张多么好的画啊，这里是山，这里是水，这里是鱼……孩子破涕为笑了。在家庭生活中，有了幽默，空气就会比较轻松、活泼，相互关系就会更加融洽、和谐，有利于孩子的健康成长。

## 您是个幽默诙谐的家长吗

以下各题选 A 得 2 分，选 B 得 1 分，选 C 得 0 分。最后分数相加与答案对照。

扫码测试更方便

1. 您喜欢阅读笑话书吗？

   A. 是　　B. 不知道　　C. 不是

2. 您喜欢看搞笑影片吗？

   A. 喜欢　　B. 不知道　　C. 不喜欢

3. 在孩子面前您经常大声笑吗？

   A. 是　　B. 不知道　　C. 不是

4. 您是否会对孩子的恶作剧感到可笑？

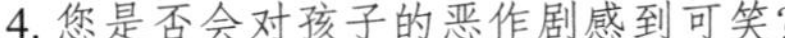

   A. 是　　B. 不知道　　C. 不是

5. 您在家中有与孩子一起搞过恶作剧的经历吗？

   A. 有　　B. 不知道　　C. 没有

6. 您带孩子去看马戏，是否觉得马戏团的小丑很好笑？

   A. 是　　B. 不知道　　C. 不是

7. 您是否有时会嘲笑自己？

   A. 是　　B. 不知道　　C. 不是

8. 您是否会对从前听过的笑话感到好笑？

   A. 是　　B. 不知道　　C. 不是

9. 如果家人取笑您，您会微笑对待吗？

A. 会　　B. 不知道　　C. 不会

10. 如果您看到有人踩在香蕉皮上，您会发笑吗？

A. 会　　B. 不知道　　C. 不会

11. 在家中您的举止或言行会经常让家人发笑吗？

A. 会　　B. 不知道　　C. 不会

12. 您在家中经常与孩子开玩笑吗？

A. 是　　B. 不知道　　C. 不是

## 答　案　（仅供参考）

◆ **17～24分**

您非常热切地追求趣味感，这表明在很大程度上，您的家庭生活处于良好状态。尽管这并不一定说明您对周围发生的所有事情都感到好笑，但是能够逗您发笑或者令您感到很有趣的事情的确很多。但是，这种机智不能算是一种优点。例如，拿家人的缺点来取乐的行为显然不会被欣赏，而且在某些情况下可能会引起冲突。

◆ **9～16分**

您可能拥有平衡的幽默感，既能够看到事物有趣的一面，同时又能够对人们的不幸给予同情。您对引您发笑的事物是很有选择的。有些人会觉得粗鲁庸俗的笑话很有趣；有些人看到别人踩到香蕉皮摔倒而感到好笑；有些人只对不会冒犯其他人的更精妙的幽默做出反应，例如机智的双关语。您可以分析您对本套试题中每道题目的回答，以便了解哪些是最能逗您发笑的幽默。

◆ **0～8分**

您似乎是个十分严肃的人，而且不会特别注意事物有趣的一面。您可能十分内向，而且讨厌与那些无所事事的人待在一起，也不喜欢无缘无故大声喧闹取笑的家庭聚会。但是，如果某些事情的确让您感到好笑，您也会情不自禁地笑出声来，这会让家人感到困惑，因为他们很少看到您的这一面。您应当记住，我们每个人都是不同的，都会因为不同的事情而发笑，而且有不同的幽默感。同时，当遇到严峻的局面时，我们应当尽量去看它有趣的一面，这样可以帮助我们走出困境，活跃家庭气氛。

## 二、培养孩子的幽默感

幽默感可以帮助你对付人生的挫折。著名幽默家克瑞格·威尔森曾经说过："在我的成长过程中，幽默是生活中的七彩阳光，没有它，就没有我五彩缤纷的童年，也没有我充满欢声笑语、幸福无限的家庭。"事实确实如此，幽默感是一个人最高贵的品质之一。和有幽默感的人相处，你会感到他身上散发出来的智慧。

具有幽默感的人一定是聪明的人，因为幽默的思维方式可以让他们用与众不同的形式对付突如其来的窘境。

幽默是对有趣、可笑事物的一种愉悦的心理反应，是一种亲切、轻松的感觉，是人的情感的自然流露。幽默是情商的重要组成部分，是智慧的体现，是人际交往的润滑剂，能融洽关系，化解矛盾。

专家解释，所谓的幽默感就是通过语言或肢体语言的表达方式，让与自己互动的对象感到愉快的言语或举止。有这种言行举止的人，我们称为具有幽默感的人。

具有幽默感的孩子通常很乐观，在生活中不断地制造欢笑，让周围的人感到轻松愉快，自己也会富有成就感和自信。因此具有幽默感的孩子，也较容易获得友谊。

根据美国专家从事的专题研究，幽默感是情商的重要组成部分。而人的幽默感大约三成是天生的，其余七成则须靠后天培养的。因而在儿童教育专家的倡导下，许多父母甚至在婴儿刚出世 6 周便开始对其进行独特的早期幽默感训练。实际上，不少较聪明的婴儿这时确已萌发幽默意识。

研究发现，孩子出生后第一个月便开始了有了幽默感，如：小婴儿在父母的逗弄下，便会呵呵地笑个不停。而一岁左右的孩子，会因为玩藏猫猫而狂笑不已。孩子幽默感的发展与下面几个因素有关：

1. 语言认知能力：孩子的认知与语言能力发展到某个程度后，幽默感即形成。当他听到或看到某件有趣的事时，经过判断后，就会发出哈哈的笑声。孩子的幽默感与成人的幽默感是不同的。

2. 父母的关怀：在 3 岁前得到父母疼爱与照顾的幼儿，会表现出比较好的幽默感。因此，要使孩子成为一个具有幽默感的人，父母应多给予孩子爱与

关怀。

3. 愉快的学习气氛：在孩子成长学习的过程中，若总是处于一个轻松、愉快的学习气氛，会使孩子体验到快乐，并促使他以快乐的心情来看待周围的人或事物，有利于幽默感的形成。

幽默在社交中起着举足轻重的作用：人们讨厌冷漠、讨厌忧伤，但绝不会讨厌一个人所带来的欢笑。所以，幽默风趣的孩子在交往时更容易受到别人的喜爱和欢迎，孩子的身心也随之得到更和谐的发展。

中国传统的家庭教育大都严肃多于宽容，从一些俗语便可见一斑，如："三天不打，上房揭瓦""棍棒底下出孝子"。在这种教育思想影响下，父母与孩子的关系往往弄得非常对立。殊不知，最好的家教应该是略带一些幽默的管教。

女儿犯了一个小错误，妈妈生气地扬起巴掌："打你，打得你屁股开花。"女儿瞪着眼睛看着妈妈，突然哈哈笑了："真的吗？我的屁股会开出什么花？你快点打啊。"妈妈一愣，也忍不住笑了，和女儿乐得抱成一团。正是因为一句女儿幽默的语言，让父母与孩子之间营造了一种有趣、轻松的氛围，一句幽默让孩子与大人之间的距离更近，而父母也因为孩子的幽默消除了怒气。

孩子的幽默是家庭环境给予的，更是父母培育的。家庭教育中，孩子成长离不开家庭环境，要想让孩子学会幽默，首先父母要学会幽默。试想如果父母整天板着脸，平时总是一副严厉的模样，让人难以亲近，在这个环境中成长的孩子又怎么会变得幽默呢？父母的幽默，能起到说教无法比拟的作用，能潜移默化地影响孩子成为一个乐观的人，增加孩子在人际交往中受欢迎的指数。比如父母夸张的笑脸和动作，与孩子捉迷藏时突然伸出躲在门后的脑袋，或是对孩子的"杰作"发出夸张的叫喊和表情，等等，这些都会令孩子兴奋不已。在火车上见到一对感情特别好的父女，一路上，两人总是欢声笑语，他们爽朗的笑声感染着周围的人群。父亲幽默风趣，女儿也健谈懂事，父女俩的谈话，就像是一对好朋友在聊天。幽默就是这样一种，能够迅速拉近彼此之间的关系。

让孩子拥有一定的想象力与语言能力是幽默的基础。如果孩子想象力欠缺，脑中储存的语汇贫乏，就不能充分表达自己的幽默。作为父母，应该充分引导小孩的想象力与语言能力。孩子在小时候，喜欢编故事、讲故事，有时讲给小朋友听，有时讲给爸爸妈妈听，有时还自言自语。父母应该看到这既是锻炼表达能力的好机会，也是发展想象力的好机会。要积极鼓励孩子，不要冷言冷语，更不能随便阻止。父母可以引导孩子按照某个主题去编故事和讲故事，适时地给以赞扬，指出不足。平时的时候，父母要为孩子多讲故事，唱儿歌，讲笑话，引导孩子背诵儿歌、古诗。另外，给孩子讲一些有益心智的故事，充分挖掘故事中的幽默因子，让孩子的想象力能够被激发。

幽默的心理基础是愉悦、宽容的心态，要教育孩子在与人交往时愉悦相处，宽容待人，用幽默解决矛盾纠纷，用幽默提出与对方分享的要求，用幽默提出批评与建议。在生活中，我们常常说的一句话是“大事化小，小事化了”。当我们在因为一件事情而发生争吵时，有时候一个玩笑就能将一场看似即将要发生的争端平息。

李明去食堂吃饭，由于排队的人多，一不小心被别人踩到了脚，脚上的鞋是爸妈买给他的生日礼物。“不好意思，不好意思，我把你的鞋弄脏了。”踩到李明脚的同学不停地道歉。“没关系，被你踩踩才会更像樱木花道呢！”李明拿动漫《灌篮高手》中的人物与情节，幽默地与同学开着玩笑，表现得十分宽容大度。李明并没有因为被同学踩到鞋而愤怒，宽容与幽默还使他获得了一份良好的友谊。

一次，一位父亲带着女儿去旅游，父女俩口渴了，父亲于是带着女儿跑到景区商店去买水，女儿顺手拿起一瓶在外面商场中平时只卖3元钱的冰红茶，可是此时在景区里面，却要5元，父亲看着女儿冲着自己笑，撇撇嘴，一边掏钱，一边对柜台的工作人员说：“一瓶饮料5元，真坑‘爹’啊。”其实，在生活中，幽默总是伴随着我们每一天。无处不在的生活，都可以被我们的智慧化成幽默。只要我们留心生活，多一些快乐，多一些笑声，哪里都将会有幽默的存在。在日常生活中，爱笑的孩子常常善于发现或者制造幽默，父母与孩子更要一起在生活寻找幽默，创造幽默。

让孩子感到快乐，父母要多给孩子创造一些能够感到快乐的机会。在日常生活中，父母可多跟孩子玩一些有趣的情境游戏，如捉迷藏、拌鬼脸、角色扮演，让孩子在游戏中找到快乐，拥有充满开心的笑声。快乐，是孩子幽默的源泉，只有快乐，才能让孩子有一个积极的心态。而父母也才会在这个快乐的环境中，帮助孩子一起快乐成长。

幽默，是生活的调味剂，更是一种智慧。对于孩子而言，幽默，要蹲下来，用贴近孩子的方式表现事物的趣味，着重于体态表现，淡化逻辑“包袱”，既不能以高高在上的姿态去表现孩子不懂的幽默，更不能嘲笑孩子的天真无邪。父母要常为孩子创造轻松的氛围，让孩子多一些发自于内心的笑声，这不仅仅是孩子童年的愉快体验，更是形成美好人格的必要因素。

儿童心理学家劳伦斯·沙皮罗强调，幽默有时候被人们用来欺侮和侵犯他人。因此，父母要帮助孩子区别敌意和非敌意的幽默，培养孩子对幽默的容忍力。父母应该让孩子明白，幽默也可以用来伤人。比如，别人的种族、宗教信仰、生理残疾等是不能用来做幽默材料的，这会伤害对方的情感。如果孩子在无意中开了这样的玩笑，父母千万不能鼓励，而是应该郑重地与孩子讨论一下这个问题，引导孩子尊重他人。父母在希望孩子具有幽默感的同时，请别忘记自己孩子的个性特点。有的孩子比较活泼，有的孩子比较内向，他们所表现出的幽默感的形式也会有所不同，有的比较外露，有的比较含蓄。幽默来自人丰富的内涵，随着知识面拓宽，阅历增加，举止谈吐自然会有所改变。父母不要操之过急，要耐心丰富儿童的内心世界。真正的幽默是自然而然表现出来的，千万不要为了幽默而幽默，变成冷嘲热讽，或者变得油嘴滑舌。

在引导孩子具有幽默感特质时，专家也提醒父母注意一些事项：幽默要友善，不要伤害他人；幽默要礼貌，不要嘲讽他人；幽默要仅限于语言，不要有过激的行为。

## 三、用微笑对待孩子

“给孩子一个微笑，他会给你一个明媚的春天。”微笑，是一种无声而亲切的语言；微笑，是一首无声而动人的音乐；微笑，是人类一种高尚的表情。微笑，永远是生活里明亮的阳光。在顺境中，微笑是对成功的嘉奖。在逆境中，微笑是对创伤的理疗。微笑，是家庭教育中最为温暖的一抹阳光，微笑，是孩子在家庭教育中最为有效的动力。

生活中，我们总是说请保持微笑，因为微笑不但能增强口头语言的沟通效果，还能帮助我们攻破人与人之间的壁垒，建立好良好的人际关系。微笑，能够让我们获得好感，让我们能够从疲惫的状态中感到阳光与希望。家庭教育中也是如此，时刻保持微笑，定会让孩子也会被这份微笑感染。

爱迪生从小就特别爱问“为什么”，喜欢对一个问题追根究底地问个明白。有一次老师讲一位数的加法，同学们都认真听讲，爱迪生突然举手问老师：“二加二为什么等于四？”老师被问得张口结舌，一时难以回答他的问题。父亲也常常被他问得无言以对，只好拍拍儿子的脑袋瓜说：“去，问你妈去！”只有妈妈能够回答他那些奇怪的问题。

有一天，妈妈正在厨房忙着，爱迪生好像有了个惊人发现似的跑来，睁大眼睛问："妈妈，咱们家的那只母鸡真奇怪，它把鸡蛋放在屁股底下坐着，为什么？"妈妈呵呵笑了，她放下手里的活，认真地对爱迪生说："鸡妈妈那是在孵小宝贝呢！她把那些蛋暖热后，就会有小鸡从里面爬出来。你看咱家那些毛茸茸的小鸡，它们都是被鸡妈妈这样暖出来的。"爱迪生听了，觉得很神奇。他认真想了一会儿，抬头问道："难道把蛋放在屁股底下暖和暖和小鸡就能出来？"

"对啊，就是这么回事！"妈妈微笑着点头。等到饭做好了，妈妈忽然发现小爱迪生不见了，哪儿都找不到，妈妈急了，大声喊儿子的名字。这时，听到从库房里传来他的答应声。妈妈觉得很奇怪，过去一看，原来爱迪生在那儿做了个"窝"，里面放了好多鸡蛋，他正一本正经地蹲在上面。妈妈更奇怪了，问道："你在干什么啊？"爱迪生说："妈妈，你不知道吗？我在孵小鸡啊！"

就这样，在这个不怕被问"为什么"，充满爱和微笑的母亲教育下，爱迪生虽然没有在学校读过几年书，却搞出许多伟大的发明，为人类社会的发展做出了极大的贡献。

生活中像爱迪生一样喜欢问问题的孩子其实有很多，他们的小脑瓜里总是装满了"为什么"，就看父母是不是能够带着爱的微笑分享孩子的"异想天开"了，微笑是对孩子最大的善意。

所以，要善于用微笑对待孩子，你的孩子将受益于这一点。微笑对待孩子，就是对孩子最大的善意。父母的笑脸是一道最好的风景，孩子每天在一个很好的风景区中，还能不快乐成长吗？

如果你每天不是微笑，而是一张愁苦脸，一张怒气脸，一张严肃脸，一张板着的脸，孩子在一个非常糟糕的环境中生长，怎么可能健康？孩子又如何学会微笑呢？孩子有时表现得不尽如人意或行为反常，可能很大程度上与父母过高的期望和与孩子的交流方式不当有关。父母只愿意看到孩子的进步，不能微笑着面对他们的某些不足，也许是造成孩子表现不佳的一个重要原因。

在生活中如果遇到什么方法都解决不了的问题时，微笑有可能就是一个简单的方法。你跟别人争论得特别厉害时，双方陷入僵局，微笑一下，有可能就解决问题了。家庭中的很多僵局，其实问题并不是很大，只是双方情绪对立造成的，这时候，微笑能够解决很多问题，也能够调整气氛。

善于微笑的妈妈让孩子感到温暖亲切，善于微笑的爸爸招孩子喜爱。

作为父母，微笑有着无穷的教育魅力。

微笑着面对孩子，能给孩子一种宽松的人际交往环境，使孩子感受到父母的理解、关心、宽容和激励；微笑是孩子的兴奋剂，使孩子得到大胆的鼓励，敢于去表达自己；微笑是外向好动孩子的镇静剂，使孩子得到及时的提醒，意识到自己的言行需要控制和自律。

父母的微笑应该是善意的、会意的，发自内心的，而不应该是装出来的。只有心中装着孩子的父母才会有甜美的、会心的、善意的微笑。

要教会孩子微笑，首先是父母要学会自己微笑。微笑很简单，很容易做到。当孩子放学回家扑向父母怀中的时候，第一眼就看到父母的微笑，会多高兴啊。孩子最天真，你对孩子微笑，孩子就会回馈给你微笑，你对孩子板着一张脸，孩子也会不高兴，要知道，父母与孩子之间的作用是相互的。

在父母被欣赏的眼光中，在充满信任的肯定中，在满怀热情的交流中，在恰如其分的鼓励下与微笑中，孩子就会变得越来越优秀。我们不能失去微笑，孩子需要微笑，就像鸟儿不能失去翅膀，花儿不能失去芬芳，鱼儿不能失去大海。因为微笑的力量是伟大的。请让我们保持着嘴角的弧度面对每一个孩子。既然微笑的力量如此神奇，又何须再吝啬那一个表情。给孩子一个微笑，他会给你一个明媚的春天，让世界充满活力，让目光所及之处，到处阳光明媚、翠柳依依。

# 第 10 份礼物：一个健康的身心

## ——家庭教育中最首要的内容

让孩子健康茁壮成长，不仅是指身体上的健康，更是指孩子能够拥有一个乐观的心态。健康是指一个人在身体、精神和社会等方面都处于良好的状态。

健康是一切的基础，健康是人生第一财富。在家庭教育中，健康是最为首要的内容，孩子如果没有一个健康的身心，其他一切教育方法都是空谈。

## 一、让孩子拥有乐观的心态

播下一枚快乐的种子，也将会收获一颗快乐的心。

心态，是一个人的精神状态。拥有乐观的心态，才能保持饱满的心情，会让生活充满欢声笑语。

乐观是孩子对未来充满信心和有希望而又不断进取的个性特征。乐观的心态是孩子应对人生中悲伤、不幸、失败、痛苦等不良事件的有力武器。如果孩子无法乐观地面对人生，就会意志消沉，对前途丧失信心，而且长此以往，还会损害身体健康。

一个人不同的心态，面对同样一件事，反映也大不相同。乐观的人会积极地处理身边不如意不顺心的事情，换个角度去考虑，去获得不一样的感受。

在美甲天下的桂林，一位女孩因三次高考落榜，爱情失意，准备在此寻短见，幸好她的一本日记失落在地上，被一位大文豪拾获，笔记上有绝命诗一首，并有对联一副。这位大文豪看到马上叫人寻找女孩，找到女孩，这位大文豪当面劝导，并提出将女孩的对联进行改动，女孩接受了，并安全返回。这位女孩的对联是：年年失望年年望，处处难寻处处寻。横批："春在哪里？"这位大文豪改后的对联是：年年失望年年望，事事难成事事成。横批："春在心里。"

俗话说："海纳百川，有容乃大"。一个人只要热爱生活，有着乐观的生活态度，即使遭遇到挫折、失败，甚至危机到生命，他们依然能够保持积极向上的情绪。而且，面对顺境不会得意忘形，面对逆境不会悲观失望。

生活中有很多美好的事情和乐趣，只要我们能以一种积极的心态去捕捉它、发现它，就会感到生活的快乐。

美国有一对兄弟，一个乐观，一个悲观，最后走上了不同的道路。

有一天，他们的父母希望兄弟俩的性格都能改变一些。于是，他们把那个乐观的孩子锁进了一间堆满马粪的屋子里，把悲观的孩子锁进了一间放满漂亮玩具的屋子里。

大约一个小时后，父母走进悲观孩子的屋子时，发现他正坐在一个角落里哭泣。原来，他不小心弄坏了玩具，怕父母会责骂自己。

当父母走进乐观孩子的屋子时，却发现孩子正在快乐地用一把小铲子挖着马粪，把散乱的马粪铲得干干净净。看到父母来了，乐观的孩子高兴地叫道："爸爸，这里有这么多马粪，附近肯定会有一匹漂亮的小马，我要给它清理出一块干净的地方来！"

这个乐观的孩子，后来成为美国总统里根。

里根后来从报童到好莱坞明星，再到州长，直至当上了美国总统。这中间，乐观的心态起到了很大的作用。

乐观的心态会让生活充满阳光。"思维心理学"专家史力民博士指出："乐观是成功的一大要诀。"他说，失败者通常有一个悲观的"解释事物的方式"，即遇到挫折时，总会在心里对自己说："生命就这么无奈，努力也是徒然。"一个人如果常常运用这种悲观的方式解释事物，无意识中就丧失斗志，不思进取了。因此，每个父母要重视培养孩子乐观的习惯。

当孩子遇到挫折、困难、失败等一些沮丧的问题时，我们要对孩子多一分理解，少一分训斥。耐心地倾听他们，多听听他们的心里话，这样才能增进对孩子的了解，和他们进行畅通无阻的交流和沟通，帮其分析原因，适时给予积极有益的帮助和指导。在孩子最需要关爱和帮助时，我们始终是站在他们身旁最值得信赖的朋友，积极热情地鼓励他们克服困难、战胜挫折，并陪着他们一起微笑着走过去。对于孩子一点点微小的进步和付出的努力，要及时地给予肯定、鼓励和表扬，使孩子逐步学会相信自己，帮助孩子树立自信，促使孩子积极向上。家里的大事小事，我们都要和孩子民主商量，耐心听取孩子的建议，允许孩子自主，但也给予适度的管理、约束。在和孩子亲切、平等的时候，也应抓住每个教育的时机，给孩子适宜的指点和教导。

父母平时应该多带着孩子外出，体会大自然，并多让孩子参加一些社会活动，让孩子在自己亲力亲为的过程中找到快乐。

家庭是最好的课堂，父母是孩子第一任老师。父母应具备一种积极、乐观面对生活的态度和一些良好的意志品质。教育即为上行下效，我们的习惯和态度都在潜移默化地影响着孩子，我们的一言一行无不成为孩子模仿的对象，我们希望自己的孩子成为怎样的人，我们首先自己要做到，只有这样，才能成为孩子的榜样，成为孩子的良师。

父母在处理自身问题和家庭问题时的乐观态度，对孩子具有重要的示范作用。孩子通过观察和模仿逐渐养成乐观品性。当孩子遇到不顺利的事情而悲观时，父母应带领孩子对问题进行多方面的思考和衡量，并让孩子明白他的悲观思想中存在的逻辑错误。塞利格曼指出，父母批评孩子的方式正确与否，影响着孩子日后性格的乐观和悲观。父母对孩子的批评应该恰如其分，不应把孩子几次错误夸大成永久性的行为。父母应该具体指出孩子的错误及犯错误的原因，使孩子明白自己所犯错误是可以改变的，并知道从何处着手改变。给孩子向上的力量吧！孩子能因此树立自信心，不断发展能力，成为生活中的佼佼者。

尊重孩子的感受。孩子快乐、生气、委屈、害怕等情绪都会自然地出现，而且比我们成人来得更直接。这些情绪对孩子来说都有着其存在的价值。比如快乐让孩子保持良好的心境，并愿意再次尝试或保持这种现状；而生气则让孩子出现认知上冲突，他们会试图改变这种现状，去重新找回快乐的状态。而这种试图改变正是孩子成长的动力；同时愤怒生气等也可以起到“安全阀”的作用，帮幼儿疏导自己的失落或伤心。因此，孩子的各种情绪体验都应当被接纳和尊重。所以，专家告诫各位年轻的父母，对着一个正在哭泣的孩子大叫“收声，我数到 3 马上收声”，是很不妥当的做法。

其实，快乐来自生活中的点点滴滴，比如让孩子洗个碗、擦擦地，也可以让孩子感到是件非常快乐的事情，关键是要让孩子懂得快乐的源泉。同时父母也不要太满足孩子肆无忌惮的要求。如果孩子的快乐是建立在虚荣心上，就应该及时阻止。尤其需要注意的是，不要让孩子把自己的快乐完全建立在物质基础之上。

## 二、让孩子学会自我保护

孩子是一张白纸，你说什么他就会信什么，家庭教育中最不可忽视就是孩子的自我保护意识了。自我保护一方面是指孩子要应对的外界突发情况，另一方面却是指孩子要谨慎地对待一些心怀不轨的人。

人们在未遭受突发事件、刑事犯罪分子侵害，没有面临生与死的威胁时，似乎感受不到保护生命的重要性。而当一个人真正遇到危险，意识到需要自我保护的时候，基本的自我保护能力就显得非常重要。培养孩子从小学会自我保护非常必要。

在一个十分繁华的商场发生了这样一件事：

有三个十四五岁的学生放学后到商场里闲逛，遇到了一伙人，其中有一个人对走在后面的一个学生进行勒索，并用刀子相威胁。走在前面的学生回头看见了就返回来，周围也围了几个人。

勒索者见周围人多只好作罢，学生也把拿刀子的人放了。勒索者见学生们还不紧不慢地往前走，就又返了回来。两个学生跟他理论，暂时稳住他，另一个学生跑去报了警，警察及时赶到，才未酿成大祸。

事后，记者问："歹徒威胁你们时，你们是被动的，是受欺负的，你们为什么不呼救？"

学生们答："没想起来。"

记者："歹徒第二次返回来再次威胁你们，你们为什么还不呼救？"

答："周围有那么多人在看着我们都不管，喊也没用。"

这种想法是不对的。只要喊一声"救命"，问题的性质就不一样了。你不喊，人们还以为是两伙流氓在斗殴，人们在看热闹。你喊了，人们就会明白，流氓在欺负赤手空拳的孩子，就会引起巡逻警察的注意，毕竟是繁华的地方，歹徒也胆怯，情况就会完全不一样。

在学校有一节自我保护课，就是专门练习遇到危险时呼喊"救命"的。开始 90% 的人喊不出来，为什么？怕别人笑话，在虚拟的环境中尚可以这么解释，那么上述三个学生都遇到生命危险了，为什么也喊不出来呢？第一他们根本就没有想起来，第二他们没有受过这种训练。

孩子们或许看美国电影《小鬼当家》看得太多了，把犯罪分子的智商估计得太低了，把自己的智商估计得过高，觉得自己就是智多星——小鬼。平时，什么道理都明白，但一遇事，就什么都忘了。说起来头头是道，做起来却一塌糊涂，不知从何做起，认识和行为形成极大的反差。现实生活毕竟不是文艺作品，犯罪分子正是利用了孩子们的这些弱点，才屡屡得手。

有一位老师问学生们："陌生人敲门开不开？"学生们都说："决不开门！"但在实际生活中，这些孩子又是怎样的呢？第二天老师派人随访了三个学生，结果是敲一家，开一家。

生活是美好的，但仍需具备防范意识。有项调查发现，60% 的事故是发生在家里，或者在家的周围，家是过日子放松的地方，却往往更容易出问题。进入青春期的少男少女，他们觉得自己大了，不再需要父母带着外出了，能独立到商场等活动场所了。虽然他们的身体发育已接近成年人，但心智仍未发育成熟，父母仍应对孩子进行自我保护的教育。

平时，父母应告诉孩子，对于陌生人问路或请求协助寻找丢失的宠物之类的事应保持警惕，这是犯罪分子诱拐孩子的两种普遍的策略。如：有的罪犯装作认识你，叫出你的名字；有的罪犯自称是消防人员，编造你家房子着火的紧急情况，然后试图诱拐孩子。父母应告诉孩子，任何人甚至是警察和消防员，在未得到孩子监护人允许的情况下，都不能将他们带走。

在紧要关头，应该相信直觉。父母不仅要告诫孩子留神从接触的人或事中获取不安的感觉，还要注意倾听，鼓励孩子讲出他感觉不安的人和事。

父母不仅要经常叮嘱孩子“不要跟陌生人说话”，还要让孩子知道伤害他们的不一定都是陌生人，有些带着伪善面具的熟人也可能是坏人。所以父母一定要帮助孩子“过滤”交往的对象，并教孩子注意识别。

孩子身单力薄是很难打败罪犯的，但是孩子却可以做出许多吸引周围人注意力的事情，比如大声呼喊：“救命！他不是我的爷爷！”骑自行车的孩子可以利用自行车为掩护物，让罪犯难以将其劫持走，同时大声呼救。这样会引起围观者的注意和警惕，争取得到救助。

要勇敢地说：“不！”每位父母都想培养一个有教养的孩子，但也应让孩子知道，什么时候可以打破常规。比如，有人威逼孩子做危险的事时，要勇于说“不！”

在日常生活中，父母与孩子要经常交流。如果孩子对某人有所不满，父母不要简单地说，不许说某人坏话，而要和孩子一起予以分析，这样孩子才能畅所欲言。一旦他遇到不如意的事，或有人骚扰了他，孩子能够向他信赖的人尽情倾诉。孩子知道有人时刻在关心着他，就能减轻心理压力，减轻心理伤害，并能及时让坏人得到应得的惩治。

孩子到了四五岁，父母就应向孩子说明泳衣遮盖的部位是个人隐私区，任何人都无权接触。即使是医生做检查，也应要求监护人在场监督，这是儿童的正当权利。

教育孩子上学放学、外出办事尽量走大路，少走僻静小路。若必须走僻静小路，最好结伴而行。如遇坏人打劫，尽快避开，跑向人多的地方，同时大声呼救。

教育孩子严格遵守交通规则。不逆行，不抢行，不闯红灯，不骑快车，不与同学比赛，不拉手搭肩，经常检查车闸灵不灵，不骑车带人。要以实际事例说明不遵守交通规则的危害。

教育孩子在体育活动中注意安全。要按老师要求，做好准备活动，进行单杠、双杠、高低杠、木马、吊环等运动，一定要有人保护，不能单独做有危险的动作。掷铅球、手榴弹躲开危险区域。游泳时量力而行，不要逞强，学会游泳再进深水。跳水要有人指导，不能盲目胡来。

教育孩子在劳动中注意安全。有些劳动需要使用各种工具，使用不当易出事故。教育孩子听清指导者的说明，按操作要领干活，不可蛮干。有些化学制品会有毒性，不能乱动。许多劳动现场，安全要求十分严格，必须听从指挥，按要求去做。

教育孩子如在外发现火灾、有人溺水等要大声喊人，不要自己去救火，不会游泳，不会救护，千万不能下水救人。

预防精神污染，避免孩子受骗上当。教育孩子在精神领域学会保护自己。现在社会上报纸、图书、杂志、电影、网络等媒介中都会有不健康的东西腐蚀青少年。父母要经常跟孩子讨论什么是健康的，什么是有毒害的，提高孩子的鉴别能力。要自觉抵制不健康的东西，要勇敢拒绝诱惑。父母更要以身作则，洁身自好，以良好言行保护孩子的纯洁心灵。

能帮你的人很多。遇到麻烦找警察，是最基本的常识，但仅此还不够。假如警察不在附近，孩子就不会求助任何人。还应让孩子知道，公园、商场、电影院等地方的工作人员都可以求助，多一个机遇就多了一个生存的希望。

在日常生活中，人们不免会遇到一些紧急情况。当遇到危害时，及时正确地报警是首要环节，一旦报警出现失误，不仅会使公安机关失去战机，而且还会使受害者受到更大的损失。因此作为父母不但应该熟练掌握常用的报警、急救方法，还应该教会孩子正确使用这些方法和注意事项。

**1. 遇事拨打“110”。**

“110”是警方为了更及时地打击犯罪而设立的报警服务台，全天候接受公民的报警求助。打“110”是最快捷的一种报警方式。

**2. 报告主要内容。**

发现、发生案件的时间、地点，现场的原始状态，有无采取措施，犯罪分子或可疑人员的人数、特点、作案工具、车辆情况（颜色、车型、牌号等）、携带物品和逃跑的方向等等。打“110”报警时还要讲清你所在的位置。使用的电话号码、联系方式。

**3. 就近迅速报警。**

如果身边没有电话，或者遭到侵害危急，要到距自己最近或最方便的公安机关报警，也可以向巡逻、交警求助。这样既可以节省时间，也便于警方出击。

**4. 灵活机动报警。**

万一你遇到歹徒的袭击，无法自己报警，或因行动不便，要及时委托家人或周围的人报警。对一些非现行案件，也可以通过书信形式报警，注意书信内容要真实，字迹要清楚。

**5. 及时医治身体伤害。**

如果因遭受不法侵害身体受到伤害，在请他人报警的同时，可以先及时到附近的医院就诊，要注意保存好病历、各种辅助检查（如X线、CT检查等）的结果，及时报告公安机关。

**6. 准确提供物品丢失情况。**

说明是什么物品、它的颜色和形状如何及损害程度如何，陈述得越详细，对破案越有利。如果你被盗抢的是手机或存单、存折、银行卡等物品，要及时到有关部门办理停机手续或停止付出手续。

## 三、心理健康是第一财富

心理健康是指人在生活中能保持稳定的情绪，愉快的心境，敏锐的智力，适应周围环境的能力。孩子心理健康应表现在：热爱学习，积极思考，勇于战胜困难，努力争取优异成绩；乐于与同学交往，能和他人建立正常的友谊；能了解自己的优点和缺点，尽力发挥自己的优点，对自己无法弥补的缺陷不怨天尤人；能适应环境的变化，采取积极态度去处理各种问题。

少年儿童身上也会出现心理障碍和心理疾病。父母要切实了解自己的孩子，帮助他们走出心灵的迷津。

青春期的孩子最容易产生孤独感，他们在内心里很想摆脱父母的束缚，而自己的翅膀又还不够坚硬，他们很难快乐地享受亲情；同时，又处于有强烈逆反心理时期，容易与同学较真、争论等。

李宁羽的爸爸经常出差，妈妈经常加班。李宁羽最大的心愿是希望能和爸爸妈妈一起逛公园，还希望能吃到妈妈亲手炒的菜。这不是太高的要求，但李宁羽却难以得到。他经常一个人待在家里，吃的是外面送来的盒饭。爸爸妈妈永远都是十分忙碌。他让妈妈给他买一只会说话的小鸟，但妈妈总是没时间去买。当同学们说起自己的父母又带自己去哪儿玩了，李宁羽心里特别难受，一个人孤孤单单地坐在一边。他羡慕同学们都有一个好爸爸、好妈妈，唯有自己的爸爸妈妈似乎从未想过儿子的存在。爸爸、妈妈总是说他们挣钱是为李宁羽生活得更好。事实上，李宁羽真的好希望父母歇一歇。李宁羽并不需要太多的钱，而是需要父母的温暖和爱心。李宁羽不能理解父母，他也不再问妈妈："是否能早点回来？"不再问爸爸："什么时候去公园？"他变得沉默寡语，所有的心事都藏在沉默之中。

有一天，父母要带李宁羽去海底世界，李宁羽却说不想去。父母很诧异。李宁羽还是坚持不去。妈妈耐心地询问李宁羽是不是有什么不高兴的事情。李宁羽终于将满腹委屈倾诉出来了。爸爸、妈妈意识到了问题及时向李宁羽道歉，并表示愿意改变，以后多与他交谈、郊游等。爸爸出差在外，会在电话里问及儿子的生活、学习等。妈妈也尽量少加班，多同儿子聊天、谈心。周末时，妈妈会让儿子邀请他的同学来家里玩或一起复习功课，同时，妈妈鼓励李宁羽多参加学校的各种集体活动。李宁羽的性格渐渐开朗起来了。

孩子年幼，但内心世界还是很丰富的。他们比较稚嫩，也就更渴望亲情的呵护，获得友情的快乐。孩子的心灵是纯洁的，他容易与人交流，同时，又容易受到伤害。

陈云英博士是中国首屈一指的特殊教育专家，外国同行羡慕她"征服了世界"，因为她的弟子遍布天涯海角。丈夫林毅夫博士是中国经济学殿堂的佼佼者，在国际经济学界崭露头角，他的研究成果，曾荣获国际粮食奖和中国孙冶方经济学奖。也许是陈云英深谙教育学和心理学，她对儿女的管束似乎和别人也不同，她最关心的是孩子心理发育是否正常，而不是得分多少。她有时会用陈家传统的"得失观"来教育子女，不要计较一时一事的得与失，眼光要放远；有时会用他们自己的经历来教育孩子，希望他们能像父母一样有理想和抱负，但在琐碎的事上过问不多。陈云英总是说，在家里父母对孩子不能像牧师布道，也不能像法官判决。孩子们喜欢读课外书，她支持；孩子们的房里有些乱七八糟，衣不叠，被不整，她也无所谓，她觉得这才像个家。他们的儿女都在北京师范大学实验中学读书，读高一的儿子已颇具乃父之风，关心国家大事，经常在国际政治、经济问题上发表自己的看法。有时妈妈跟他说些家常事，已经 1.9 米的儿子会很认真地说"那是女人的事"。陈云英"无奈"地说，"这儿子和老子真是一样"。她的女儿读初中二年级，活泼开朗，爱读课外书，尤其偏爱中国古典文学。

父母为保护孩子的心理健康成长，应创设良好的家庭氛围，为孩子提供安定和睦、融洽温暖、公正民主、相互尊重的心理环境。这对养成孩子正确的认识、健康的情感、坚强的意志，防止心理病患，保证其茁壮成长有着重要的意义。

针对孩子的个性特点进行教育。事实证明，父母教育方法不当，违反孩子的心理规律，没有对症下药地教育，往往适得其反，既达不到教育的效果，还伤害了孩子的自尊心，引起心理紊乱，影响到心理健康。最常见的违反心理规律的教育方法是强制、恐吓、训斥、谩骂，甚至体罚，造成孩子的逆反心理，使孩子脾气越来越犟。良好的教育方法是引导自觉，使孩子产生内心的醒悟。当然，孩子的个性各异，教育也不能千篇一律，必须是一把钥匙开一把锁。对自卑、自暴、自弃的孩子，要采用暗示、表扬的方法，使孩子看到自己的优点和能力，增强自信心；对个性强的孩子，批评要顾及情面，留有余地，要使其自己发现缺点和错误；对吃硬不吃软的孩子就不能过于迁就和温存。

为孩子营造安逸的生活环境，让他们“万事如意”，免受一切挫折，这似乎成为许多父母，尤其是家境比较优裕的孩子父母的共同追求，体现出对下一代的厚爱。但爱是一门艺术，是一种能力。现在大多数是独生子女，他们不同程度上存在着任性、脆弱、依赖的弱点，这与父母对独生子女的溺爱、娇惯是分不开的。父母的目光总是盯着唯一的孩子，唯恐发生意外，孩子就像离不开卵翼的雏鸡，不会从自己周围发现危险的迹象，无法获得抵御危险的能力和战胜挫折的经验。可人的一生中总免不了有“山重水复疑无路”之时，如果孩子从小就能不断经历一些小逆境，长大了，即使身遇逆境也有较强的心理承受力，能不屈不挠披荆斩棘，走出逆境。

重视孩子的用脑卫生。头脑是心理的器官，当然也是心理健康的基础。父母要合理安排孩子的生活，如每日早晨起床后，先到室外活动，呼吸一下新鲜空气，跑跑步，做做操，然后再读书。关心孩子的文体活动，注意劳逸结合，教会他们科学地使用大脑，保证大脑功能的正常发展。此外还要注意加强营养，多吃些蛋白质高的食品，促进神经系统的活动，提高学习效率。用脑得法，有张有弛，就既能取得优异成绩，又能保证身体健康。

## 引导孩子保持心理健康的方法

1. 与同学友好、坦率地交谈，不让内心积存任何消极不良的感情和情绪。

2. 暂时避开使自己烦恼的情境，以恢复心理上的平静或使心理上的创伤愈合。

3.“忘我”地去干一件事情，转移消极的思想感情，将苦闷、烦恼、愤怒、悲哀等感情抛开。

4. 对别人要谦让，要宽宏大量，减少烦恼、愤怒、焦虑等紧张情绪，保持愉快的心情。

5. 助人为乐，使自己心满意足。

6. 做事善始善终，以保持充足的信心。

7. 避免出现超乎常态的行为，不要做力不从心的事。

8. 有时可采取被动的守势，给对方机会，以避免因人际关系紧张，使自己产生紧张情绪。

9. 养成良好的自我管理能力，破除依赖心理。

10. 制订一份愉快而又切实的修养身心的计划，保持心情愉快，充满信心。

### 您的孩子心理健康吗

以下1～6题选“A”记1分，选“B”记0分；7～15题选“A”记0分，选“B”记1分。最后分数相加与答案对照。

1. 平时孩子是否会轻易被逗笑？

A. 是　　B. 否

2. 晚上孩子能否自己安静地躺下睡觉？

A. 能　　B. 不能

3. 孩子的饭量是否稳定？

A. 是　　B. 否

4. 孩子有没有要好的伙伴？

A. 有　　B. 没有

5. 孩子是否能够做到夜间不尿床？

A. 能　　B. 不能

6. 孩子能否安静地独自待一会儿？

A. 能　　B. 不能

7. 孩子是否经常耍脾气？

A. 是　　B. 否

8. 孩子是否总把家人激怒？

A. 是　　　　B. 否

9. 孩子是否挑食？

A. 是　　　　B. 否

10. 孩子吃饭时是否经常耍脾气？

A. 是　　　　B. 否

11. 孩子是否经常失去自制力？

A. 是　　　　B. 否

12. 孩子是否总是需要被看管？

A. 是　　　　B. 否

13. 孩子是否有吮手指的习惯？

A. 是　　　　B. 否

14. 孩子是否经常抽噎、啜泣？

A. 是　　　　B. 否

15. 孩子是否有恐惧心理？

A. 是　　　　B. 否

## 答　案　（仅供参考）

◆ 11～15分

您的孩子心理很健康，您和孩子都需要继续努力，从小培养良好习惯，可激发孩子在生活和学习中更大的潜力。

◆ 6～10分

您的孩子心理健康中等，存在一定的隐患。孩子成长的道路有时不可能是一帆风顺的，父母应注意培养孩子战胜失败、消除恐惧的技能，磨炼孩子的意志，提高孩子的抗挫能力。

◆ 0～5分

您的孩子心理健康指标较低，这可能是由于多方面的原因造成的。作为父母，让孩子的身体和心理健康成长，责无旁贷。您可以针对孩子相应的弱点慢慢地有耐心地寻求解决的方法，如果必要时您也可以去寻求心理专家的帮助。

## 四、生命在于运动

作为父母，要培养孩子对体育的兴趣，让孩子养成爱好锻炼的生活方式。3 至 12 岁是孩子形成良好习惯的关键期，此时孩子在生理上处于生长发育和素质发展的敏感期，孩子的可塑性大，最容易接受成人的引导与训练，所以，此阶段正是养成孩子自觉锻炼身体习惯的好机会。随着人的年龄增长，由于受旧习惯的干扰，新习惯就难以形成。

公布高考成绩那天，北师大二附的高三学生刘倩莹看了一个通宵的世界杯比赛。中午，妈妈打电话回家报喜的时候，她还不知自己是今年高考的理科第一名，只知道数学 148，语文 137，英语 146，理综 288，总分 719 分。后来，正在刷人人网的她看到网友爆料分数后还调侃道："难不成今年的理科第一名是我？"成为理科最高分，刘倩莹多少有些意外。她坦言，高考和之前的一模、二模相比有差距，数学、生物、语文都不简单，"最终成绩出来比预想的好"。就这样一个优秀的女孩，她的业余爱好居然是踢足球。平时，她会在校园里跟男生一起踢足球，偶尔觉得不过瘾，还要跑到对面北京师范大学的操场上和大学生一试身手。这个暑假，除了看世界杯，她还跟同学、家人出去旅游。北大是她向往多年的地方，"我喜欢那里自由的氛围"。虽然还未收到北大的录取通知书，但是她已经接到北大招生办打来的录取电话，梦想即将成真。

有很多父母把主要精力都放在孩子的学习上面了，认为孩子的身体有了足够的营养就可以了，实际上，营养是一个方面，而体育锻炼是更为重要的另一方面。

适当的体育锻炼可以促进全身血液循环，保障骨、脑细胞充分营养，从而促进长征激素分泌及肌肉、韧带和软骨的生长。有利于长高的运动形式有徒手操、大幅度有力摆臂行走、跳绳、单杠、短跑及各种球类。对运动形式的选择应因人而异，一岁的小儿已能站立和独立行走，在鼓励他们行走的同时，还要有意识地通过玩具锻炼他们手的动作，可以搭小积木和套圈。两岁左右的孩子，行走已不成问题，可以进行跳跃、攀登、投掷、上下台阶等方面的锻炼。三岁的孩子可以让他们随意跑跳，迈过简单的障碍物，双脚交替上下楼梯等。随着孩子年龄的增长，体育锻炼的项目也应不断增加，长时间的耐力性强的不宜过多，应把锻炼的重点放在可增强灵敏度的项目上。还要多带孩子到户外去活动，呼吸新鲜空气，接受阳光照射。

有一对父母，经过他们的精心培养，他们的孩子刘洋上了大学，读了博士研究生，并在读书期间加入了中国共产党。他们在总结经验的时候谈到的一条重要经验就是“做父母要言传身教，以身作则”。母亲白玉珍写道：从孩子上初中开始，我们就和孩子分室居住。孩子的起床也不再由我们去喊，而是改由闹钟去“叫”，有时甚至早晨听到敲门声，我们做父母的都很奇怪，这么早就有人叫门？起床一看，原来是孩子锻炼回来了。由于一直坚持锻炼，孩子的身体很好。凡是学校开运动会，我们父母均支持孩子报名参加。到高中毕业时，刘洋竟跑出了1500米第一名的好成绩。

父亲从孩子上学前一年开始就带领、陪伴孩子早晨起来进行长跑锻炼。开始孩子小，父亲就慢跑或者跑“之”字形，既可以保护孩子，又能监督孩子的跑步速度，还起着陪伴和榜样的作用。慢慢地，孩子长大了，保证安全的作用就变小了，由于养成了好习惯，监督的作用也消失了。到后来，父亲再也比不上孩子的速度了，形式上的陪伴也不存在了。但父亲仍然和孩子一起跑步，连跑步的路线都一样。为什么呢？就是要在孩子的心目中树立一个榜样。孩子养成了跑步的习惯，有时父亲不在家，孩子也照常去锻炼。

父母是孩子的第一任老师，也是孩子最信赖的老师。父母的一言一行不仅影响着孩子的一朝一夕，有时还可能影响到孩子的一生一世。

给孩子创造运动的条件。要创造条件，鼓励、支持孩子参加各种体育锻炼，以增强孩子身体各部位的机能和适应环境的能力，增强孩子的体质。比如，父母可定期带领孩子参加一项体育锻炼，或给孩子报体育锻炼方面的学习班，让孩子在专业老师的指导下学习锻炼技巧。

训练孩子的运动能力，应该为孩子准备场地，且场地必须安全。父母不要整天将孩子关在家中。比如，孩子从幼儿园出来时，总希望在外面玩一会儿，这时父母不要急着把孩子带回家，应该让孩子做些必要的户外活动，可以在居住地的周围找一块空地让孩子蹦蹦跳跳。有些住宅区周围过往的车辆很多，父母应该特别注意安全。

给孩子提供一些活动用品。孩子为运动而运动总感到枯燥，父母可为孩子配置必要用品，增加活动的兴趣性，如球类、沙包、飞盘等。另外，为了方便孩子的运动，应该让孩子穿运动鞋和运动服。

在孩子缺少玩伴时，父母应充当孩子的玩伴，如与孩子一起拍球、传球、单腿跳等。因为5至10岁的孩子竞争意识增加，他们重视行动后的结果，所以父母与孩子一起玩，可以促进孩子运动能力的提高。

## 五、给孩子合理的营养

孩子的生长发育有两个时期非常重要：一个是婴幼儿时期，另一个是青春期。这两个时期一定要给予孩子充足的营养成分。

人类从胚胎期开始直到生命止息，都离不开营养。营养是生命的物质基础。古语说："民以食为天，病以食为先。安民之本，必资于食。安谷为昌，绝谷则危。"这也说明了饮食的重要。

孩子的生长发育、健康水平、智力水平也都与营养密切相关。营养不良会对孩子的大脑发育产生灾难性影响，造成智力和体格发育不良，并且在成年后也无法弥补，同时还会把智力缺陷传给下一代。而且，孩子营养不良，会造成耐力差、易感疲劳，注意力和记忆力减退，影响体力活动和脑力劳动效率。

我国是一个人口众多的多民族国家，地域之间的生活条件和习惯不尽相同。调查表明：大部分人的营养状况有了明显的改善；但是，一个家庭或一个群体的收入状况和他们的营养状况往往并不是平行的。就是说，收入高了，不一定营养就好了，或是在孩子身上花了更多的费用，孩子不一定就真正能得到好处，生长发育得更好。

孩子正处于体、脑发育期，所以充足、合理的营养对他们显得尤为重要。孩子成长发育所需要的营养素可分为六大类：蛋白质、脂肪、碳水化合物、维生素、无机盐和水，同时膳食纤维可归于碳水化合物一类中，也可单独列为一类。营养素的供应主要来源于食物，所以父母应合理安排孩子的饮食，为孩子一生的健康打下良好的基础。

父母如何给孩子合理的营养，更好地促进他们的生长发育呢？

合理安排一日三餐。让孩子身体健康谐调地发育，应从安排早、中、晚三餐开始。孩子早餐应该是淀粉和高蛋白食物，再适当加些小菜。淀粉类食物即传统的各类主食。高蛋白的食物如鸡蛋、牛奶、豆浆、肉类等。小菜，如拌海带丝、拌芹菜萝卜丝、花生米、豆腐干、咸菜等。每天的早餐有这三类食物，孩子一上午精力充沛，自然可以专心学习了。午餐，既要补充上午的热量消耗，又要为下午作好储备。所以午餐应该给孩子提供较多的热量和营养素，也就是要有适量的蛋白质和脂肪，而且要合理搭配，谷类食物、蔬菜、豆制品、肉类都要让孩子吃到，尤其是蔬菜，有些孩子不爱吃蔬菜，父母也觉得蔬菜反正没什么营养，不吃就不吃吧。这是不对的。晚餐要吃少。这对孩子也适用。原因很简单，因为孩子睡觉早，活动少，晚间的消耗就少，吃得太多，营养积存在体内就变成脂肪堆积起来，长期下去孩子就会发胖。睡觉前可以喝一杯牛奶，牛奶有助于消化、补钙、安眠。

饮食要均衡。孩子每天必需的各类食物，包括主食 300 ～ 500 克（男孩至少要保证每天有 500 克主食），肉、禽类 100 ～ 200 克，豆制品 50 ～ 100 克，蛋 50 ～ 100 克，蔬菜 350 ～ 500 克。此外，还应多吃些水果，特别是含葡萄糖较多的浆果，如葡萄、草莓等。海带、紫菜等海产品及香菇、木耳等菌藻类食物，每周也应选择食用。孩子正是生长发育期，需要的钙较多，应多吃些虾皮、排骨、骨头汤等，通过饮食来补充骨骼成长所需要的钙。

掌控好孩子的零食。父母要给孩子选择合适的零食。在选择零食的时候要考虑孩子的年龄特点和消化能力。比如水果，是各年龄段孩子喜欢吃也能够吃的零食。因为水果中含有葡萄糖、果糖、蔗糖，易被人体吸收，也是维生素 C 的主要来源。含碳水化合物较多的谷类食物经膨化制成的食品，酥脆易于消化，可让孩子适量摄入。另外，还可选松软的面包、蛋糕、脆饼干等作为孩子的午后加餐。此外，坚果类也可作为孩子的零食。如花生、瓜子、开心果、榛子、核桃等，因含油脂较高，经加工制作后吃起来不但味道很香，还含有人体需要的一些必需脂肪酸、B 族维生素、微量元素锌等，这些都是孩子们长身体所需要的营养素。糖果类零食是纯热量食品，巧克力虽然含有一些蛋白质和脂肪，但主要是提供热能，这类食品营养价值不高，不宜作为孩子经常选择的零食。总之，父母应掌控和安排好孩子的零食，既要增加营养素的摄入量，又要满足孩子的口味，同时又不能影响主食进餐量，不让零食喧宾夺主。

纠正孩子不良的饮食习惯。不良的饮食习惯是使青少年致病的重要原因之一，父母要保持孩子的健康，就要多从饮食中把握细节，及时纠正孩子不良的饮食习惯。不要边走边吃东西；不要一边吃饭，一边看书报或电视；不要在吃东西时嬉笑、打闹；少吃带香味和有色素的食物；不要带着惊、恐、忧、伤、思的情绪吃饭。

不可给孩子乱补营养素。在电视广告、报纸广告、灯箱广告、路牌广告中，越来越多的营养补品广告也随大流“狂轰滥炸”，这个画面提醒你别忘了给孩子补钙，那个声音呼唤你别忘了给孩子补维生素，面对这种猛烈的广告信息轰炸，父母该如何做呢？

父母应该清醒地认识到人体对热能及营养素的需求并不是无限制的，也不是越多越好，而是要适度。“适度”的含义不仅指热能及营养素的总量要适度，而且各营养素之间的比例也需要适度。营养严重不足，可以使孩子患上营养缺乏病，但营养过剩，同样也可以使孩子致病。如果在补品广告的狂轰滥炸之下，父母晕晕乎乎跟着广告跑，把大包小包的各类营养补品抱回家，不分青红皂白，给孩子一阵猛补，其结果，可能并不是父母所期望的“雪中送炭”，而是始料不及的“雪上加霜”。

营养专家警告：营养素补充如果超出人体所需要的量，会导致人体中毒。如维生素D，成人每天持续服用多于100 000国标单位，则可发生中毒，症状是倦怠、恶心、呕吐、便秘、多饮、多尿、脱水、肾脏钙沉着、血胆固醇升高。小孩子因体质不同，有的一天持续服用2 000～3 000国际单位，即可引起中毒。据国外报道，英国近年来因大量采用维生素D强化食品喂养婴幼儿，两年内已发生维生素D过多症数百例。长期摄取过多维生素D会使幼儿头盖骨和缝合线提前钙化。脑的发育成长没有余地，从而影响儿童的智力发育，而且不易恢复。

因此，父母切不可盲目地超量地给孩子补充营养素。

父母可带孩子到医院进行体格检查，包括身体测量、临床体检和营养素缺乏病体征检查，也可让医生给孩子进行生化检查，进行体内有关营养素含量的测定。主要测血液、尿液中某些营养素或代谢产物的含量，以反映肌体的营养水平。在通过以上诸种方式诊断以后，如果诊断结果确实证明孩子已严重缺乏某些营养素时，则应在医生、营养师等专家指导下，采取一些特定的方式对孩子进行营养素的补充。补什么，补多大量也应严格遵循医生等专家的指导。

## 六、控制孩子无节制地玩电子游戏

电子游戏、电脑、网络问世后，让孩子爱不释手，终日在屏幕前玩耍。很多父母都为此感到烦恼，纷纷限制孩子打游戏的时间，为此产生大量亲子矛盾。孩子在家玩不成就溜出去上网吧，或者偷偷用手机玩。

11岁的王明辰学习一向不错，但最近成绩却一落千丈。父母发现，原来他是将时间和精力花在了玩电子游戏上。父母如果稍加阻拦，他就会大闹，不再像以前那样乖巧听话了。

像王明辰这样的孩子，想必有不少。孩子迷恋电子游戏，影响学习，变得不听话，让父母很是烦恼。

现在的孩子，尤其是男孩，特别喜欢玩游戏。有的孩子长时间沉溺于电子游戏，一旦停止就出现难以摆脱的渴望玩游戏的冲动，形成精神依赖和相应的生理反应。恢复操作电子游戏后，精神状态便恢复正常。这些行为特征与毒品成瘾行为有着许多相似之处，会产生身体和心理的不良反应。从心理学上来讲，电子游戏特有的行为强化机制，可使成瘾行为不断强化。但并非所有玩过电子游戏的孩子都会成绩下降、品行不端，关键在于是否上瘾，而是否容易上瘾往往又与孩子自身某些心理原因有关。如那些性格内向、希望得到重视而又十分孤独的孩子，或者生活中遭受过挫折、学习成绩不突出、心情压抑的孩子，或者成绩下降而对环境不适应的孩子，这样的孩子最容易上瘾。

电子游戏成瘾有诸多害处：

首先，在玩游戏时，孩子被游戏发出的信号所左右，这对孩子的智力发展和动手能力的发展毫无益处。

其次，现在许多电子游戏有色情与暴力内容，对孩子是不宜的。大众场合的电子游戏厅多有赌博嫌疑，孩子也不宜涉足。

再次，迷恋电子游戏会影响孩子的身心健康。迷恋电子游戏可能导致孩子神经紊乱症，引起癫痫，引起眼睛疲劳，造成近视。经常玩电子游戏，还容易喜怒无常、身体无力、精神萎靡不振。

随着科技的发展，电子游戏的种类呈现多样化，电脑或游戏更是吸引了众多孩子。很多父母给孩子买电脑是为了让他学有用的电脑知识，而孩子却迷恋上了游戏，事与愿违。让孩子完全拒绝电脑，这是不现实的。只要教育引导得好，电脑或手机完全可以成为孩子学习的有力帮手。

对孩子玩电子游戏，是放任自流，还是有效控制？这实际上考验的是父母的智慧。从另一方面讲，现在的孩子（男孩尤甚）如果不会玩电子游戏，在同学中似乎都少了许多的共同语言，甚至还会被当作“怪物”看。

这是一位母亲的叙述：

孩子爱玩手机游戏，而且经常玩得爱不释手。我开始有些担心了，这样下去不行，孩子会沉迷手机的。我想了想，对孩子说，手机玩太久对眼睛不好，对身体也不好，每次只能玩一小会儿。

可是，孩子坚持要玩。我说：“妈妈可以给你玩，但是妈妈有一个条件，你要是答应妈妈，说话算话，妈妈就让你玩手机。”孩子问：“是什么条件？”我说：“妈妈的条件很简单，每天只能玩一次手机游戏，每次只能玩10分钟，妈妈会帮你看着时间。”

孩子没有立刻答应，而是沉默了一会儿才答应。我说：“那我们就这样定下来了。如果你能好好遵守这个规则，妈妈还会给你额外的奖励，比如周末的时候可以多玩十分钟。”

自从制定了玩手机的规则后，孩子说话算话，我心里觉得很安慰。

也许有人会说，给孩子玩手机是不好的。但是我想说，现在是信息时代，孩子模仿得很快，学得也快，不用教就会玩手机。而很多父母没有给孩子制定明确的玩手机的规则，导致很多孩子沉迷于手机、网络。

随着人们生活水平的不断提高，现在没有几个家庭不置有电脑，有的甚至还好几台。不管是为了了解信息、增长知识，还是为了方便学习和工作，甚至纯粹为了娱乐消遣，其初衷都是好的。但随着电脑的普及，不少家庭也出现了这样或那样的问题，其中最突出的就是孩子沉迷于电脑游戏，父母为此大伤脑筋，甚至到了谈虎色变的地步，终日惶惶不安，生怕孩子玩物丧志、学坏、影响学习，等等。为这事，大人与大人之间、大人与孩子之间产生了很多矛盾，有些家庭甚至为此伤了亲情，让人痛心。

那么，电脑游戏真的就如此可怕吗？难道真的只能任由其干扰我们的生活而束手无策了吗？

其实，只要父母对孩子玩游戏这件事管理得当，它不仅不会干扰到正常的学习、生活秩序，而且还能在激发孩子的学习热情和改进孩子身上的许多不足之处等方面派上用场。

电脑游戏不是洪水猛兽，在管理上与其“堵”不如“疏”，正确引导是关键；再说，堵是很难堵住的，孩子小时或能奏效，大了未必管用。

孩子爱玩电子游戏有以下几个因素：

第一，孩子天生具有好奇、好问、好探索的天性，许多争斗性的网络游戏迎合了孩子的天性，所以深受欢迎。

第二，男孩子喜欢争斗、打闹的场面，更希望参与其中。在这种氛围中孩子可以把生活中的压抑烦恼肆无忌惮地释放，同时也让他们真正享受到愉悦和快乐。

第三，学校和父母都非常重视孩子的智力开发以及学习成绩，在大多数情况下，孩子的时间完全被做作业和学习文化课程占用，于是，就出现了孩子向往玩电子游戏的情况。

第四，由于目前许多同学都在玩电子游戏，当您的孩子与同学交流和交往时，如果缺乏这方面的经验，就会被同学所排斥，所以这也是他坚决要玩电子游戏的原因之一。

综合上述的因素，孩子玩电子游戏并没有什么过错，也没有必要对孩子玩电子游戏好像意犹未尽而过于生气。

防止电子游戏这一“电子海洛因”对孩子产生毒害要靠全社会的努力。学校要注重素质教育，充分挖掘孩子多方面的潜能。父母也应注意教育方法，要多与孩子沟通，培养孩子健全的性格；平时要善于引导孩子多看有益的书籍或者操作有意义的教育软件，把孩子的兴趣和精力引往正途。

那么，父母应怎样正确引导孩子呢？

父母要引导孩子正确认识电子游戏。电子游戏有自己存在的价值，例如它能帮助人们减压，带给人们娱乐感，也能让我们认识更多的朋友，而这些，就是电子游戏可以吸引孩子的原因。而对父母来说，不应该一味地反对孩子玩游戏，而是应该帮助孩子正确认识电子游戏的好处和弊端，让他们认识到不应该沉迷于电子游戏。

给孩子制定规则。正确安排孩子的学习与玩电子游戏时间，与孩子一起制订学习与玩电子游戏的计划，如什么时候玩，玩多长时间，特殊情况下怎么处理，等等。比如，可让孩子回家先复习功课，做完作业，然后玩半个小时；星期天复习本周课程，解决疑难问题，然后玩40分钟，再预习下周的课程；期中、期末考试之前两周内，停止玩电子游戏，集中精力复习功课，准备考试。考完后，暑假或寒假适当延长孩子玩电子游戏的时间。若发现孩子违规玩游戏，第一次警告，第二次没收电脑或手机一周，第三次没收电脑或手机，直至孩子写出深刻的检讨和保证书后，第二周若表现好可再给孩子一次机会。若“屡教不改”，则坚决没收电脑或手机。对孩子玩电子游戏的次数与时间可以实行目标管理。成绩提高后，可以适当延长游戏时间，反之，适当缩短游戏时间。要做到奖励与惩罚相结合，从而调动孩子的学习积极性，增强其自制能力。

合理安排使用电脑或手机的时间。长时间对着不停闪烁的荧屏，容易造成眼睛疲劳甚至近视等各种眼疾，而天真好玩的孩子容易对电脑或手机产生浓厚的兴趣，玩起游戏就忘了写作业、忘了吃饭、休息和睡觉，影响身体健康和生活规律。通常情况下，应该让孩子先完成学习任务，再适量使用电脑或手机。不要让电脑或手机占据孩子过多的休闲时间，其他时间还要让孩子用于读书、运动、交友和文艺活动。积极引导孩子发展健康向上的兴趣爱好。如和孩子一起集邮、积极参加体育活动，搞小发明、小制作，利用节假日外出旅游等，让孩子的兴趣转到健康、积极的活动上来。

与孩子共享游戏时光。有的父母为了自己省事，让孩子长时间地在电脑或手机上看动画片或者玩游戏，把电脑或手机当成孩子的“临时保姆”，这是错误的观念和做法，存在着孩子沉迷电脑或手机的隐患。为了孩子能够合理使用电脑或手机，父母可以与孩子共同使用电脑或手机，共享游戏时光，有的放矢地指导孩子在使用电脑或手机中遇到的问题。

选择适宜的游戏软件。目前，市场上或互联网上流行的游戏软件，品种繁多，令人眼花缭乱。父母不要让孩子随便使用游戏软件，要选择适宜孩子的游戏软件，最好是专门为孩子制作的游戏教学软件，例如智力游戏、拼图游戏、看图识字、外语学习游戏等。可以让孩子适量地玩一些简单的、健康的单机游戏；可以在家里适度地玩游戏，不要到网吧、电子游戏室玩。

父母要以身作则。父母需自我克制，少玩电子游戏。若父母终日抱着电脑，在游戏上乐此不疲，孩子就会仿效父母。因此，父母若想玩游戏放松一下，最好在周末，可以适当娱乐。

## 七、拒绝“手机控”

过去，孩子的礼物大多是玩具、衣服、旅游，如今，专属手机却成为很多孩子的最爱，而青少年“手机控”也屡见不鲜。

手机越来越向智能化发展，也越来越好玩，它占据人们越来越多时间，渗透进你我的生活。到处都能看到有人在智能手机上发微博、发微信、看小说……不单是成人，还有很多孩子，成了十足的“手机控”。面对孩子的“手机情结”，很多父母无奈又烦躁。

有的父母对此忧心忡忡。不给孩子使用智能手机，担心孩子被封闭在信息孤岛；给孩子使用智能手机，又担心孩子迷失在信息海洋。对于那些痴迷于手机上网的学生，老师的阶段性没收和父母的掐断上网功能等惩罚手段，均纷纷宣告失败。

有一个4岁的小男孩叫林维，别看他年龄小，玩手机玩得已经格外熟练。熟练滑动解锁屏幕，下载并打开游戏应用……如今他已是手机游戏的“资深玩家”。“他现在不喜欢和小伙伴玩，一玩手机就是一个钟头，如果不给他玩，他就哭闹不止。手机是他的保姆和玩伴。”林维的姥姥无奈地说。

一个4岁的男孩尚且如此，可以想象，大一点的孩子更不用说了。

有一位初中生的母亲说：

这个学期，我们给孩子配了一部智能手机，为的是方便联系孩子。可我现在特别懊悔：就不该为孩子配备手机！开学一个多月来，儿子的心思好像都在手机上，只要在家，就能看到他不时把手机翻来覆去地摆弄。

每天起床，儿子第一件事是拿起手机；每天睡前，儿子最后一件事是放下手机；平时，若一段时间手机没有动静，一定能看到他不时地查看手机。更让人看着心烦的是，儿子边看电视也要边玩手机，就连上卫生间也把手机带在身边。在卫生间里，他会蹲上半天不出来——这“臭小子”不是在用手机玩游戏就是在用手机刷微博。

在刚刚过去的这个国庆长假里，儿子更是机不离身。那天，我们一家人自驾车回老家，旅途四个小时，虽然车上颠簸不断，但儿子还是盯着手机屏幕玩游戏，在我的不断提醒和制止下，他才很不情愿地收起了手机。

反正，儿子着了手机的“魔”！自从买了手机，手机就成了儿子随身携带的一个“玩具”，有时他的同学来家里玩，他们说的好像也都是手机里的什么游戏。

其实，上小学五六年级的时候，儿子就提出了买手机的要求。那时候我们觉得孩子太小，再加上我们家离学校不过10分钟的步行路程，联系起来也比较方便，所以我们没有答应儿子的要求。

上初中后，儿子被电脑派位到了一所离家较远的学校，尽管儿子也曾念叨说班上很多同学都配手机了，但我们总是担心儿子的自制力不够，担心因为手机导致他学习上分心。所以，一直到了这个学期开学前，我们才决定满足孩子的要求。毕竟，校园里的手机很普及了，同时，有了手机联系起孩子来的确也更方便。

在配备手机前，我们也与孩子“约法三章”。可是，孩子却没有我们期待的那样自律。现在，我不仅担心儿子因为手机辐射伤害身体和影响视力、担心儿子老是低头摆弄手机影响关节和脊椎生长，而且还担心儿子对手机产生像“网瘾”一样的依赖。同时，我还担心因为手机依赖影响儿子的心理健康和与同学之间的正常交往。

控，取complex(情结)的开头音，是指极度喜欢某种东西的人。现代社会流行各种“控”，尤其是年轻人，从美食到时尚到玩偶到明星，无所不能

“控”。在种种“控”背后，其实都是一种成瘾心理在作祟。从上面这位母亲的描述中，我们可以看出，她的儿子确实对手机过度依赖，是个典型的“手机控”。

随着智能手机的普及，越来越多的孩子成为“手机控”。一项调研报告显示，在全国儿童家庭中，普及率最高的是手机 (97.8%)：44.5% 的儿童拥有自己的手机；84.8% 的孩子明确表示自己拥有 QQ；90.1% 的孩子接触过网络游戏，其中 42% 的孩子每月均为网游付费。

随着智能手机使用者的低龄化，越来越多的孩子可以随时享受到科技红利。然而，沉迷于手机游戏，不加甄别地下载含有不良内容的小说、图片，被不法分子和不健康软件诱惑，生活“脱轨”的案例时有发生。

有位低年级老师忧心忡忡地说：“班上 40 个孩子，近一半孩子配有手机。很多孩子上课时不认真听讲，偷偷用手机玩游戏。有的孩子用手机浏览到色情、暴力等‘刺激’内容时，还会截屏保存，私下里传阅分享。”

“我们班有 70 名同学，其中有 65 名同学都在用智能手机。他们主要在课间用、中午用、放学后用。有些同学上课时也在用，尤其是非主科或对该科目不感兴趣时。”陈老师是重庆渝北区某小学六年级某班的班主任，她一直因无法阻止学生上课玩手机而烦恼。

不少父母也是煞费苦心。重庆郑女士说：“我先是给他掐断了手机上网功能，结果过了一段时间发现他又开始上网了，原来孩子打电话给营业厅开通了上网功能。后来，我干脆给他换了手机号码，现在必须用我的身份证才能开通网络。”

手机浏览网页、下载应用和书籍时，缺乏相应的“守门人”，导致很多涉黄、暴力的内容都会被孩子看到。孩子好奇心强，人生观、世界观不成熟，受到不良内容的影响和教唆容易“跑偏”。

孩子过度沉迷虚拟世界，使越来越多的父母不仅担忧这会对孩子的身体发育产生负面影响，也会妨碍孩子的心理健康。

“手机控”产生的原因是多方面的，但最重要的有以下几点：

从心理学角度看，这和人的个性特征有关。生活和学习工作中经常受挫、自信不足、兴趣缺乏、内心空虚、人际交往能力较差的人，容易成为“控一族”。相反，在工作和学习中能充分获得成就感、兴趣广泛、内心充实、人际交往顺利的人则不易为手机这样的身外之物所影响。

青春期的孩子心理变化最激烈，和父母的沟通交流变少，而转向寻求同伴的认同，并且对家庭和学校以外的世界有强烈好奇心。而手机恰恰满足了这种心理需求。尤其是许多不擅长和同伴面对面交流的孩子，通过手机短信、QQ、微博等延时交流工具，可以更顺利地表达自己的想法，达成一种获得广泛交流和认同的心理假象，在获得现实生活中无法获得的满足感的同时，难免过度沉迷其中。

手机和其他多媒体工具像一个气泡把我们包裹起来，让所有的注意力都集中在小小的屏幕上。经常使用手机的青少年不但缺乏和周围人的沟通，对父母的要求也更为叛逆。这一层气泡隔绝了“自我”和外界的关联，让人变得更加孤独、懒散、消沉，甚至对生活失去兴趣。同时，心理学家还发现，手机等多媒体工具会让人们陷入一种持续的“多任务”状态，长此以往会让人出现“注意力障碍”，很容易因为外界的干扰而分神，没办法集中注意力做深度的思考，这对以学习为主业的孩子而言，影响尤其明显。

再就是父母的负面“榜样”。“爸爸可以玩手机，我为什么不可以？”33岁的“奶爸”刘伟告诉笔者，有一次他玩手机游戏时，7岁儿子的发问令他面红耳赤。“很多时候父母只顾着指责和约束孩子，却忘记自己以身作则。”我们时常可以看到，聚会时掏出手机刷屏或玩游戏，几乎成为大人们的固定动作。父母是孩子的第一任老师，父母都是“手机控”，孩子怎能不跟着学？

那么，怎样正确引导呢？

要严加约束。孩子毕竟是孩子，自觉性和自控力都无法和成人相比。因此，在戒除手机成瘾的过程中，父母的帮助是不可缺少的。父母要和孩子约法三章，比如什么时候可以用手机、什么时候不行、如果孩子违反规定应该受到什么惩罚、做好了又有什么奖励，赏罚一定要分明，执行要坚定。如果孩子的自制力实在不行的话，帮孩子换个非智能手机也未尝不可。尤其是学龄前儿童，每天玩手机的时间最好不超过半个小时。

要帮助孩子分析危害。要改变沉迷手机的现状，必须让孩子认识到“手机控”的危害，并产生想要改变的愿望，这是戒除任何成瘾行为最根本也是最基本的条件。父母要通过平和的沟通，摆事实讲道理，和孩子达成共识。不要情绪过激，也不要危言耸听，否则很容易引发孩子的逆反心理。相对于其他成瘾行为，手机成瘾只要能让孩子认识到其中的危害，并能得到身边人的帮助和支持，还是比较容易戒除的。另外，也要告诉孩子，进行电子娱乐时，画面明暗的变化会加剧瞳孔的急剧放大、收缩，增加疲劳度，而显示屏的短波蓝光也会加大眼底刺激，造成眼部持续疲劳。过早使用成人款手机，不仅辐射会影响孩子的生理发育，孩子心理上也无法承受和消化成人信息内容。

父母要以身作则。父母和孩子应站在同一战壕，以身作则地树立正向榜样，教会孩子科学合理使用手机，不被其所“控”。父母帮助孩子“戒手机”时应注意疏堵结合，以免造成孩子的逆反心理。

要注重引导。孩子长时间和机器相处，缺乏与他人的沟通交流，对合作、竞争意识以及表达、抗压能力等的培养和形成不利。孩子沉迷手机表达想法，获得认同假象，却离现实中的亲子交流越来越远。低龄孩子玩手机时，父母应至少有一人陪伴，引导好孩子。

进行兴趣转移。父母有责任帮助孩子发现和培养各种积极健康的兴趣爱好，尤其要鼓励孩子参加一些可以和同龄人良性互动的团体活动，这是最根本最有效的途径。要引导孩子，手机虽好玩，但外面的世界更精彩，比如可以带孩子到科技馆、图书馆，增加知识和信息；也可以爬山、看电影，让孩子从手机中“解放”出来。

# 读者意见有奖征集

（可用手机扫下方二维码进行在线填写，也可手工填写邮寄给我们）

尊敬的读者朋友：

您好！感谢您购买本书并填写本问卷给我们提出宝贵意见。我们将定期从读者信息反馈中评选出有价值的意见和建议，并为填写这些信息的读者朋友免费赠送石油工业出版社出版的一本好书。本问卷所收集到的资料都将严格保密，请放心填写。

## 《教子请别太任性——父母送给孩子10份最珍贵的礼物》

**您是如何获得本书的？**

□书店购买　□网上购买　□朋友赠送　□其他

**您在家庭成员中的身份：**

□母亲　□父亲　□祖母　□祖父　□其他

**您对本书的印象如何？**

封面：□设计新颖，很喜欢　□一般，没感觉　□不适合本书内容

内容：□丰富有新意，读后受益匪浅　□一般　□较差

排版：□新颖有创意　□一般　□较差

纸张：□很好　□一般　□较差

定价：□太高　□合适　□便宜

**您对本书的综合评价和建议（可另附纸）：**

______________________________________________

**您在家庭教育中还有什么新的问题或困惑（可另附纸）？**

______________________________________________

**您的资料：**

姓名________　性别________　年龄________　手机号________

微信号________________　电子邮件________________

通信地址________________________________

学历：□博士或以上　□硕士　□本科　□大专　□高中或以下

**●我们的联系方式：**

地址：北京市安定门外安华西里3区18号楼1101　王海英

邮编：100011　E-mail：41964813@qq.com

销售部电话：010-64523731　010-64523633　编辑部电话：010-64523610